U0362316

教育部人文社会科学重点研究基地重大项目

跨太平洋伙伴关系协定研究

张伯伟　等著

南开大学出版社

天　津

图书在版编目(CIP)数据

跨太平洋伙伴关系协定研究 / 张伯伟等著. —天津：
南开大学出版社，2017.6
ISBN 978-7-310-05297-4

Ⅰ.①跨… Ⅱ.①张… Ⅲ.①自由贸易－国际贸易－
贸易协定－研究 Ⅳ.①F744

中国版本图书馆 CIP 数据核字(2016)第 315647 号

南开大学出版社出版发行
出版人:刘立松
地址:天津市南开区卫津路 94 号　　邮政编码:300071
营销部电话:(022)23508339　23500755
营销部传真:(022)23508542　　邮购部电话:(022)23502200

*

天津泰宇印务有限公司印刷
全国各地新华书店经销

*

2017 年 6 月第 1 版　　2017 年 6 月第 1 次印刷
230×155 毫米　16 开本　17.5 印张　228 千字
定价:58.00 元

如遇图书印装质量问题,请与本社营销部联系调换,电话:(022)23507125

序

2015 年 10 月 5 日，"跨太平洋伙伴关系协定"（Trans-Pacific Partnership Agreement，简称 TPP）的 12 个谈判成员在美国亚特兰大举行的部长会议上达成基本协议，一致同意签署全面的货物和服务自由贸易协定，并在投资、知识产权、政府采购等广泛领域统一经济管理规制，一个占全球经济总规模四成以上的巨大经济圈即将正式启动。

"跨太平洋伙伴关系协定"谈判的一举一动始终在深刻影响着亚太区域经济一体化的发展进程。TPP 谈判不仅丰富了东亚和亚太区域经济一体化的既有路径，使本地区的区域经济合作前景变得更具复杂性和不确定性，而且使美国进一步强化了在亚太区域经济一体化进程中的主导权与引领力，对本地区其他大国的政治经济利益产生了排斥与挤压。与此同时，TPP 谈判还对亚太区域经济一体化中的"东亚轨道模式"产生了严重冲击，使东亚诸国面临两难选择。TPP 谈判在为亚太区域经济一体化提供"高标准"与"高质量"的"下一代贸易与投资协定标准"的同时，也使本地区的发展中国家参与自由贸易谈判面临严峻挑战。因此，对 TPP 谈判进展予以密切跟踪研究，并全面分析其成员谈判立场背后的政治经济动因，具有重要理论意义与现实意义。

为此，我们提出"跨太平洋伙伴关系协定研究"的课题，深入分析最新的 TPP 谈判进展及其深远影响，并据此提出我国未来参与亚太区域经济一体化的政策选择。

作　者

2016 年 9 月

目 录

第一章 亚太区域经济一体化进程 与 TPP 的发展

20 世纪 90 年代以来，随着经济全球化发展的深入，各国各地区为了追求经济利益最大化，充分利用全球资源与市场，在世界范围内掀起了新一轮的区域经济一体化浪潮。与此同时，亚太地区的区域经济一体化也获得迅猛发展，亚太地区成为全球区域经济一体化的重要区域，双边自由贸易协定和区域贸易协定大量涌现。但是，从亚太区域经济一体化的发展进程分析，该地区由于存在各经济体利益诉求的差异性，在推进区域经济一体化进程中也时刻存在着多种力量之间的激烈博弈。"跨太平洋伙伴关系协定"（Trans-Pacific Partnership Agreement，简称 TPP）谈判就是在此背景下启动并逐渐推进的。此外，研究和分析亚太地区各种不同模式的区域经济一体化进程，也有利于推动中国与亚太经济的融合，为中国经济健康、稳定、可持续发展提供助力。

第一节 区域经济一体化的演进历程

亚太区域经济一体化是在多边贸易体系发展艰难、20 世纪 90 年代后全球区域经济合作浪潮兴起和亚太成员间的相互依存关系不断强化的背景下逐渐演进的。其演进历程呈现出许多独特的特征，并形成了以东盟为主

导的东亚地区经济一体化、以北美自由贸易区/北美自由贸易协定
（NAFTA）为主导的美洲地区经济一体化和亚太经济合作组织（APEC）
内部区域贸易协定/自由贸易协定（RTAs / FTAs）快速增长的格局。

一、亚太区域经济一体化的背景

亚太区域经济一体化的不断发展有着深刻的政治经济背景，其一体化
进程不仅受到各成员内部利益要求和相互依存关系的驱动，还受到世界经
济宏观环境变化的影响以及政治势力均衡格局的制约。

（一）世界贸易组织（WTO）自由化谈判进展艰难

WTO 推进贸易自由化谈判的进程不仅表现为多哈回合谈判的艰难，
实际上从乌拉圭回合谈判开始就不是很顺利。1986 年 9 月，乌拉圭回合谈
判在乌拉圭的埃斯特角城开始举行，谈判的目的在于全面改革多边贸易体
制。历时 7 年半，该回合于 1994 年 4 月在摩洛哥的马拉喀什结束，谈判几
乎涉及所有贸易产品，包括服务贸易。

尽管乌拉圭回合谈判艰难，但是最终达成了 18 个要求全体成员"一揽
子接受"的协议、4 个不要求全体成员"一揽子接受"的协议。其成果包括：
大幅度减让关税，使发达成员的工业产品关税下降 40%，从平均 6.3%降至
3.8%；首次在服务贸易、与贸易有关的投资措施、知识产权保护、争端解决
机制、贸易政策评审机制等领域达成了多边协议等。乌拉圭回合谈判对促进
国际贸易和世界经济的发展产生了积极效果，尤其是强化了管理国际贸易的
多边纪律框架，进一步改善了货物和服务业市场准入条件。

2001 年 11 月，WTO 在卡塔尔首都多哈举行贸易部长级会议，启动了
新一轮多边贸易谈判。该轮谈判是到目前为止 WTO 历史上目标最宏伟、
参与方最多的谈判，被称为"多哈回合谈判"。多哈回合谈判的宗旨是促进
世贸组织成员削减贸易壁垒，通过更公平的贸易环境来促进全球，特别是
较贫穷国家和地区的经济发展。在 8 个主要谈判议题中，最关键的是农业

和非农产品市场准入问题，主要包括削减农业补贴、削减农产品进口关税及降低工业品进口关税三个部分。

多哈回合谈判原计划于 2005 年 1 月 1 日前结束，但由于一直未能在消除农业和非农产品市场准入壁垒这两大关键领域达成一致，致使谈判中断。此后则进入恢复谈判、再中断、再恢复的循环，结束谈判的时间一再延长。2003 年 9 月，在墨西哥坎昆举行的 WTO 第五次部长级会议上，各成员在农业问题上无法达成共识，令多哈回合谈判陷入僵局。2004 年 8 月 3 日，WTO 总理事会议达成《多哈回合框架协议》，在全面达成协议的道路上跨出了一步。2005 年 12 月 13 日，WTO 第六次部长级会议在中国香港召开，各成员期望就多哈回合贸易谈判收窄分歧，并希望于 2006 年完成整个回合的谈判。但是，由于各方矛盾无法调和，2006 年 7 月谈判再次中止。2006 年 11 月 16 日，多哈回合谈判恢复技术性讨论，并为谈判全面恢复做准备。2007 年 1 月 31 日，各成员全面恢复了多哈回合各个议题的谈判。2008 年 7 月，多哈回合进行了第六轮谈判，WTO 的 35 个主要成员的贸易和农业部长在日内瓦开会，试图就发达成员削减农产品补贴、降低农产品关税和发展中成员降低工业品关税达成协议，但由于印度、中国与美国在"特殊保障机制"（Special Safeguard Mechanisms）方面的分歧无法弥合，谈判被迫再次中止。其后，主要经济体领导人在公开场合表达了结束多哈回合谈判的决心，同意加快谈判进程。2009 年 1 月 30 日，在日内瓦举行了 WTO 第七次部长级会议。会议的主题是"WTO：多边贸易体制和当今全球经济环境"。会议审议了 WTO 活动，其中包括多哈谈判进程，更重要的是针对当时的全球金融危机讨论了 WTO 对全球经济复苏、增长和发展的贡献。WTO 第八次部长级会议于 2011 年 12 月 15 日在日内瓦举行，为期三天的会议讨论了多边贸易体制与世贸组织重要性、贸易与发展、多哈回合谈判未来等议题。但在完成多哈回合谈判问题上，依然没有实质性进展。

WTO 最具意义的谈判是 2013 年 12 月 3 日开始的第九次部长级会议，会议在印度尼西亚的巴厘岛举行，与会代表达成了世贸组织成立以来首份多边贸易协定。会议通过了《巴厘部长宣言》，达成了"巴厘岛一揽子协定"，协定内容包括贸易便利化、农业与粮食安全、帮助最不发达成员发展贸易等。应该说，巴厘岛会议是 WTO 多哈谈判的重大突破。

尽管巴厘岛会议取得了多哈谈判启动以来的重大成果，但由于 WTO 成员数量的扩张，多边贸易谈判的协调成本不断提高，谈判内容涉及了敏感的农业问题，发展的差异性和利益的多元性致使发达成员和发展中成员之间的分歧依然难以消除。在 WTO 谈判进展艰难的大背景下，为了继续推进贸易自由化进程，创造良好的外部经济环境，促进贸易和投资发展，各国各地区开始重视区域经济一体化进程。与多边贸易体系相比，区域经济合作涵盖成员较少，地域范围有限，敏感问题比较容易解决。亚太地区的区域经济一体化进程也是如此，亚太各国各地区在通过 APEC 机制积极主张推进多哈回合贸易谈判的同时，也开始将注意力转向区域经济合作领域，掀起了亚太区域经济一体化的新浪潮。

（二）21 世纪的区域经济一体化浪潮

经济的全球化以及其他地区的经济一体化，尤其是欧洲的进展，对亚太区域经济一体化形成了巨大的外部推动力。21 世纪以来，RTA 数量迅速增加。根据 WTO 网站的公布数据，截止到 2014 年 8 月 14 日，实施的 RTA 达到 254 个[①]，其中 166 个是 21 世纪建立的。2000 年以前，APEC 内部成员之间建立的 RTA 仅有 6 个；2000 年到 2005 年新建 12 个；2006 年到 2009 年新建立了 18 个；2010 年以后建立的为 13 个，其中 2014 年 1 个；2008 年到 2012 年是 APEC 内部 RTA 建立的密集时期，共新建 25 个。在亚太地区影响比较大的区域经济组织包括以东盟为主建立的五个"10+1"自贸区，以

① 欧盟扩大问题在 WTO 公布的资料中每次扩大就算一个，中国参加《亚太贸易协定》也统计为一个 RTA，该数据中没有重复计算，如果按照 WTO 公布的数字，为 261 个。

及当时正在谈判的"区域全面经济伙伴关系协定"（Regional Comprehensive Economic Partnership，RCEP）和"跨太平洋伙伴关系协定"（Trans-Pacific Partnership Agreement，TPP）。截止到 2014 年 8 月，APEC 成员之间建立的 RTA 再加上 APEC 成员与非成员建立的 RTA 一共达到了 124 个。[①]

二、亚太区域经济一体化的基本特征

从全球经济发展的角度分析，亚太地区的经济发展水平差距较大，体现了经济发展的多样性，包括经济发展水平和经济发展规模的差异性。另外，亚太地区政治、文化的多样性以及国家和地区之间的历史纠葛，导致亚太区域经济一体化进程与其他地区有明显的差别，尤其与欧盟比较更是差异较大。

（一）亚太区域经济一体化以 FTA&EIA 为主

按照 WTO 区域经济一体化委员会的分类，区域经济一体化形式包括四种，即关税同盟（CU）、自由贸易协定（FTA）、服务贸易一体化协定（EIA）以及部分领域的经济一体化协定（PSA）。从目前 WTO 公布的资料分析，欧洲的经济一体化水平较高，尤其是以欧盟为主的区域经济一体化组织是以 CU&EIA 为主，而亚太地区则是 FTA&EIA 占较大的比例。目前 APEC 内部成员建立的区域经济一体化组织共 49 个，其中 45 个是 FTA&EIA，也就是说，APEC 内部成员建立的区域经济一体化组织一般模式是既包括商品贸易也包括服务贸易的一体化。

（二）亚太地区的 RTA 跨区域性比较明显

由于 APEC 成员是跨太平洋地区的国家和地区，所以 APEC 成员之间建立的 RTA 跨地区性特征比较明显，基本都是东亚国家和地区之间、美洲国家和地区之间以及东亚与美洲国家和地区之间的 RTA。这和美洲其他国

---

① 资料来源：WTO home >trade topics >regional trade agreements >RTA database>Consult Pre-defined reports> List of all RTAs in force, by date of entry into force.

家与非洲的 RTA 有明显的区别，美洲与非洲的 RTA 主要是领土相邻国家之间的 RTA，尤其是非洲表现得更加明显——这种模式有利于商品运输，有利于节约交易时间和成本。APEC 成员间建立的跨太平洋 RTA 发展得益于该地区互联互通的基础设施发展，同时也得益于 APEC 成员之间以往的区域经济合作基础。

（三）亚太区域经济一体化水平呈现多样化

亚太区域经济一体化不同机制之间的自由化水平呈现多样化特征，水平有高有低，例如以美国为主导的 NAFTA、澳大利亚—新西兰 FTA 是发展程度较高的 RTA；同时也存在如东盟自贸区等自由化水平较低的 FTAs/RTAs。这主要是由亚太各国各地区政治经济发展阶段不同所造成的，因而它们在追求目标上也自然各有侧重。NAFTA 成员经济发展水平相对较高，其涉及领域更侧重于服务业、政府采购和知识产权方面。与之相对，东盟由于各成员均为发展中国家，其侧重点仍然在推动贸易投资自由化和便利化中的货物贸易和投资方面，服务业开放虽然也被提上了议事日程，但是距离付诸实践还为时尚早。东盟是 APEC 成员所建立的 RTA 中不包括服务贸易自由化内容的四个 RTA 之一，其他三个是澳大利亚与巴布亚新几内亚、东盟与日本、智利与马来西亚建立的 FTA。

（四）多种机制同时推进

亚太地区的 RTA 发展呈现出多种机制同时推进的局面，增加了意大利面碗效应。从可持续发展角度分析，这种特征不利于亚太区域经济一体化的发展。目前亚太区域经济一体化中比较引人关注的机制包括三种模式：一是 APEC 成员之间建立的双边 FTA，可以称为双边机制。二是以东盟贸易自由区为基础，与中国、韩国、印度、澳大利亚及新西兰、日本分别建立的五个"10+1"机制。与此同时，中日韩和东盟（"10+3"）以及"区域全面经济伙伴关系协定"（RCEP）也取得进展。由于这些合作机制集中在东亚地区，所以被称为"东亚机制"。三是随着 APEC 经济在近十年来的快速发展，越来越多的 APEC 成员开始设想更符合亚太跨区域性的经济一体化机制，例如跨太平洋伙伴关系协定（TPP），包括了太平洋东西两岸的 APEC 成员，这种机制被称为"亚太机制"。[①]今后 APEC 将推动的亚太自由贸易协定（Free Trade Area of Asia-Pacific，FTAAP）也属于亚太机制范围。

（五）亚太地区经济技术合作领域不断拓展

亚太地区在推进 RTA 发展的同时，也在积极推动区域经济技术合作。亚太地区 RTA 的发展之所以呈现这种特征，主要是 APEC 积极推动成员间经济技术合作的发展。1994 年发表的《茂物宣言》以及 1995 年制定的《大阪行动议程》，确定了 APEC 逐步推进"贸易投资自由化和便利化"及"经济技术合作"进程的目标。1996 年，APEC 成员在《马尼拉宣言》中将开发人力资源、培育安全高效的资本市场、加强经济基础设施建设、利用未来技术、促进环境的持续发展和鼓励中小企业发展六个领域作为经济技术合作的优先发展领域。2001 年，APEC 上海领导人会议把经济技术合作的具体目标进一步明确为"完善市场结构""促进基础设施建设"以及"技术发展和加强人力资源能力建设，弘扬企业家精神"，共同支撑 APEC 经济技术合作的发展。

这些下一代贸易问题可以被视为亚太地区合作领域的深入。以美国为主导的 TPP 希望通过谈判对下一代贸易问题做出较为明确的规划，并希望 TPP 能够成为 21 世纪贸易合作的范本，合作内容则从"边界外""边界上"开始迈向"边界后"问题。这就意味着亚太地区合作有可能会出现一种更为紧密、更深层次的发展趋势。换言之，未来的经贸合作不仅局限于贸易投资自由化问题，同时也将涉及规制改革问题以及规制一致化问题，以求建立的 RTA 有利于经济的创新增长，保障经济发展的可持续性。

---

① 李荣林. 亚太区域一体化与 APEC 的未来发展//宫占奎. 2011 亚太区域经济合作发展报告. 高等教育出版社，2011 年，第 54～71 页.

三、亚太区域经济一体化的进程

亚太地区 FTA 的发展主要与 APEC 成员参与的 FTA 相关，有多个经济体参加的 FTA，有双边性质的 FTA，尤其 2000 年以来亚太地区的 FTA 发展迅速。

（一）以 NAFTA 为主导的北美区域经济一体化进程

北美自由贸易区（NAFTA）的最早构想虽然不是源自美国，但是美国随后的积极参与以及为 NAFTA 的最终建立所做出的努力，反映了其政治和经济上的利弊权衡。首先，欧盟统一市场的建立、东盟的逐步发展、《澳大利亚—新西兰紧密经济关系协定》的实施等，均对美国和加拿大形成了挑战。其次，当时 WTO 谈判进展较为缓慢，在欧盟崛起等一系列国际因素的影响下，美国在 WTO 中的地位相对下降。对此，美国认为建立以美国为首的区域经济一体化组织是必然选择。墨西哥紧邻美国，建成美、加、墨三国自由贸易区将使三国在贸易、人员和资本流动方面日益便利，且三国间经济结构具有很大的互补性，从而最终促成了 NAFTA 的诞生。

NAFTA 只有三个成员，包括美国、加拿大与墨西哥。1986 年 5 月，美国和加拿大两国签署《美加自由贸易协定》，该协定于 1989 年 1 月 1 日正式实施。《美加自由贸易协定》在十年内分期实施，是综合性一揽子协议，目的是扩大美加之间的双边贸易。1991 年 6 月 12 日，美国、加拿大和墨西哥三国就建立北美自由贸易区进行谈判，但协定的提出在各国国内都存在争议。墨西哥企业担心与美、加两国企业开展竞争的基础条件差距太大，本国市场将受冲击。加拿大认为其劳动力与墨西哥相比、技术与美国相比都处于劣势，在农产品方面也没有优势。美国的贸易保护集团则就环境问题及工人就业问题向政府施加压力。经过不懈的努力和相互妥协，三方于 1992 年 8 月达成《北美自由贸易协定》，并于 1994 年 1 月 1 日正式实施。此外，作为 NAFTA 在美国国会获得批准的条件之一，与 NAFTA 同时生效的还有一些附加协定，最重要的是《北美劳工合作协定》和《北美环境合作协定》。这两个附加协定于 1993 年 8 月 13 日完成、9 月签署，1994年 1 月 1 日与 NAFTA 同时生效。

NAFTA 的原则目标包括六个方面：消除贸易关税壁垒，实施三国跨国界商品和服务贸易的便利化；改善自由贸易区内的公平竞争环境；增加和扩大投资机会；实施知识产权规则，并对知识产权提供充分和有效的保护；对贯彻和实施其协定制定有效的规章制度，共同管理和解决争端与矛盾；为未来的三边区域和多边合作建立一个框架以扩大和提高协议的功效。①

《中美洲自由贸易协定》（CAFTA-DR）是由美国、中美洲五国（哥斯达黎加、萨尔瓦多、危地马拉、洪都拉斯和尼加拉瓜）和多米尼加于 2004年 8 月签署的自由贸易协议。这也是美国第一次与发展中小国签订自由贸易协定。中美洲和多米尼加是美国在拉美的第三大出口市场，仅次于墨西哥和巴西。② CAFTA-DR 的主旨包括七方面：鼓励贸易发展和多元化；降低贸易壁垒，为跨国界的商品和服务贸易提供便利；提升自由贸易区的公平竞争环境；大规模增加投资机会；对知识产权提供足够有效的保护；提供有效的争端解决机制；为今后双边、地区和多边合作提供平台。③其具体涉及领域主要是降低美国与这些国家之间的关税以及非关税壁垒。除此之外，CAFTA-DR 还包括市场准入、原产地原则、投资、金融服务、电子商务、政府采购和知识产权等内容。

以美国为主导的美洲地区的 FTA 还包括了《美国—智利自由贸易协议》（2004 年）、《美国—巴拿马贸易促进协议》（2011 年）和《美国—秘鲁贸易促进协议》（2007 年）。此外，南美十二国在 2004 年 12 月第三次南美

---

① North American Free Trade Agreement Part One: General Part. Chapter One: Objectives: http://www.nafta-sec-alena.org/en/view.aspx.

② CAFTA-DR 基本信息可参见 Office of the United States Trade Representative (http://www.ustr.gov/trade-agreements/free-trade-agreements/cafta-dr-dominican-republic-central-america-fta)。

③ CAFTA-DR final text, Chapter One, Initial Provisions, Article 1.2: Objectives. http://www.ustr.gov/sites/default/files/uploads/agreements/cafta/asset_upload_file747_3918.pdf.

洲首脑峰会上提出要以欧盟为榜样，将现有的南方共同市场和安第斯山国家共同体合并，预计于 2019 年建成一个拥有共同货币和议会的新共同体。

（二）以东盟为主导的东亚地区经济一体化进程

由于东亚地区错综复杂的政治、经济和历史等原因，东盟所在地区难以形成大国主导区域经济一体化的格局。和 NAFTA 驱动的北美经济一体化进程相比，以东盟为主导的东亚地区经济一体化始终处于后进状态。但是，东盟经过几十年的发展，已经成为东南亚地区以经济合作为基础的政治、经济、安全一体化的重要组织，也成为推动亚太区域经济一体化的主导力量。东盟一方面不断加速自身的经济一体化进程，另一方面也在积极推进以若干"10+1"和"10+N"自贸区为纽带的东亚区域经济一体化。此外，经济实力较强的部分东盟成员也在积极同其他国家和地区缔结双边自贸区协定。①

1. 东盟自身的经济一体化进程

东盟自身的区域经济一体化经历了从特惠贸易安排到自由贸易区，再到经济共同体的发展过程。自 1978 年起，东盟特惠贸易安排实施了 15 年的时间，1993 年东盟正式启动自由贸易区进程，随后这一进程不断加速。东盟自由贸易区的成员从 1995 年开始逐渐由六个增加到十个。到 2002 年，东盟原有的六个成员国，即新加坡、马来西亚、泰国、印度尼西亚、菲律宾和文莱初步建成了自由贸易区，而其他四国于 2012 年实现完全自由化。2003 年 10 月，东盟决定在 2020 年建立"东盟共同体"（ASEAN Community），以加速推进东盟区域一体化进程。2007 年 1 月，第十二次东盟首脑会议通过了《东盟提前在 2015 年建立共同体宿务联合宣言》，决定将实现东盟共同体的时间表从 2020 年提前至 2015 年。2007 年 11 月，在第十三次东盟首脑会议上，东盟领导人正式签署了《东盟宪章》。作为

---

① 刘晨阳，宫占奎. 亚太区域经济一体化发展及其对 APEC 的影响. 亚太经济，2008 年第 5 期，第 8～12 页；刘晨阳，于晓燕. 亚太区域经济一体化问题研究. 南开大学出版社，2009 年；孟夏. 亚太区域经济合作发展报告 2012. 高等教育出版社，2012 年，第 304～317 页.

东盟的第一部宪法，它为东盟摆脱松散机制、形成具有强约束力的区域经济合作组织提供了法律架构。在这次会议上，东盟还通过了《东盟经济共同体总体蓝图宣言》。该蓝图确定了东盟经济共同体的发展目标、时间表和具体措施，东盟经济共同体计划 2015 年和 2018 年前将制定一般产品和敏感产品的关税减免时间表，2015 年起逐步把外国资本在服务业的持股比例上限提高到 70%，并实现工程师、医师等七个专业人才资质的互相认可，以建成包括区域内商品、服务、资本和劳务自由流动的共同市场。东盟经济共同体宣言为东盟经济一体化向更高层次迈进奠定了坚实的基础。

2. 东盟作为整体参与东亚区域经济一体化的进程

在加强本区域内经济合作的深度和广度的同时，东盟还从自身的政治经济利益出发，积极制定和调整参与东亚区域一体化的整体战略。重点体现在以下两个方面：其一，倡导多边参与，努力实现大国均衡；其二，以自身区域化为核心，多层次推进区域一体化进程，并注重在区域一体化过程中发挥东盟的主导作用。

1997 年的亚洲金融危机促成了东盟启动"10+3"合作，第一次"10+3"会议于当年举行①，东亚合作进入了实质启动阶段。此后，除了少数几个年份没有召开会议以外，"10+3"会议几乎每年举行一次，并最终升格为东亚峰会（EAS）。"10+3"合作机制始终秉承以东盟为主导、协商一致、循序渐进、照顾各方利益、平等互利、相互尊重、求同存异为特征的合作原则，保持了良好的发展势头和旺盛的活力，在许多方面取得了实质性的合作成效。例如，在金融方面，通过《清迈协议》建立了地区货币合作机制；在贸易和投资方面，多边和双边自贸区建设方兴未艾；此外，在人力资源、公共卫生安全、农村发展、扶贫减灾、信息通信、基础设施建设等领域的合作也逐步拓展。"10+3"机制所推动的不仅仅是一个地区经济合

---

① 当时东盟成员为九个国家，当时被称为"9+3"，1999 年柬埔寨加入东盟后改称为"10+3"。

作过程，还具有很强的政治意义。它提供了一个平台，使各国各地区可以通过对话加深理解和互信，改善了东亚各国各地区之间的政治关系。

东盟在推进"10+3"框架下的合作的同时，也积极构建"10+1"自贸区网络。东盟已经与中国、日本、韩国、印度、澳大利亚及新西兰签署了五个"10+1"自由贸易协定。2001年11月，中国与东盟宣布在2010年建成中国—东盟自由贸易区。2002年11月，双方签署了《东盟与中国全面经济合作框架协议》，标志着中国—东盟自由贸易区进程正式启动。此后，双方分别在2004年11月和2007年1月达成了《东盟—中国全面经济合作框架协议货物贸易协议》和《东盟—中国全面经济合作框架协议服务贸易协议》，从而标志着中国—东盟自由贸易区的基本建成。继中国之后，东盟启动了与日本的自由贸易区谈判，并确定了在2012年建成该自由贸易区的目标。双方的自贸区谈判从2005年4月正式开始，2007年11月完成。与中、日两国相比，东盟与韩国的自由贸易区谈判启动较晚，但进展更快。2005年12月，东盟与韩国正式签署《全面经济合作框架协议》，并于2006年5月和2007年11月，分别达成了《东盟—韩国自由贸易区货物贸易协议》和《东盟—韩国全面经济合作框架协议服务贸易协议》。2008年，东盟与印度签署了《东盟—印度货物贸易自由化协议》。2009年，东盟与澳大利亚和新西兰签署了《东盟—澳大利亚—新西兰自由贸易区协定》。

以东盟为主导的东亚经济一体化在2012年末有了新的进展。2012年11月20日，东盟和中国、日本、韩国、澳大利亚、新西兰、印度等十六国领导人在东亚峰会期间发布了《启动"区域全面经济伙伴关系协定"（RCEP）谈判的联合声明》，宣布启动自由贸易区的谈判。这一构想最初于2011年2月26日在内比都举行的第十八次东盟经济部长会议上提出，经过讨论起草了组建RCEP的草案。在2011年东盟峰会上，东盟十国领导人正式批准了RCEP。2012年8月底召开的东盟十国、中国、日本、韩国、印度、澳大利亚和新西兰的经济部长会议原则上同意组建RCEP。

按照预计时间表，RCEP 于 2013 年初启动谈判，2015 年底完成谈判并进入实施阶段。截止到 2015 年 9 月，RCEP 已经举行了八轮谈判。协定的内容涵盖货物贸易、服务贸易、投资、贸易和投资便利化以及经济技术合作等广泛领域。同时，协定还将设立开放准入条款。在谈判结束之后，其他经济伙伴可申请加入该协定。建成后，这个全新的自由贸易组织将拥有约占世界一半的人口，年国内生产总值约占全球的三分之一。RCEP 是东盟国家近年来首次提出，并以东盟为主导的区域经济一体化合作形式，是成员间相互开放市场、实施区域经济一体化的组织形式，其自由化程度将高于目前东盟与其他六个国家已经达成的自贸协议。

（三）亚太地区双边 RTA 的发展

20 世纪末以来，亚太区域的经济一体化进程出现了值得关注的新趋势，即双边 RTA 的数量迅速增加。据统计，在亚太地区，2000 年以后到 2014 年 8 月，仅 APEC 成员之间签署生效的 RTA 就已经达到 43 个，此外还有正在谈判或处于协商和意向阶段的 RTA。

从亚太地区的具体情况来看，不论是发达经济体还是发展中经济体，普遍对缔结双边 RTA 表现出了积极的态度，包括此前并不热衷于自由贸易区安排的美国和日本。随着美国对 WTO 多边谈判影响力的减弱，以及欧盟竞争压力的不断增强，美国开始转变过去对区域合作的漠视态度。2002 年 7 月，美国众议院正式批准了赋予总统贸易协定谈判权的《促进贸易权限法案》，从而为美国在世界各地更加主动地推进 RTA 战略铺平了道路。此后，美国与新加坡、智利、澳大利亚、秘鲁、韩国等多个国家签订了双边 RTA。[①] 日本作为亚太地区另外一个重要的发达经济体，多年来始终以支持 GATT（关贸总协定）/WTO 多边贸易体制为其国际贸易战略的中心，对地区或双边自由贸易协定持消极甚至反对的态度。但是，进入 21 世纪以

---

① 美国于 2001 年开始一共签署了 12 个双边 RTA，除上述提到的五国，还包括巴哈马、哥伦比亚、以色列、约旦、摩洛哥、阿曼、巴拿马等。

后，日本在双边 RTA 问题上表现得越来越积极，并于 2002 年 1 月与新加坡签署了日本有史以来的第一个双边自由贸易协定。中国作为亚太地区新崛起的大国，将参与双边 RTA 视作开拓对外经济合作和促进贸易增长的新渠道，以及拓展国际政治空间、为自身发展创造更加有利的国际环境的良好契机。因此，从 2003 年开始，中国内地分别与中国香港和中国澳门地区签订 CEPA 协议，又先后与智利、新西兰、新加坡、秘鲁签订了双边 RTA，与澳大利亚和韩国的双边 RTA 谈判也已经完成。[①]与亚太地区的大国相比，新加坡、智利、墨西哥等中小经济体更是将参与双边 RTA 视作新世纪的国家战略之一，积极谋求与多个贸易伙伴建立双边 RTA，形成以本国为轴心的双边 RTA 网络。

与多成员的 RTA 相比，双边 FTA 具有自己的特点和优势。例如，双边 FTA 可以使一个经济体摆脱地理距离和经济发展水平差距的制约，从自身的利益出发，灵活选择多个缔约伙伴国。同时，双边 FTA 的缔约方在处理敏感议题时会表现出更多的灵活性，采取求同存异、渐进深入的原则，从而使双边 FTA 谈判缩短周期，双边利益比多边利益更容易协调。此外，从亚太地区近期达成的双边 FTA 的内容来看，不仅包括关税、非关税壁垒、投资和服务业等传统领域，通常还包括贸易便利化方面的合作，如海关程序、标准和一致化、人员流动等，很多双边 FTA 还涉及知识产权保护、政府采购、竞争政策以及经济技术合作方面的内容。由此可见，新一代双边 FTA 的功能已不仅局限在取消贸易投资壁垒领域，而是力图在更深层次上促进双方全面的经济合作。

双边 FTA 的大量出现对亚太地区的经济一体化进程有着双重的影响。一方面，双边 FTA 的建立可以有效降低缔约方之间的贸易投资壁垒，促进商品、服务、投资和人员的自由流动。而且，随着网络化的双边 FTA 越来越密集，这种积极效果还可以不断地延伸和扩大，从而推动亚太地区整体

---

① 除 APEC 成员外，中国签订的双边 RTA 还包括与巴基斯坦、瑞士的 RTA。

的贸易投资自由化和经济一体化水平的提高。另一方面，数量众多的双边 FTA 将导致巴格瓦蒂形容的"意大利面碗"现象，使得亚太区域的贸易投资环境复杂化。此外，双边 FTA 协议内容的差异还可能导致亚太区域内出现相互对立、相互竞争的贸易集团，使区域内的贸易摩擦加剧，给亚太区域经济一体化进程带来消极影响。

第二节　跨太平洋伙伴关系协定启动与推进

亚太区域经济一体化发展到今天，最引人关注的自由贸易安排当为正在谈判中的跨太平洋伙伴关系协定（TPP）。TPP 最早是由新西兰、新加坡、智利和文莱四个国家签订的。由于初始成员国为四个，故又称为"TPP4"（P4）。后来由于东亚区域经济一体化的发展，美国参加并主导了 TPP 谈判进程，目前已经有 12 个 APEC 成员参加了 TPP 谈判，截止到 2015 年 10 月，TPP 已经基本完成了谈判。

回顾 TPP4 的成立背景以及基本内容，将有利于了解目前以美国为主导的 TPP 最新谈判进程。

一、TPP4 谈判背景分析

最初参与建立跨太平洋伙伴关系协定的四个国家新西兰、新加坡、智利和文莱都是 APEC 成员，由于 APEC 积极推动贸易投资自由化和便利化进程，为 TPP4 建立 RTA 奠定了基础。另外，APEC 内部成员间都在积极建立 RTA，也对 TPP4 的建立起到了外部促进作用。

（一）TPP4 各国参与 FTA 的概况

参加 TPP4 谈判的四个国家地理位置上相隔很远，新加坡、文莱位于东南亚，智利位于南美洲，新西兰位于大洋洲。但这四个国家的共同特点是人口规模小，经济规模也不大，市场开放程度较高，并且四国都同处于 APEC 合作框架下。TPP4 各国都是 APEC 成员中推动区域经济一体化的积极参与方，签署了多个 FTA。

新加坡作为 TPP4 的最初发起国之一，始终坚持"贸易立国"的经济发展战略，其贸易政策具有自由、开放的特点。新加坡如今已成为全世界最重要的转口港和东盟的贸易投资中心。为了最大限度地实现贸易投资的自由化和便利化，新加坡形成了"多层次贸易战略"，即在双边、区域和次地区各个层面上积极推动自由贸易协定。① 截止到 2014 年 8 月，新加坡签订的已生效 FTA 共 18 个，其中双边 FTA 为 13 个，涉及中国、美国、欧盟、日本、韩国、印度等国家和地区。② 还有多个 FTA 正在谈判之中。新加坡一直是 TPP4 谈判的积极推动者，作为一个小型经济体，新加坡影响国际贸易规则制定的能力非常有限，因此，它力图通过发起 TPP4 全面高质量自由贸易协定，然后吸引其他更大更强的经济体加入的方式，提升自己在未来国际经济体制中的地位和影响。

文莱一向奉行高度开放的贸易政策。这是因为文莱虽然是东盟最富裕的国家之一，但其经济结构单一，严重依赖油气产业，生活消费品和生产资料几乎全部依靠进口。因此文莱将 WTO、"开放的地区主义"和 FTA 作为对外贸易的三大支柱，最重要的目的就是"促进经济发展多元化"。长期以来，文莱一直通过东盟参加区域经济一体化，在东盟框架下与多国签订了 FTA。2006 年在东盟框架外加入 TPP4 之后，文莱于 2007 年签订了第一个双边自由贸易协定，即《文莱—日本经济伙伴协定》。③ 文莱发起和推动 TPP4 的动因中除了促进经济多元化以外，新加坡的影响也至关重要。自 1967 年以来，文莱与新加坡一直维持货币等值互换制度，新加坡是文莱在东盟的最大贸易伙伴，也是其最大的进口来源国。更重要的是，新加坡是文莱绝大部分

---

① 唐奇芳. 东盟国家 TPP 政策探析. 和平与发展，2012 年第 4 期，第 42～48 页.
② WTO home > trade topics > regional trade agreements > RTA database.
③ 文莱外交与贸易部网站，http://www.mofat.gov.bn/index.php/free-trade-agreements-ftas.

油气输出的转口基地。两国国情相似，长期保持极为密切乃至特殊的国家关系，可以说文莱加入 TPP4 在很大程度上是受新加坡的影响。

新西兰对外贸易依存度较高，经济结构简单，其出口以初级产品为主。维持和开拓稳定的出口市场，与重要贸易伙伴保持健康的经济和投资关系是新西兰对外经贸战略的核心目标。[①] 为此，新西兰将推进与关键国家的 FTA 谈判作为实现经济发展目标的一个重要途径。新西兰早在 20 世纪 80 年代开始就参与 FTA 谈判，并在 1983 年签署了《澳大利亚—新西兰紧密经济关系协定》，但之后由于新西兰致力于推动 WTO 框架下的多边贸易自由化合作，建设 FTA 的进展较为缓慢。直到 2001 年与新加坡签署了《新西兰—新加坡紧密经济伙伴关系协定》，新西兰的 FTA 谈判才开始活跃起来。2001 年之后到 2014 年 8 月，新西兰已经签署生效的 FTA 有 8 个，TPP4 是新西兰与南美国家签署的第一个 FTA，对于开发南美市场具有重要战略意义。

智利国内市场狭窄，经济结构比较单一，有必要发展外向型经济，因此一直对参加 FTA 持积极的态度。同时，智利也是 TPP4 中人均 GDP（国内生产总值）最低的国家，以 2005 年为例，智利的人均 GDP 仅为 7254 美元，而其他三国则都超过了两万美元。[②] 由于智利参与区域经济一体化的成本较低，愿望也更强烈。智利从 20 世纪 90 年代开始构建 FTA 网络，成为第一个与美国签署 FTA 的南美国家，并与世界主要国家和地区均签署了 FTA，其贸易自由化水平明显高于其他拉美国家。据 WTO 公布的资料，截止到 2014 年 8 月，智利签署并生效了 20 个 FTA，其中包括与中国、美国、欧盟、日本、韩国等签署的双边 FTA。

（二）TPP4 对外贸易分析

商品和服务贸易是 FTA 谈判的主要内容，就 TPP4 的经济发展特点而言，贸易自由化非常重要，因为 TPP4 各成员的经济发展对贸易的依赖

---

① 李荣林等. APEC 内部 FTA 的发展及其对 APEC 的影响. 天津大学出版社，2011 年，第 188 页.
② 数据来源于联合国统计司 National Accounts Estimates of Main Aggregates 数据库，其他三国的人均 GDP 分别为新加坡 29402 美元、新西兰 27348 美元、文莱 26249 美元。

程度都比较高。2003 年至 2005 年，各国的平均贸易依存度都在 50%以上。[①] 从下表中可以看出四国经济发展对贸易的依赖水平。

表 1.1　四国的商品贸易进出口总额及其占世界进出口总额的比例

国别	货物贸易（2005 年）				在世界贸易中的排名（2005 年）		贸易依存度（2003~2005）
	出口额（十亿美元）	占世界出口总额的百分比（%）	进口额（十亿美元）	占世界进口总额的百分比（%）	出口	进口	
新加坡	229.6	2.2	200	1.8	14	15	431.8
新西兰	21.7	0.2	26.2	0.2	57	49	58
智　利	40.6	0.4	32.6	0.3	45	47	71.7
文　莱	6.2	0.06	1.5	0.01	83	141	—

资料来源: Factual Presentation, Trans Pacific Strategic Economic Partnership Agreement Between Brunei Darussalam, Chile, New Zealand and Singapore (Goods and Services), WTO Secretariat, May 9, 2008, WT/REG229/1, 1, p.1.

表 1.2　四国服务贸易进出口总额及其占世界进出口总额的比例

国别	服务贸易（2005 年）				在世界贸易中的排名（2005 年）	
	出口额（十亿美元）	占世界出口总额的百分比（%）	进口额（十亿美元）	占世界进口总额的百分比（%）	出口	进口
新加坡	51.2	2.1	54.1	2.3	16	13
新西兰	8.4	0.3	8.1	0.3	44	44
智　利	7.1	0.3	7.6	0.3	47	46
文　莱	0.6	0.03	1.1	0.05	113	105

资料来源: Factual Presentation, Trans Pacific Strategic Economic Partnership Agreement Between Brunei Darussalam, Chile, New Zealand and Singapore (Goods and Services), WTO Secretariat, May 9, 2008, WT/REG229/1, 1, p.12.

　　根据表 1.1 和表 1.2 的数据分析，新加坡、新西兰、智利、文莱在世界贸易中所占比重微乎其微，这也与其国家规模小相吻合。从贸易的相互依

---

① 文莱没有数据。

赖性分析，四国之间的依赖性并不是很强。表 1.3 为 2006 年 TPP4 各国对其他三国的商品进出口数据。数据显示，除了文莱对其他三国的进口额占本国总进口额比重超过了 15% 以外，其他都在 6% 以下。

表 1.3　2006 年 TPP4 各成员对其他三国商品进出口总额及其占本国进出口总额的比例

国别	对其他三国的进口额（百万美元）	对其他三国的出口额（百万美元）	对其他三国的进口额／本国总进口额（%）	对其他三国的出口额／本国总出口额（%）
新加坡	731	2000	0.3	0.7
新西兰	1500	450	5.7	2
智利	71	77	0.2	0.1
文莱	299	417	17.9	5.5

资料来源：根据 Factual Presentation, Trans Pacific Strategic Economic Partnership Agreement between Brunei Darussalam, Chile, New Zealand and Singapore (Goods and Services), WTO Secretariat, May 9, 2008, WT/REG229/1, 1, p.1, p.2 内容整理。

综上所述，TPP4 各国都是 FTA 的积极参与者，这是由其小型经济体的身份决定的。作为小型经济体，主动且超前发起全面性的高质量自贸区协议，然后促使其他更大、更强的经济体加入，是最优选择。这也是后来新加坡、新西兰、智利一起发起"太平洋三国更紧密经济伙伴关系"的重要原因。

二、TPP4 谈判的启动、推进与实施

众所周知，美国一直极力推动 TPP 谈判，而 TPP4 谈判的初始推动者可以说也是美国。早在 1998 年，美国就提出通过与澳大利亚、新西兰、智利、新加坡缔结一项优惠贸易安排（也被称为 TPP5）以推动亚太地区的贸易自由化。之后，由于美国的精力一度集中于双边自由贸易协定谈判，澳大利亚和智利也因种种原因没有继续参与，TPP5 的构想没能得以实现。只有新西兰和新加坡继续进行谈判，并于 2001 年达成《新西兰—新加坡紧密

经济伙伴关系协定》（NZSCEP）。[①] 以此为基础，智利和文莱先后加入谈判并最终签署了 TPP4 协议。正如在开始谈判时新西兰外交与贸易部官员所指出的，建立 TPP4 的目标之一是建立高水平的、全面的自由贸易协议，该协议将致力于亚太地区的贸易自由化，并支持在 WTO 框架下的贸易自由化。[②] TPP4 协议在签署后因其高水平、战略性、开放性等特点而获得了较高的评价。

（一）TPP4 谈判的启动和推进

TPP4 谈判是以新西兰和新加坡的双边自由贸易协定为基础的，从两国的 FTA 谈判开始分析 TPP4 谈判的启动和推进过程，有利于更全面地了解 TPP4 谈判的脉络。

新西兰和新加坡于 2001 年签署了 NZSCEP，该协定的第四条规定所有商品实施零关税，表明 NZSCEP 是一个自由化水平较高的 FTA。同时，协定包含内容也极为全面，不仅涵盖货物和服务贸易自由化，还包括了海关程序、原产地规则、动植物检验检疫、贸易救济和技术障碍、电子商务交易、政府采购、知识产权保护和竞争政策诸多领域。时任新西兰贸易部长科鲁斯（Croser）表示，NZSCEP 完全是战略性的，由两个小的、开放经济体建立起"战略桥梁"，为以后更大的区域经济一体化奠定基础。而之后 NZSCEP 的逐渐扩大也印证了这一说法。以 NZSCEP 为基础，TPP4 谈判开始启动并得以推进。

2002 年，智利加入谈判。在当年 10 月召开的墨西哥洛斯卡沃斯 APEC 领导人峰会上，时任智利总统里卡多·拉戈斯、新加坡总理吴作栋和新西兰总理海伦·克拉克在墨西哥会面，开始了缔结名为"太平洋三国更紧密

----

① TPP4 协议签订后，NZSCEP 依然有效，新西兰和新加坡之间的商品与服务贸易等活动可按照两个协议中的任何一个之规定进行。详见 New Zealand Ministry of Foreign Affairs and Trade（2005），The New Zealand-Singapore- Chile- Brunei Darussalam Trans- Pacific Strategic Economic Partnership p.16.

② Deborah Elms，"From the TPP4 to the TPP: Explaining Expansion Interests in the Asia-Pacific"，Paper Prepared for the Asia‐Pacific Trade Economists' Conference ARTNET, UNESCAP and UNDP, Bangkok, November 2-3, 2009.

经济伙伴关系（Pacific 3-Closer Economic Partnership）"（简称 P3-CEP）的自由贸易协定的首次谈判。2003 年至 2005 年间，三国举行了四轮谈判，详见表 1.4。文莱在 2004 年的第二轮谈判中成为观察员。

表 1.4　P3-CEP 各轮谈判一览表

谈判轮次	谈判时间	谈判地点
第一轮	2003 年 9 月 24 日至 26 日	新加坡
第二轮	2004 年 7 月 18 日至 21 日	新西兰惠灵顿
第三轮	2004 年 12 月 13 日至 16 日	智利圣地亚哥
第四轮	2005 年 3 月 7 日至 11 日	新西兰皇后镇

资料来源：根据 Organization of American States（美洲国家组织）网页内容整理，详见 http://www.sice.oas.org/TPD/CHL_Asia/CHL_Asia_e.ASP。

在 2005 年 4 月 18 日至 23 日于新加坡举行的第五轮谈判结束之前，文莱宣布以创始成员的身份加入谈判，TPP4 谈判由三国扩大到四国。考虑到文莱加入谈判较晚且国家规模较小，同时文莱的市场开放程度要低于其他三国，三国允许文莱用更长时间进行服务业和政府采购方面的谈判，并且给予其在执行竞争政策方面规定的灵活性。

在 2005 年 6 月 3 日于韩国济州举行的 APEC 贸易部长会议上，四国的贸易部长宣布其 TPP4 协议谈判取得成功，同时宣布了作为协议一部分的具有一定约束性的《环境合作协议》和《劳工合作备忘录》的谈判结果。至此，TPP4 协议的签署准备工作已经完成。

（二）TPP4 协议的签署及其意义

在 2005 年 7 月举行的 APEC 贸易部长会议上，新加坡、新西兰和智利三国于 7 月 18 日在新西兰惠灵顿签署了《跨太平洋战略经济伙伴关系协议》（Trans-Pacific Strategic Economic Partnership），简称 TPSEP。文莱随后于 8 月初签字。协议对各国的生效日如下：2006 年 5 月对新西兰和新加坡生效，2006 年 11 月对智利生效，2009 年 7 月对文莱生效。此外，四国签署了具有一定约束性的《环境合作协议》和《劳工合作备忘录》。

　　TPP4 协议的签署在世界经济一体化进程中具有开创性意义。首先，因为它是首个连接美洲、大洋洲和亚洲的多边 FTA，虽然 TPP4 本身所涉及的经济和贸易规模均微不足道，但其横跨三大洲的特点赋予其重要的象征意义。其次，TPP4 协议涵盖内容广泛，且附有两个具有一定约束性的关于劳工和环境的补充协议，因此 TPP4 被视为 APEC 内部 FTAs/RTAs 的范本。最后，TPP4 协议在序言中指出：为了促进 APEC 框架内的合作，鼓励 APEC 成员加入 TPP4。TPP4 的这一基本原则为 TPP4 的扩大提供了可能性。正如新西兰外交和贸易部 2005 年公布的关于 TPP4 协议的报告中所说，TPP4 协议最重要的方面就是其战略性。[①] TPP 作为已经实施的且具有约束性的自由贸易协议，为建立"亚太自贸区"（FTAAP）提供了一种可能路径。

　　（三）TPP4 协议的实施

　　由于 TPP4 是由四个小国建立的 FTA，直到 2008 年美国宣布加入之前，它并没有引起太大的关注，关于 TPP4 协定实施情况的研究资料也不是很多。根据新西兰外交和贸易部网站公布的信息[②]，各国在协议签署后进行了积极的宣传工作，以便让相关企业了解和充分利用 TPP4 协议。同时智利和新西兰之间在官方和学术界都进行了频繁的交流，在农业技术、教育、技术转让等方面扩大了合作。此外，四国也在推进环境和劳工两个附加协议的实施方面进行了积极的探索。2006 年 9 月，来自 TPP4 各成员的环境领域高级官员在新西兰举行了第一次会议，沟通相互之间的环境管理体制，并达成了环境议题合作的框架协议。2007 年 3 月，新西兰主办了第一次在《劳工合作备忘录》框架下的专题讨论会，来自四国的工人、雇主和政府代表参加了会议。

　　另外，文莱在签署协议时，尚未进行服务贸易和政府采购方面的谈判，

---

　　① New Zealand Ministry of Foreign Affairs and Trade（2005），The New Zealand-Singapore- Chile-Brunei Darussalam Trans- Pacific Strategic Economic Partnership p.13.
　　② 新西兰外交和贸易部网站，http://www.mfat.govt.nz/Trade-and-Economic-Relations/2-Trade- Relationships-and-Agreements/Trans-Pacific/3-TPP4-Implementation-activity.php.

协议对文莱全面生效前，文莱与其他三国之间的服务贸易不适用 TPP4 协议的规定。文莱签署协议后继续进行服务贸易和政府采购方面的谈判，并按时完成谈判，TPP4 协议如约于 2009 年 7 月对文莱全面生效。

三、TPP4 协议的主要内容及其特点

现在由 12 个国家推进的 TPP 谈判是以 TPP4 协议为基础的，因此详细了解 TPP4 协议的内容及其特点将有助于理解和研究 TPP4 扩大后的谈判内容及其相关安排。

（一）TPP4 协议的主要内容

TPP4 协议涵盖领域广泛，其条款共有 20 条，如表 1.5 所示。[①]

表 1.5　TPP4 协议文本内容目录

条目	内容	条目	内容	条目	内容
前言		第 8 章	技术性贸易壁垒	第 16 章	战略伙伴关系
第 1 章	设立	第 9 章	竞争政策	第 17 章	行政与制度条款
第 2 章	定义	第 10 章	知识产权	第 18 章	一般条款
第 3 章	商品贸易	第 11 章	政府采购	第 19 章	一般例外
第 4 章	原产地规则	第 12 章	服务贸易	第 20 章	最终条款
第 5 章	海关程序	第 13 章	临时入境	补充协议	环境合作协议
第 6 章	贸易救济	第 14 章	透明度		劳工合作备忘录
第 7 章	卫生和动植物检验检疫	第 15 章	争端解决		其他

资料来源：根据新西兰外交和贸易部网站所载 TPP4 协议文件整理，详见 http://www.mfat.govt.nz/downloads/trade-agreement/transpacific/main-agreement。

以下是对 TPP4 协议内容的简要分析。

第一，商品贸易。在 TPP4 协议生效时，一国对其他三国原产商品的关税全部免除，且没有任何例外。鉴于发展程度和保护程度不同，TPP4

---

① 该部分内容参考了 Trans-Pacific Strategic Economic Partnership Agreement 即 TPP4 协议文本，New Zealand Ministry of Foreign Affairs and Trade（2005），The New Zealand-Singapore- Chile- Brunei Darussalam Trans- Pacific Strategic Economic Partnership, pp.18-55；Ministry of Trade and Industry Singapore（November 2005），MEDIA INFO-NOTE；石川幸一. 環太平洋戦略の経済連携協定（TPP）の概要と意義. 季刊国際貿易と投資，Autumn 2010/No.81.

各国分阶段实现关税免除，最终废除关税的期限是新加坡 2006 年、新西兰和文莱在 2015 年、智利在 2017 年。APEC 茂物目标要求发达成员在 2010 年前、发展中成员在 2020 年前实现贸易和投资的自由化。从这一点来看，TPP4 协议的时间表要早于茂物目标的期限。各成员废除关税的具体时间表如下表。

表 1.6　TPP4 各国的关税减让时间表

新加坡		新西兰		智利		文莱	
2006 年	100%	2006 年	96.5%	2006 年	89.39%	2006 年	92.0%
		2008 年	0.03%	2009 年	0.94%	2010 年	1.7%
		2010 年	1.54%	2011 年	0.29%	2012 年	1.1%
		2015 年	1.93%	2015 年	0.12%	2015 年	5.2%
				2017 年	9.26%		

注：表中数据为每年 1 月 1 日开始继续减让的关税比重。
资料来源：New Zealand Ministry of Foreign Affairs and Trade（2005），The New Zealand-Singapore-Chile- Brunei Darussalam Trans- Pacific Strategic Economic Partnership, pp.21-25.

第二，原产地规则。依据条款的第四章，符合原产地规则的商品如下：完全在本国获得或者生产的商品，如果不是上述商品则应为符合关税编号变更标准或累计附加价值超过 45%的产品，计算方法如下：

（商品总价格-非原产材料的价格）／商品总价格×100% > 45%

其中，总价格是按 FOB（离岸价格）计算的交易额，非原产材料价格是按 CIF（到岸价格）计算的交易价格。大于45%的区域价值增加标准（RVC）高于东亚其他 FTA 的相关要求（一般要求大于40%）。

原产地证书（英文）采取自我证明方式，由出口商或制造商填写。货物的运送按直送原则的规定，经由第三国的货物在第三国滞留的时间不超过 6 个月，在仅进行装卸和为了保持货物的良好状态而采取了措施的情况下，享受规定的特惠待遇。对于限制进口的商品，TPP4 协议采用了负面清单制。

第三，海关程序。海关程序就通关手续便利化、关税合作、关税评价、事前指示、无纸贸易、紧急通关、风险管理等做了具体规定，目标是降低进出口商的交易成本，提高海关程序的透明度，其中规定货物贸易的海关放行手续必须在货物到达 48 小时以内完成。

第四，贸易救济。贸易救济措施规定，TPP4 协议的规定不能影响 WTO 规定的权利和义务，包括 GATT 第 19 章以及保障协议、GATT 第 6 章和关于第 6 章实施的协议（反倾销协议）、关于补贴和抵消措施的协议所规定的权利和义务。协议规定，一国在采取任何保护措施时，应提前通知其他三国其采取行动的意图和原因。

第五，卫生和动植物检验检疫。卫生和动植物检验检疫（SPS）规定不应限制 WTO 的 SPS 协定所规定的义务和权利，该部分同时规定了 SPS 委员会的设立及工作计划的制定、主管部门和联络处、措施等同[①]、进口检查、临时措施、信息交换和技术咨询与合作。在协议生效后，措施等同和非疾病区域的认定都按照协议规定执行，一旦认定出口国是非疾病发生区域，进口国就应承认出口国有管理相关风险的能力。如果发生争议，各国可选择 TPP4 协议中的争端解决条款解决，或者提交 WTO 的 SPS 委员会解决。

第六，技术性贸易壁垒。在技术性贸易壁垒（TBT）问题上，TPP4 就如何执行 WTO 的 SPS 规定的权利和义务、国家标准的适用、措施等同、适合性评价手续、TBT 委员会设置、协议等做了具体规定。规定缔约各国应互相接受他国的技术法规为等同，并互相接受合格评定程序。事后成立的 TBT 委员会首先将电气安全、电气设备的电磁兼容性、牛肉的等级划分以及鞋标签作为 TBT 关注的对象。

第七，竞争政策。竞争政策规定，对包括民间和政府运营活动在内的所有商业活动，都应适用竞争法，而不因实体、原产地或者销售目的地的

---

① 措施等同是指出口国所采取的措施和进口国采取的措施不同，但是如果被证明能够实现和进口国所采取措施相同的保护水平，则进口国应将其作为等同措施给予承认。

不同而采取差别待遇的方法，减少和废除贸易与投资方面的壁垒，并规定各国应采用或者维持禁止反竞争商业行为竞争法，警惕反竞争安排、竞争对手协商一致的习俗和滥用垄断地位，设立和保留负责采取措施禁止反竞争商业活动的竞争政策执法部门。为了体现透明度，规定了不适用于竞争法的行业例外，主要涉及新西兰和新加坡，智利没有提出相关的行业例外。由于文莱没有主管竞争的机构，在适用竞争政策方面给予了文莱一定的灵活性。

第八，知识产权保护。知识产权的保护范围为按照与贸易相关的知识产权协定（TRIPs 协定）所确定的标准，即著作权、商标、地理标识、设计、专利、集成电路的电路配置以及未公开信息的保护。作为一般原则，TPP4 协议要求各成员承诺 TRIPs 协定和其他关于知识产权的国际协定所规定的权利和义务。

第九，透明度。缔约国要确保公布与 TPP4 协议所涵盖内容相关的法律、法规、程序以及行政裁决。缔约国也应该建立公正和独立的法庭或渠道来评价和纠正与 TPP4 协议所涵盖内容不相符的行政行为。

第十，政府采购。政府采购包括商品和劳务方面的采购，TPP4 设立了政府采购门槛，同时就信息提供和透明度等问题提出了相关要求。根据协定内容，各成员国对其他缔约国企业实行国民待遇和无差别待遇。在政府采购方面，各成员国对其他缔约国的物品、服务以及提供者，都不能实行低于本国物品、服务提供者的待遇，对与其他缔约国的自然人保持关系或所有关系的本国提供者，也不能实行低于本国物品、服务及其提供者的待遇。作为政府采购对象的政府机构，包括中央政府和地方政府机构。政府采购的标准金额是：物品和服务采购为 5 万 SDR（特别提款权），建设项目为 500 万 SDR。此外，TPP4 协定还规定，禁止采取与政府采购相关的抵消措施。

第十一，服务贸易自由化。服务贸易包括跨境交付服务、消费者跨境消费服务、商业存在服务和服务提供者的自然人跨境移动等领域的自由化。TPP4 服务贸易领域主要涉及旅游、教育、通信、陆路和水路运输、航空、会计、工程、法律等领域的市场开放问题。TPP4 协议的服务贸易规则以关贸总协定的服务贸易一般协定为依据，以市场准入、国民待遇、当地据点和最惠国待遇为主要内容。其中，市场准入方面规定，任何国家不得通过限制措施来阻止他国服务提供商进入其市场。禁止设定下述五个方面的限制：服务提供者数量的限制；服务贸易总额或资产的限制；服务提供种类或服务总产出的限制；服务领域雇用或相关自然人总数的限制；提供服务的法人或合资事业形态的限制。各成员国对其他缔约国的服务提供者实行国民待遇和最惠国待遇，但是服务贸易的有关规定不适用于金融服务、航空运输服务、政府采购和政府提供的服务。服务贸易自由化约束采取负面清单方式。

第十二，临时入境。缔约国重申在 GATS（服务贸易总协定）框架下的关于商务人员出入境的承诺，这些主要是关于公司内部的调任，包括高级和专门人员的入境条件。同时，四国也确认了关于 APEC 商务旅行卡"执行框架"的承诺，并同意在 TPP4 协议生效两年后再次评估本章的规定，以探讨扩大临时入境条款所覆盖的商务人员的范围。

第十三，争端解决。缔约国间一旦发生争端，首先通过协商解决。如果协商失败，则根据争端解决条款规定成立仲裁法庭来解决争端。如果缔约国违反了 TPP4 协议的规定，则按照协议可以获得的利益就会被取消或者要进行赔偿。缔约国保留将争端向 WTO 提交的权利。

第十四，战略伙伴关系。战略伙伴关系构建了促进缔约国在经济、教育、文化、科学和技术五大领域合作的框架。为了更好地建立战略伙伴关系，四国专门签署了战略伙伴关系实施协议，在该协议中详细规定了四国的相关政府代表讨论决定的重点合作领域和具体行动。同时成立了跨太平洋战略经济伙伴委员会（部长或高官级），定期召开会议，推进成员国开展战略合作。

第十五，补充协议。《劳工合作备忘录》和《环境合作协议》是 TPP4

协议的两个补充协议，这两个协议与 TPP4 协议不可分割，具有一定的约束性，成员国如果不执行这两个协议，就等于自动退出 TPP4 协定。

《劳工合作备忘录》规定，各成员国承担作为国际劳工组织（ILO）成员的义务，承诺履行关于劳动的基本原则和权利的 ILO 宣言以及跟进措施的有关规定，实行与有关国际规则保持一致的劳动法、劳动政策和劳动习俗；各成员国既不能因贸易保护而制定不合时宜的劳动法规和劳工政策，也不能延续贸易保护性的劳动习俗。另外，为推进各成员国间的劳动合作，该备忘录还规定了设立问讯处、协商等方面的具体条款，并呼吁非政府组织参与劳工合作。

《环境合作协议》规定，继续实行与国际规则保持一致的环境法规、环境政策和环境习俗，开展高水平的环境保护活动；尊重各成员国环境政策的主权，不能因贸易保护而制定不合时宜的环境法规和环境政策，也不能因为鼓励贸易和投资而放宽环境规制，实行不合时宜的环境政策。另外，该协定还就开展环境合作、设立问讯处、环境协商等做出了具体的规定，并呼吁非政府组织参与环境合作。

（二）TPP4 协议的特点

和 NAFTA 等协议相比，TPP4 协议文本比较简略，与其说是四个成员国之间的自由贸易安排，不如说是它们之间共同设立的谋求更大范围的自由贸易化的框架。其战略性远大于其实务性。

第一，TPP4 协议的四个缔约国都是贸易依存度较高的开放小国。TPP4 协议中规定欢迎其他 APEC 成员的加入，具有开放性，同时也体现了其扩大 TPP4 影响力的战略性。此外，协议特设"战略性伙伴关系"一章，强调了对战略性伙伴关系的重视。

第二，TPP4 协议在前言中强调扩大亚太区域经济合作，承认 APEC 的目标和原则，同时在第 1 章第 1 款中规定"各缔约国支持 APEC 框架下的广泛自由化进程"，倾向于将协议定位为 APEC 框架下的 FTA 协议。

第三，TPP4 协议内容具有约束性，克服了 APEC 长久以来的非约束性"自主自愿"合作方式的不足。TPP4 协议是一个涵盖广泛领域的高水平的 FTA。[①] 其内容不仅涵盖货物和服务贸易自由化，还包括了海关程序、原产地规则、动植物检验检疫、贸易救济和技术性贸易壁垒、电子商务、政府采购、知识产权保护和竞争政策等其他领域。在商品贸易方面不承认例外，全部商品实施零关税，并须在 2015 年前执行完毕（智利为 2017 年），因而从关税方面来看，的确可称之为高水平的 FTA。[②]

第四，在协议框架中增加环境和劳工保护两个补充协议。环境与劳工保护在东亚 FTA 谈判中属于敏感领域，在谈判中就这两个议题达成协议在东亚地区内的 FTA 中尚属首例，整个 TPP4 协议具有设立全球新 FTA 标准的倾向和趋势。

第五，TPP4 协议在执行中采取灵活性次序原则，特别是允许文莱在协议签署后两年内继续进行服务贸易谈判，谈判结束前服务贸易相关条款不适用于文莱，体现了协议的灵活性。TPP4 协议中没有关于投资和金融服务的规定，四国约定投资和金融服务谈判在 TPP4 协议生效后两年内进行。

第三节　TPP 成员的扩大及主要谈判内容分析

TPP4 在成立之初，由于参与国家的经济规模不大，对东亚地区的贸易发展和贸易政策的影响有限，所以没有受到亚太各经济体的重视。但是，

---

① 大多数专家和媒体都将 TPP4 称为高水平的 FTA，时任美国贸易代表苏珊·施瓦布在 2008 年 9 月宣布加入 TPP 谈判的讲话中也将 TPP4 协议称为"高水平协议"，详见美国贸易代表办公室网站，http://www.ustr.gov/schwab-statement-launch-us-negotiations-join-trans-pacific-strategic-economic-partnership-agreement。但是也有学者对此持不同意见，较有代表性的是 Henry Gao, "The Trans-Pacific Strategic Economic Partnership Agreement: High Standard or Missed Opportunity?" Paper presented at UNESCAP Asia-pacific Trade Economists Conference on "Trade-led Growth in Times of Crisis".
② 刘中伟，沈家文. 跨太平洋伙伴关系协议（TPP）：研究前沿与架构. 当代亚太，2012 年第 1 期，第 36~59 页。

2008 年 3 月美国宣布加入 TPP4 的投资和金融服务方面的谈判，改变了
TPP4 的发展地位。

一、TPP4 发展扩大的原因

TPP4 发展扩大的最主要原因应该是美国的积极推动，TPP 的扩大与发
展符合美国的经济与政治利益。总结分析可以归结为以下几点。

第一，TPP4 成员属于小型开放经济体，影响力不大，而且相比于亚太
地区已有的 FTA 或经济联盟，在吸纳新成员方面不具备明显的优势。但是
TPP4 对 APEC 成员的开放模式，能够激发 APEC 其他成员加入的积极性。
因此，美国等国家和地区的加入，是 TPP4 所愿意看到的结果。

第二，亚太区域经济从 20 世纪 50 年代开始就保持着较为稳健的增长
趋势，虽然其中经历了 1997 年至 1999 年的亚洲金融危机，但是该地区的
新兴经济体迅速恢复，尤其是中国经济的高速发展，对世界经济的复苏做
出了不可忽视的贡献。在 2007 年美国等发达国家爆发金融危机之后，亚太
区域新兴经济体的经济发展逐步成为世界经济增长的动力。这一质的转变
迫使美国重新审视其在亚太的地位。因此，奥巴马总统在上台之后就提出
了"重返亚太"的战略口号，而借助 TPP4 重返亚太地区的自由贸易区建
设是美国战略的具体体现。

第三，亚太地区已经逐步形成了相对完备、独立、符合本区域发展特
点的自由贸易区或区域联盟，如东南亚经济联盟。随着中国经济在该区域
的重要性不断提升，以及日本、韩国这两大经济体在该区域已有的影响力，
亚太区域经济增长呈现了由东亚地区主导的态势。这不仅客观上削弱了美
国的实际领导能力，而且也让美国感觉到了被不断边缘化的危险。加入 TPP
谈判正好为美国打破现有亚太区域经济合作格局，重新树立由美国主导的
自由贸易协定提供了战略良机。

第四，美国在遭受了金融危机之后，国内失业率一度接近 10%。为了

缓解政治和经济压力，美国需要创造更多就业机会，刺激经济发展。参加 TPP 谈判以及吸纳更多 APEC 成员参加，可以借助亚太区域的广阔市场和巨大的经济发展潜力为美国经济复苏和对外贸易持续发展提供良好平台。正如 2010 年 10 月时任新西兰总理约翰·金（John Key）在华盛顿一次会议上的讲话所言，美国通过参加 TPP 谈判，将获得巨大利益，尤其是在对亚洲出口方面。

第五，美国在 WTO 谈判中进展困难。多哈回合谈判与美国预计的谈判目标相差甚远，尤其是与 WTO 发展中成员在农业问题上的分歧难以弥合。与此同时，美国和周边国家如哥伦比亚、巴拿马等，以及和韩国的 FTA 谈判迟迟没有结果。美国参加 TPP 谈判，能够建立一个以美国为主导的区域合作板块。美国可以利用 TPP 谈判，得到在 WTO 谈判中得不到的成果，尤其是在服务、投资、竞争政策和规制一致性等领域。美国希望凭借自身在上述领域的比较优势继续在世界贸易中获取更多利益，并占据主导地位。[①]

第六，美国需要解决贸易赤字问题。从 20 世纪 70 年代开始，贸易赤字就成为美国经济所面临的重要问题之一。这一问题在近几年显得尤为严重，虽然在 2007 年至 2009 年金融危机时期有所下降，但是主流经济学家普遍认为，美国贸易赤字是源自投资和储蓄的不平衡。美国推动 TPP 谈判并借此增加对亚太区域的出口，也是减少贸易赤字的一种举措。

鉴于以上原因，美国的积极促成 TPP 谈判成员的不断扩大。一方面，美国借助 TPP 力图推进自身经济发展并主导亚太地区贸易投资发展主导权的诉求十分强烈；另一方面，其他 APEC 成员陆续加入谈判进程，也说明了美国的巨大影响力依然存在。

① Petri, P. A., M. G. Plummer, and F. Zhai, 2011, The Trans-Pacific Partnership and Asia-Pacific Intergration: A Quantitative Assessment, East-WestCenter Working Papers Economics Series, No. 119.

二、TPP 谈判成员国的扩大及其谈判主要内容

2009 年 11 月，奥巴马总统正式宣布美国与相关国家进行 TPP 谈判，并将谈判目标定义为"高标准"的"21 世纪贸易协议"。

（一）TPP 谈判成员国的扩大

2010 年 3 月，参加首轮 TPP 谈判的国家除 TPP4 之外，还包括美国、澳大利亚、秘鲁和越南，故称为 TPP8。2010 年 10 月，马来西亚参加了 TPP 第三轮谈判之后，该谈判被称为 TPP9 谈判。2012 年 12 月，加拿大、墨西哥参加了第十五轮谈判。2013 年 9 月，日本第一次参加 TPP 正式谈判。至此，TPP 谈判成员国共有 12 个，均是 APEC 成员，故称为 TPP12。

从 TPP 谈判的进程分析，进展并不顺利。其主要原因在于参加谈判的国家差异性很大，依照美国意愿建立高质量的 FTA 并非易事。谈判各国的差异性主要表现在经济规模、经济发展水平、管理体制、商品贸易自由化有无例外等方面。另外，有些国家对建立高质量 FTA 给本国经济发展带来的具体效益不明确，也导致 TPP 谈判时间拖长。

下表是 TPP 谈判的具体时间和地点。从美国贸易代表办公室网站公布的资料分析，TPP 十八轮回合谈判是按照轮次计算，但十八轮回合谈判以后，不再延续以往的计算模式，而且只公布进行了新的磋商，且不再阐明谈判涉及的具体内容。本书为了叙述方便，将以后的谈判依然按照轮次标明。

表 1.7　TPP 各轮谈判的召集时间、地点与参与成员国

轮次	时间	地点	成员国
第一轮	2010.03.15～03.19	墨尔本（澳大利亚）	TPP 8
第二轮	2010.06.14～03.18	旧金山（美国）	TPP 8
第三轮	2010.10.04～10.09	斯里巴加湾市（文莱）	TPP 9
第四轮	2010.12.06～12.10	奥克兰（新西兰）	TPP 9
第五轮	2011.02.14～02.18	圣地亚哥（智利）	TPP 9
第六轮	2011.03.24～04.01	新加坡	TPP 9

续表

轮次	时间	地点	成员国
第七轮	2011.06.15～06.24	胡志明市（越南）	TPP 9
第八轮	2011.09.06～09.15	芝加哥（美国）	TPP 9
第九轮	2011.10.22～10.29	利马（秘鲁）	TPP 9
第十轮	2011.12.05～12.09	科伦坡（马来西亚）	TPP 9
第十一轮	2012.03.02～03.09	墨尔本（澳大利亚）	TPP 9
第十二轮	2012.05.08～05.18	达拉斯（美国）	TPP 9
第十三轮	2012.07.02～07.10	圣地亚哥（美国）	TPP 9
第十四轮	2012.09.06～09.15	利斯堡（美国）	TPP 11
第十五轮	2012.12.03～12.12	奥克兰（新西兰）	TPP 11
第十六轮	2013.04.04～04.13	新加坡	TPP 11
第十七轮	2013.05.15～05.24	利马（秘鲁）	TPP 11
第十八轮	2013.07.15～07.24	哥打基纳巴卢（马来西亚）	TPP 11
第十九轮	2013.09.18～09.21	华盛顿 DC（美国）	TPP 12
第二十轮	2013.11.19～11.24	盐湖城（美国）	TPP 12
第二十一轮	2013.12.07～12.10	新加坡	TPP 12
第二十二轮	2014.02.21～02.25	新加坡	TPP 12
第二十三轮	2014.05.18～05.20	新加坡	TPP 12
第二十四轮	2014.10.19～10.24	堪培拉（澳大利亚）	TPP 12
第二十五轮	2015.03.09～03.15	夏威夷（美国）	TPP 12
第二十六轮	2015.05.19～05.28	关岛（美国）	TPP 12

资料来源：作者根据 http://www.ustr.gov /about-us/press-office/press-releases 整理。

（二）TPP 谈判的主要内容

由于 TPP 的宗旨是建立高质量的 FTA，尤其是美国参加谈判以后，更加强调 TPP 的高水平这一特点，所以谈判涉及领域很广。以下是依据美国贸易代表办公室网站公布的资料整理的谈判所涉及的具体内容。

第一，贸易领域内容包括：工业产品、农业、医疗设备、医药产品、纺织品服装和鞋、旅游商品、竞争政策、政府采购、原产地规则、商品的临时准入、产品供应链问题等。

第二，服务业领域内容包括：金融服务业、跨境服务、通信、法律服务业等。

第三，投资领域内容包括：跨国投资、商业环境、资本控制等。

第四，政策与管理领域内容包括：国民待遇、最惠国待遇、海关程序与合作、电子商务、争端解决、知识产权保护、智慧财产权、卫生检验检疫、政策透明度、与贸易相关的技术壁垒、网络安全、分销网络、法律问题、地区管理的协调与相互认可、监管体制的一致性与连贯性、规章制度的无缝对接、水平和跨领域问题（Horizontal and Crosscutting Issues）、贸易救济、生物技术、能力建设、中小企业参与、商务人员流动与临时进入、消除国有企业与民营企业差别、突破性的国有企业新规则、非相容措施（Non-Conforming Measures）、数字经济等。

第五，社会问题包括：环境问题、劳工标准、民主问题、公共卫生、健康等问题。

第六，与国际经济组织和机构的关系方面包括：与 APEC、多边贸易体制、非政府组织（NGO）、相关国际论坛、西半球一体化、各国参加的 FTA 等的关系。

TPP 扩大后的谈判内容是在原来的 TPP4 协定基础之上加以拓展而来。TPP 谈判内容有很多继承了原有 TPP4 的谈判内容，但从上文所列出的谈判内容分析，扩大后的 TPP 谈判涉及内容比原来的 TPP4 增加了许多。从美国贸易代表办公室网站公布的资料分析，前十八轮谈判给出的信息比较详细，但后来的磋商公布的信息有限。从谈判具体内容分析，贸易、投资、服务业领域的谈判内容与一般的 FTA 没有多大区别，但是在政策与管理体制方面内容十分丰富，在社会问题方面，将一些重要的问题纳入了谈判领域。

（三）TPP 谈判的主要进展

总体分析，TPP 谈判的目标是建立高水平的自由贸易协定。经过多轮次谈判，TPP 取得了一些进展，但由于谈判成员国利益的差异性，谈判比预计困难得多，进展也不如预期。2011 年，美国作为 APEC 会议东道主，计划在 APEC 领导人非正式会议之前，结束 TPP 谈判，为推进 APEC 建立高质量 FTA 奠定基础。但当时 TPP 经过了九轮谈判，由于各方利益难以协调，仅仅于 2011 年 11 月 12 日发表了《TPP 领导人声明》《TPP 贸易部长级会议提交给领导人的报告》《TPP 内容框架》三个文件。

2013 年 7 月，TPP 第十八轮谈判发表了一个声明，即《马来西亚第十八轮谈判声明》，认为此次谈判已经取得了巨大成果，计划 2013 年将 TPP 建设成为一个高标准、综合性的 FTA。会议声明欢迎日本参加 TPP 谈判。声明提到，美国在寻求建立一个高级的 21 世纪贸易和投资框架协定，以提高竞争力，扩大亚太地区贸易和投资，扩大和维持就业，提高美国在劳工权利方面的核心作用，加强环境保护，提高政策透明度。

2013 年 9 月公布的 TPP 谈判进展报告认为，TPP 谈判在十八轮中已经基本解决了海关、电信、动植物检验检疫、与贸易有关的技术壁垒、跨境服务贸易、劳工等问题，以后会议将讨论如何更好地解决其他问题。

从美国贸易代表办公室网站发布的资料来看，第十八轮 TPP 谈判以后的磋商，只是发布谈判信息，强调继续积极推进谈判进程，重复提到 TPP 谈判目标。

总结 TPP 谈判的成果，可以归纳为以下几个方面。

第一，商品贸易领域的谈判进展。

商品贸易中的关税减免问题是 TPP 谈判的主要议题，这是因为当前 TPP 谈判国之间商品贸易所征收的关税种类和征税标准不统一，有的国家在某些商品领域出于保护产业的考虑，将关税维持在较高的水平。在 2011 年 11 月的檀香山会议上，TPP 谈判代表们表示正力图实现商品贸易零关税的目标。TPP 谈判中，商品贸易关税减免表（Tariff Phase-out Schedule）涉及的商品种类达 11000 余种。TPP 谈判框架一旦实施，那么关税减免表中包含的很多商品将会马上免征关税，而其中一些所谓"敏感产业"的商品则会根据 TPP 各成员国在谈判中承诺的时间段逐步实现关税减免。整体而言，关税减免的实施对于目前参加 TPP 谈判的大多数国家而言不存在太大困难。这得益于这些谈判国在参加 TPP 谈判之前彼此之间的 FTA 协议中也有类似的协议和承诺，并且有的正在实施当中。TPP 在商品领域中关于关税问题的谈判很有可能是在之前 FTA 协议或者谈判框架的基础上，对各国关税水平做出协调，以求达成统一标准。但是，商品贸易自由化分歧同样存在，例如越南在劳动密集型商品的关税减免方面，以及日本在农产品领域的关税减免方面存在难度。

商品的市场准入一直以来都是 FTA 谈判的重要议题。目前 FTA 谈判中对于市场准入的关注点大多集中在技术壁垒、卫生和动植物检验检疫等非关税壁垒措施方面。这是因为在全球化和区域经济一体化两种趋势的推动下，关税壁垒已不再会对市场准入构成实质性威胁，而现在很多的市场准入限制已表现得非常"灰色"。因此，美国在推动 TPP 谈判的过程中涉及了很多非关税壁垒方面的讨论，目的是为了保证在 TPP 成员国之间削减关税的同时，非关税壁垒措施不会成为新的贸易保护手段。

第二，原产地规则问题。

制定原产地规则的目的是避免非成员方的"免费搭车"，保护 FTA 缔约成员的经济利益。关于原产地规则国际上没有统一标准，但可以依据谈判方的贸易状况和习惯来确定。建立双边 FTA 确定原产地规则比较容易，但对于多个成员参加的 FTA 谈判来说，确定原产地规则将是一个复杂的问题。TPP 谈判已经涉及 12 个国家，区分 12 国内部的产业链与 12 国之外的产业链相当复杂。如果按照双边 FTA 模式确定原产地规则，TPP 就不会成为一个整体。如果在 12 国内部追究商品的产业链，则成本太高，包括时间成本和管理成本都会大幅提高，确定原产地的过程也十分复杂，时间冗长。

从 TPP 谈判公布的内容分析，原产地规则是 TPP 谈判的难点，因为相当多轮次的谈判中都涉及该问题。

第三，政府采购。

从 WTO 网站公布的资料分析，参加《WTO 多边政府采购协议（GPA）》的成员并不多：如果将欧盟作为一个整体的话，参加 WTO 多边政府采购协议的国家和地区为 14 个；如果欧盟以 28 个成员计算，加入 WTO 多边政府采购协议的国家和地区为 41 个。在参加 TPP 谈判的 12 国中，仅加拿大、日本、新加坡、美国是 GPA 的缔约方。[①] TPP 谈判一直致力于将政府采购问题纳入其中，在美国已经签署的 FTA 中都有政府采购协议，其中包括加拿大、墨西哥、澳大利亚、秘鲁、智利和新加坡的 FTA 中也都有这方面的内容。但参加 TPP 谈判的其他五个国家则基本没有涉及过该领域的谈判。所以，在该领域取得谈判进展，需要各方努力。在 TPP 谈判中，美国的目标是让各 TPP 签署国有资格参与国家和州一级的采购合同竞标活动。2012 年在达拉斯举行的 TPP 谈判中，美国已经提出了 TPP 国家在讨论解决州一级采购问题之前，可以讨论关于中央政府一级的采购承诺。[②]从披露的消息中可以看出，政府采购一直为 TPP 谈判议题，但是谈判进展相当缓慢，因为一些没有参加 WTO 多边政府采购协议的 TPP 谈判成员国在政府采购领域有诸多限制，包括诸多灰色领域的限制需要消除。

第四，农业问题。

美国在 TPP 农业问题方面的谈判引发了本国内部较大的争论。一方面，美国农业食品加工业对于还没有与美国签署过 FTA 的国家，包括马来西亚和越南的市场开放表现出了极大的兴趣。这类国家有可能成为美国食品出口的重要市场。美国的棉花也希望能够通过市场准入的形式更多地进入到参加 TPP 谈判的国家，例如越南。另一方面，美国乳制品行业在 TPP 谈判中计划达成两个目标：一是限制新西兰产品进入美国乳制品市场，二是确保美国乳类产品能够完全通畅地出口到加拿大市场。这就意味着这个方面

---

① WTO home > trade topics > govt procurement > agreement on government procurement > notifications.

② U.S. Seeks Delay in Addressing Sub-Central Procurement in TPP Talks, World Trade Online, May 14, 2012.

TPP 谈判的结果主要取决于美国如何进行利弊取舍。有些美国乳制品企业则对农业市场准入表示了反对。这些企业认为，如果市场开放，他们会受到其他国家如新西兰乳制品企业的巨大冲击。两国曾经对如何进入对方的乳制品市场进行过意见交流，但未能达成明确的共识。日本参加 TPP 谈判以后，农业问题更加复杂，日本一直被视为美国农产品的另一个巨大的潜在市场。2014 年 4 月美国总统奥巴马访问日本期间，在安全问题上给予了日本支持，但并没有得到美国想要的日本 TPP 谈判中在农产品市场开放问题上的任何承诺。日本农业每年都依靠获得政府大量的补贴来生存。

第五，服务贸易领域的谈判。

由于美国在服务贸易领域处于世界领先地位，所以把服务贸易纳入到 TPP 框架是奥巴马政府将 TPP 定义为"21 世纪贸易范本"的亮点之一。事实上，美国希望借助 TPP 协议打开 TPP 参与国的服务贸易市场。美国在当前许多双边或区域性 FTA 中都将服务贸易市场准入作为谈判重点。在 TPP 谈判中，美国推动的服务贸易领域谈判主要集中在金融服务（包括保险类和银行类服务）、专业服务（包括法律类服务和私人教育服务）、电信服务、快递服务和电子商务等。美国积极与其他各国在 TPP 谈判中突破 WTO 下 GATS 的谈判形式，因为尽管 2013 年 12 月的多哈回合巴厘岛谈判达成了"早期收获"协议，但协议基本没有涉及服务贸易自由化问题。在服务贸易领域，美国已经与 TPP 谈判国中的澳大利亚、智利和新加坡在双边 FTA 中取得了一些进展，但是日本的金融市场开放问题是 TPP 谈判的难点之一。TPP 谈判中的发展中国家开放金融市场也非易事，因为金融市场开放将会影响经济的平稳运转，而美国对跨境金融服务贸易十分看重。

在跨境服务贸易谈判中，TPP 谈判提出了负面清单模式，负面清单之外的行业一律开放。这比 GATS 中所采用的正面清单制更有利于建立高水平的 FTA。迄今为止，跨境服务贸易谈判中所涉及的原则问题主要包括：

对贸易伙伴方服务提供者的非歧视性待遇，即国民待遇和最惠国待遇；在市场准入方面，对服务提供者的数量和提供服务的价值、聘用人员的数量或是对外国服务提供者所需聘用的法律类机构或合资企业的种类都不能有所限制；不强制要求外国服务提供者在服务提供国有商业存在；对服务提供者的资格认证相互认同；在政府法规的制定和执行过程中应对外保持透明、公开。

第六，卫生和动植物检疫标准。

美国在 TPP 谈判中将卫生和动植物检验检疫（SPS）单独作为一个谈判议题，视其为 TPP 框架协议中"21 世纪贸易范本"的又一个关键点，目的主要是保障食品和动植物贸易的安全。实际上，该领域的严格规定有利于美国农产品贸易。2012 年 5 月，美国农产品和食品行业向美国贸易谈判代表建议，TPP 在 SPS 领域的谈判应该在遵守现有的《世贸组织 SPS 协议》基础上有所突破。该协议主要是为了确保所有 WTO 成员在食品安全和动植物安全的法律和法规制定上做到公开、公平。美国希望能够在 TPP 谈判中进一步推动贸易便利措施，例如检疫调查机制的认可、贸易许可证的协调以及加强相关方面的危险管理等。[①] 更为不同的是，在以往美国签署并实施的 FTA 协定中，并没有就 SPS 争端解决或实施有过具体的规定。

第七，知识产权保护。

当前美国在其推行的 FTA 中努力将知识产权保护推广至数字媒体领域，并要求谈判对象将对知识产权保护的法律条文与美国的现行法律相匹配。这两项谈判主张已经远远超过了《WTO 有关知识产权的相关贸易协议》中的有关要求。而对于 TPP 谈判国，美国可能会让文莱、马来西亚、新西兰和越南等国先加入《世界知识产权版权和录音录像品公约》，然后以 WTO 知识产权保护框架为基础，推进 TPP 知识产权谈判。知识产权谈判除了版权外，还包括制药业知识产权保护问题。2011 年 9 月在芝加哥回合

---

① 资料来源：http://www.meatami.com/ht/a/GetDocumentAction/i/78494.

谈判过程中，提出了提升在"医药业贸易准入"（TEAM）领域的谈判的提议。为了鼓励 TPP 谈判国的制药公司能尽快进行市场革新，这些公司可以享受到在韩国—美国 FTA 中提到的五年数据保护、必要的专利链接和专利权限延长条款相关知识产权的保护。此外，TEAM 涉及以下方面：减少在医药和医学仪器方面的贸易关税；减少相关的海关管理程序，畅通药物分配渠道；防止伪劣药品贸易；让 TPP 谈判国就多哈回合中关于知识产权保护和公共卫生方面的宣言做出兑现承诺。① 美国在知识产权方面的保护要求之高、措施之严，体现了美国试图继续保持在数字媒体和医药等方面的技术领先优势。

第八，投资领域的谈判。

投资领域所涉及的问题主要有：对来自海外的投资和投资者的非歧视原则，最低国际标准待遇，国与国以及投资个人与国家之间的争端解决程序等。尤其是对于将投资个人与国家之间的争端解决纳入 TPP 谈判协议，各方存在争议，这是因为个人投资者通常可以通过国际仲裁而非东道国政府机构来解决关于违反有关海外投资法律的争端。美国仅在与澳大利亚的 FTA 中将此纳入条款协议。这一条款旨在保护投资者在海外投资时避免政府可能的没收而导致海外投资者资产遭受损失。另一个与投资相关的议题是政府是否可以在特殊情况下（如金融危机）控制资本外流问题。

第九，劳工标准问题的谈判。

劳工标准的适用广度和深度是 TPP 谈判国都力图解决的问题。发达国家非常在意劳工标准。如果其他国家，主要是发展中国家采取相对较低标准的劳工待遇，那么发达国家就会担心本国的工作人员会在劳动力市场上处于不利的竞争地位。较高的劳工标准可以避免廉价产品进口冲击发达国家内部市场。将劳工标准问题纳入 TPP 谈判，是对原有 TPP4 协议内容的突破。美国在之前的协定，例如 NAFTA 和《美国—中美洲自由贸易协定》

---

① USTR White Paper, http://www.ustr.gov/webfm_send/3059.

（US CAFTA-DR）中就劳工问题有过类似规定，主要强调签约国各自履行其劳工标准，如有违反，相应的争端机制会进行处理，并视情况给予贸易制裁。

第十，国有企业问题的谈判。

国有企业（SOE）问题本质上是市场公平竞争问题。发达国家认为政府通常会给国有企业提供补贴、低廉的银行信贷和优先进入政府采购的机会，这就使私有经济受到冲击，将私有经济置于不公平的竞争地位。同时，这种机制也不能以最有效的形式对资源进行配置。美国在 TPP 协议中对于国有企业的政策主要是希望海外企业的进入能获得国民待遇，本着非歧视、公平、透明原则，与东道国的国有企业共同竞争。在当前的 TPP 谈判中，虽然看似越南、马来西亚和新加坡都有国有企业问题，但是事实上美国也存在着国有企业，例如房利美（Fannie Mae）和美国邮政服务都是基于国有企业性质为市场提供产品或者服务的。①

第十一，电子商务问题。

TPP 关于电子商务的谈判主要是为了解决电子商务中遇到的关税、数字环境、数字交易认证、消费者权益保护、本土化要求以及对自由信息流的保证等问题。在美韩 FTA 中，有关电子商务的条款涉及了如何让服务类电子商务能够享受到和其他服务类贸易一样的保护。此外，还有电子产品的零关税，以及与电子相关产品的贸易应该本着非歧视性原则等问题。美国在 TPP 谈判中更希望能够以电子商务中跨国数据在网络上流动的自由程度为议题来减少政府对网络内容的审查。另一方面，通过本地数据存储或服务器本地化要求的放松，保障美国在网络技术方面有比较优势，为 TPP 国家提供以互联网为基础的服务以及云计算。在该领域的谈判中，澳大利亚和新西兰等认为此提议可能侵犯国家隐私，一些发展中国家也在电子商务方面对美国的提议持有不同看法。

----

① 美国政府对房利美通过法律规定的形式提供低廉的信贷，使其可以为市场提供更多的按揭贷款。

　　第十二，中小企业问题。

　　据美国统计，中小企业已经成为国际贸易的主要参与者，但是中小企业在国际贸易中的份额却只占到了美国总贸易额的 30%。这和中小企业在国际贸易中所承担的角色有关，中小企业一般都是作为向大型企业提供中间制品或者零部件的供应商。虽然中小企业的贸易份额不大，但是它们却解决了美国相当部分人员的就业问题。^① 美国当前失业率居高不下，政府非常希望在中长期内将失业问题控制在一个较为理想的水平。因此，在美国和其他国家建立的 FTA 中，中小企业问题提及得越来越多。中小企业问题在 TPP 中的谈判估计已经在 2012 年 5 月达拉斯会谈中结束。

　　第十三，水平和跨领域问题。

　　在水平和跨领域问题的谈判方面，与以往其他 FTA 框架内容不同的是，TPP 谈判试图将该领域问题的解决原则纳入谈判范围。规制一致性（Regulatory Coherence）就是水平和跨领域谈判的新内容。规制一致性的主要目标是为了贸易便利化和减少贸易成本。美国等国家认为，规制的差异性已经对市场准入造成障碍。规制一致性的具体目标主要有："提升规制行为，减少不必要的壁垒，降低区域内不一致的标准规定，提高政策的透明度，减少在检验和许可证方面的冗长和烦琐程序，提升在政策或规则制定方面的合作。"^②关于规制一致性，在 TPP 谈判框架中不仅有单独的章节进行阐述，而且在 SPS、TBT 等其他章节中也有所体现。但是，美国之所以力推规制一致性以及规制合作，一方面是有利于贸易便利和减少交易成本，另一方面则是希望其他国家在很多规制上与美国保持一致。

　　总体分析，由于美国主导了 TPP 谈判，美国的经济发展水平和经济规模是其他谈判国家不可比的，所以美国在 TPP 谈判中首先是保障自身的经

---

　　① 资料来源：U.S. Census Bureau, Department of Commerce, Statistics of U.S. Businesses: Statistics about Business Size, http://www.census.gov/econ/smallbus.html.
　　② Trans-Pacific Partnership (TPP) Trade Ministers' Report to Leaders, November 12, 2011, http://www.ustr.gov/about-us/press-office/press-releases/2011.

济利益。同时，TPP 谈判也是美国对亚太地区 FTA 的整合，力图将建立 TPP 作为载体，吸纳其他 APEC 成员参加，是将 APEC 从论坛性质的区域经济合作组织推进到 FTAAP 的战略步骤。如果这一目标能够实现，美国将处于未来 FTAAP 谈判的核心主导地位。

第二章　TPP 的福利效应：基于可计算一般均衡的模拟研究

2008 年美国高调加入"跨太平洋伙伴关系协定"（TPP）谈判，使原本只包括文莱、智利、新西兰、新加坡四国的 TPP 在全球得到了广泛的关注，而 TPP 所处亚太地区的经济体则对其产生的影响、加入谈判与否对自己的利弊影响等都有更深的关注。在秘鲁、澳大利亚应邀加入谈判后，东盟成员中的越南、马来西亚也于 2010 年加入谈判。其后，日本、加拿大、墨西哥等国也表达了参加谈判的意愿。

与此同时，东亚地区的自由贸易安排也取得了进展：2012 年 5 月，中、日、韩领导人在北京宣布将于年内启动中日韩自由贸易区谈判。在东盟与中、日、韩三国已建立的三个"10+1"合作的基础上，中日韩自由贸易区的推进将为未来的"10+3"东亚自由贸易区的形成加温提速。东亚地区内的自由贸易区建设，自然会影响 TPP 的走向，进而影响到亚太自由贸易区的进展。

本章采用可计算一般均衡模型（Computable General Equilibrium, CGE）对 TPP 包含 9 个成员、12 个成员两种不同情形下其成员间的利益格局和对非成员的经济影响进行模拟分析，并进一步比较在中日韩 FTA 建立的情况下的福利变动状况。

第一节　自由贸易区经济影响的理论机制

自由贸易区通常指签订自由贸易协定的成员经济体在区内消除关税壁垒和数量限制，实现自由贸易，但各成员经济体仍将保持自身制定的对非成员经济体的独立关税和其他贸易限制。为防止非成员经济体利用转口贸易方式在低关税成员经济体那里获取额外的利益，在执行自由贸易政策时要分清产品是来自成员经济体还是非成员经济体，只有产自成员经济体内的商品才享有自由贸易及免征关税的待遇，这也被称为"原产地规则"。

自由贸易区作为国际区域经济一体化方式的一种，其经济效应的研究也在经济一体化经济效应的分析框架之中。长期以来，对经济一体化的经济效应理论的研究主要包括静态效应和动态效应两个方面。

一、经济一体化的静态效应

最早对经济一体化的静态效应进行科学分析的是维纳（Viner，1950）提出的关税同盟理论。维纳将定量分析用于对关税同盟经济效应的研究，提出了关税同盟的贸易创造效应（Trade Creation Effect）和贸易转移效应（Trade Diversion Effect）。

（一）贸易创造效应是指由于国际经济一体化组织成员之间相互取消了关税以及与关税具有同等效力的其他非关税壁垒，使成员相互间的双边贸易规模显著增长，并使本国或本地区内的消费者以较低的价格购买进口商品替代更高价格的本地产品。从一个成员的内部看，以扩大的贸易取代了本地低效率生产；从同盟整体看，生产从高成本的地方转向低成本的地方，同盟内部的生产要素可以经过重新配置，提高资源的利用效率。同时，随着进口商品价格的下降，消费者的实际收入增加，也提高了消费者的福利。

（二）贸易转移效应是指在区内消除关税壁垒和数量限制后，由于各成员仍将保持自身制定的对非成员经济体的独立关税和其他贸易限制，在差别待遇的影响下，对非成员经济体的低成本进口转向成员经济体高成本进口，这种情况下，贸易转移造成了利益的损失，降低了资源配置效率，减少了世界福利。这种贸易转移效应造成的损失会随着对自由贸易区外经济体的关税降低而减少。建立自由贸易区的贸易静态净效应取决于贸易创造和贸易转移影响的大小。

二、经济一体化的动态效应

建立自由贸易区还具有动态效应。动态效应包括竞争效应、投资效应、规模效应等方面。

（一）竞争效应

关注区域经济一体化的动态效应的学者认为，在不完全的市场结构下，贸易自由化不但会带来基于比较优势的资源配置效应，还会有各种竞争效应，而竞争效应的存在大大增加了贸易自由化的福利影响（Devarajan & Rodrik, 1991）。在自由贸易区内实现自由贸易，能够把成员经济体原来被分割的小市场统一起来，成为统一的共同大市场，自由贸易和生产要素的自由转移使各成员经济体都面临比原来更激烈的竞争。竞争程度的提高以及由此带来的价格下降迫使企业不得不去追求更低的生产成本，转向大规模的专业化生产。生产的扩大能够提高消费者的实际收入水平，增强其购买力，使其获得更多的消费及更高的福利水平。同时，大市场范围内的竞争将提高资源配置效率，并提升市场效率和提高价格的透明度，这些都有利于区内成员经济体获得一个较高的经济运行效率。

（二）投资效应

投资效应是指自由贸易区的建立引起投资增长而产生的效应。借鉴维纳的贸易创造效应和贸易转移学说，金德尔伯格提出了区域经济一体化的投资创造效应（Investment Creation Effect）和投资转移效应（Investment Diversion Effect）学说。

投资创造是指自由贸易区建立后产生的贸易转移现象使区外企业的产品进入该市场变得困难，因此区外的大量投资进入以占领成员经济体市场。贸易壁垒削减以及原产地规则对区内外企业影响不同。区外的企业为了能够享受到区内的关税优惠，会加大在区内的投资。自由贸易区建成后使用原产地规则的话，区外的企业无法符合原产地规则要求，从而也无法获得优惠的关税待遇。因此区外企业只能以直接投资的方式进入该区，就地生产就地销售，为此必将吸引更多的外资进入。

为了推动资本、技术等生产要素在成员经济体之间的流动，促进自由贸易区内的跨国跨境投资，需要建立一个自由、便利、透明并具有竞争力的投资体制，而自由贸易区能够通过取消各种对投资流动的管制和限制并设立其他投资保护措施来达到这种目标。比如《中国与东盟全面经济合作框架协议》中就有如下条约：（1）通过谈判逐步实现投资机制的自由化；（2）加强投资领域的合作，给区域内的跨国跨境投资提供便利，并提高投资规章和法规的透明度；（3）提供投资保护。有了这些制度性的协定作为保证，对于各参加方就会有法律上的约束力，这就为区内外的投资者提供了一个稳定的政策保证，这种有利的政策对吸引外部资金的流入将非常有利。

自由贸易区建成后，各成员经济体的内部市场将向统一的大市场转换，必然使各方在吸引外资方面的整体优势加强。对区内成员相互投资的限制措施将减少甚至取消，有关投资的法规、条件和政策将进一步放宽，对在本地筹资的规定和对收款、支付、利润汇出等的规定也将实现自由化、便利化。这些都将增强各方吸引外资的能力。

投资转移是指先前进入区内的企业，为了利用市场统一以后所提供的实现规模经济和专业化的机会，对该地区的生产经营活动进行重新布局。比较典型的是"贸易倾斜"（Trade Deflection）式投资转移。区内关税壁垒消失后，跨国企业选择在自由贸易区内具有相对成本或其他优势的国家进行投资，然后向区域内其他成员经济体出口，从而导致这些成员经济体的投资减少。

投资创造和投资转移效应是静态的，区域经济一体化的投资效应还具有长期的动态效应。由投资带来的投资效益将在中长期内提升成员经济体的经济增长率，这些效益至少体现在专业化分工和竞争效应两个方面。

（三）规模效应

维纳在分析经济一体化的福利效应时，假定生产成本固定不变，只考虑了关税同盟的静态福利效应。科登（Corden，1972）在理论上提出了发展中国家经济一体化的另一重要动力——规模经济。在《规模经济与关税同盟理论》一文中，他提出了规模经济的两个效应：成本降低效应和贸易抑制效应。巴拉萨（Balassa）也认为，关税可以使生产厂商同时获得内部经济和外部经济的利益。

自由贸易区的启动，有利于促进该地区内经济一体化和专门化，从而实现经济利益的最大化。自由贸易区成立之后，区域内关税税率的下降以及非关税壁垒的逐渐减少，使区域内各成员经济体的生产要素和产品的自由流动性加强，因此形成了成员经济体之间新的国际分工和生产经营的专业化，有利于发挥各经济体的比较优势，提高劳动生产率水平，促进平均成本下降，实现规模经济。

规模经济的出现，使某项产品的生产集中到一个国家，出现较大的产业规模。大量企业集中在某一个地区内，能够提高经济效益，从而产生产业的规模效益。对于区内较小的经济体而言，这种规模经济效应更加明显。

在统一大市场内，在进行贸易的条件下，每个经济体都可以进行专业化生产，各自生产较少的品种，则每一件产品都能扩大生产规模，发挥规模经济效益。规模经济还可以使区内的企业加速科技创新、在更高层次上开发新技术、改善经营管理、提高劳动生产效率，有利于促进区内各经济体产业结构的升级。而产业内水平分工和规模经济的形成，有利于区内企业对各自产品结构进行调整，实现生产的合理布局，避免贸易摩擦。

第二节　模型假定、数据来源和模拟方案设定

一、模型的基本假定

本模型为多地区多部门可计算一般均衡模型，假定如下：规模收益不变，完全竞争市场，不同国家产品存在差异性。其中：（1）生产函数为 CES（固定替代弹性）函数，包括非熟练劳动、熟练劳动、资本、土地和自然资源五种生产要素；中间投入需求为里昂惕夫需求，生产要素与中间投入之间不可替代。（2）私人部门的消费需求由 CDE（固定差异弹性）支出函数决定；政府对最终产品的需求为固定支出份额需求。

此外，模型将名义劳动工资率按消费者价格指数转换成实际工资率，并在模拟中假定实际工资率不变，以考察各种情形下不同类型劳动力就业所受到的影响。同时，模型假定资本可跨边界流动。

二、模型中的地区及行业划分

对于模拟中的区域选择，我们重点考虑 TPP 在 APEC 地区的影响。为此，我们在模型分析中将地区汇总为 21 个，其中包括 19 个 APEC 成员以及印度和世界其他地区。19 个 APEC 成员分别是：美国、加拿大、日本、中国、韩国、印度尼西亚、马来西亚、菲律宾、越南、泰国、新加坡、俄罗斯、墨西哥、智利、澳大利亚、新西兰、中国台湾、秘鲁、中国香港。

对于模型中的产品部门分类，我们将其分为 20 个可贸易品部门以及 1 个服务业部门。可贸易品部门包括：谷物、肉蛋奶、渔林牧产品、其他农作物、加工食品、燃料、非燃料矿产、纺织品、服装、皮革制品、木材和纸、化工产品、有色金属、钢铁冶炼、金属制品、汽车、其他运输设备、

电子产品、机械设备、其他制成品。

三、数据来源说明

　　模型中使用的各地区社会收支矩阵数据、弹性参数，均来自全球贸易分析项目（Global Trade Analysis Project, GTAP）的数据库 GTAP Database v8，基期为 2007 年。

　　模型中各经济体关税数据，来自世界贸易组织（WTO）关税数据库。该数据库中为各经济体按照 HS 编码 6 分位计算的简单算术平均关税。我们根据投入产出表中部门分类与 HS 分类的对应关系，将 HS 6 分位关税数据整理成本模型中各经济体的每个产业部门的进口关税。

　　根据模型模拟结果得到的各项指标变动，我们利用最新宏观数据进行折算。其中，中国香港的相关值以 2008 年为基数测算；其他经济体的相关值均以 2009 年为基数测算。除非特别标注，文中的 GDP 的变动数额均为名义 GDP。

四、模拟方案设计

　　我们模拟分析了两种情形：（1）TPP 只包括美国、智利、秘鲁、澳大利亚、新西兰、越南、文莱、马来西亚、新加坡 9 个成员的情形下，成员间消除关税壁垒；（2）日本、加拿大和墨西哥加入 TPP，12 个成员内部消除关税。

第三节　针对 9 个成员 TPP 福利效果的模拟分析

　　我们首先对 TPP 由美国、智利、秘鲁、澳大利亚、新西兰、越南、文莱、马来西亚、新加坡这 9 个成员组成的情形进行模拟，从宏观指标的变动考察对成员和非成员经济体的影响。

一、成员经济体的宏观经济指标

我们首先考察 TPP 由美国、智利、秘鲁、澳大利亚、新西兰、新加坡、文莱、越南、马来西亚组成的情形。从表 2.1 可看出，在 9 个成员的情形下，福利水平提高的幅度有限。作为最大的经济体，美国从自由贸易中获得的福利最大，达到 105 亿美元，实际 GDP 增加 0.08%。澳大利亚福利提高近 32 亿美元，实际 GDP 增加 0.43%。发展中成员中，马来西亚福利提高最大，为 18.4 亿美元，而越南则提高了 17.6 亿美元。相对而言，智利和秘鲁的福利提高较小，均不到 10 亿美元。

从实际 GDP 的增长看，越南增长达3.61%，马来西亚、智利和秘鲁的实际 GDP 也有增长。结合进出口贸易的增长和贸易条件的变动，可看出各成员进出口均增长的同时，大部分经济体的出口增长快于进口增长，贸易条件得到改善，而总体存在贸易逆差。这说明 TPP 建立后的贸易创造效应高于贸易转移效应，区内贸易提高的同时，自区外的进口也有所增长，而贸易条件的改善、实际收入的提高是 TPP 成员经济体福利增加的主要来源。

表 2.1　TPP（9 个成员）成员宏观经济指标

经济体	名义 GDP（%）	实际 GDP（%）	总福利（百万美元）	出口（%）	进口（%）	贸易条件（%）	贸易平衡（百万美元）
澳大利亚	0.83	0.43	3157.45	1.85	2.37	0.36	-902.08
新西兰	2.18	0.89	1160.75	3.65	4.96	1.1	-315.3
美国	0.12	0.08	10514.12	0.64	0.48	0.04	-1000.6
智利	1.05	0.59	716.7	1.59	2.77	0.5	-174.8
秘鲁	1.65	0.75	627.94	3.64	6.12	0.97	-219.42
新加坡	2.03	0.84	1652.6	2.07	2.11	0.46	61.42
马来西亚	1.52	1.65	1839.13	2.68	4.72	-0.03	-867.07
越南	4.47	3.61	1762.23	4.22	10.2	0.61	-2357.58

注：文莱数据缺失。

资料来源：作者根据模拟结果整理（本章中后表同表 2.1）。

二、非成员经济体的宏观经济指标

包含 9 个成员 TPP 的建立,对世界其他经济体造成了一定的负面冲击,但影响程度不大,实际 GDP 下降的幅度均低于 1%(表 2.2)。从福利变动上看,日本、中国所受的影响最大,福利下降分别达到 23.3 亿美元和 10.9 亿美元,其他经济体的损失均不足 10 亿美元。日本、泰国、俄罗斯等的出口有所增加,其他经济体的出口减少也小于进口减少。显然,贸易条件恶化是这些经济体福利下降的主要因素。

表 2.2 非 TPP(9 个成员)成员宏观经济指标

经济体	名义 GDP(%)	实际 GDP(%)	总福利 (百万美元)	出口 (%)	进口 (%)	贸易条件 (%)	贸易平衡 (百万美元)
加拿大	-0.14	-0.07	-889.32	-0.11	-0.16	-0.06	146.92
日本	-0.11	-0.04	-2334.11	0.06	-0.18	-0.1	1401.54
中国	-0.11	-0.04	-1091.32	-0.13	-0.15	-0.05	-12.26
韩国	-0.13	-0.06	-618.01	-0.07	-0.15	-0.06	150.61
中国香港	-0.03	-0.02	-54.23	-0.04	-0.07	-0.01	22.01
印尼	-0.1	-0.05	-194.37	-0.13	-0.21	-0.07	50.63
菲律宾	-0.14	-0.05	-79.47	-0.11	-0.17	-0.08	27.89
泰国	-0.3	-0.09	-281.88	0.11	-0.32	-0.14	470.09
俄罗斯	0	-0.01	2.87	0.03	-0.02	0.03	82.82
中国台湾	-0.14	-0.08	-329.99	-0.14	-0.16	-0.05	-23.75
印度	-0.1	-0.03	-292.88	-0.01	-0.09	-0.08	109.18
墨西哥	-0.15	-0.05	-517.75	0.11	-0.14	-0.08	472.07
世界其他	-0.05	-0.03	-6276.3	-0.03	-0.08	-0.01	2877.67

非成员经济体所受的负面冲击程度,与其对美国的贸易依赖程度相关。在东亚经济体中,中国、日本、韩国受的冲击比较大,加拿大、墨西哥也因处于美国所跨两个 FTA 的边陲而受到显著影响。

第四节　针对 12 个成员 TPP 福利效果的模拟分析

考虑到加拿大、墨西哥和日本均已表达了参与 TPP 谈判的意愿，我们在这一节中分别从宏观层面和产业层面对 12 个成员的情形进行详细分析。

一、成员经济体的宏观经济效应

在 TPP 的谈判进程中，加拿大、墨西哥和日本也表达了加入 TPP 谈判的意愿。这三个经济体的经济规模都比较大，加入 TPP 势必对成员和非成员经济体产生较大影响。表 2.3 列出了 TPP12 个成员的宏观经济指标。

表 2.3　TPP（12 个成员）成员宏观经济指标

经济体	名义 GDP（%）	实际 GDP（%）	总福利（百万美元）	出口（%）	进口（%）	贸易条件（%）	贸易平衡（百万美元）
澳大利亚	1.19	0.61	4687	3.18	3.37	0.72	−681
新西兰	2.67	1.14	1489	4.59	5.91	1.44	−311
美国	0.60	0.37	45241	3.70	2.66	0.16	−3890
智利	1.48	0.76	986	2.39	3.54	0.82	−88
秘鲁	1.51	0.70	586	4.37	6.28	0.89	−140
新加坡	1.89	0.80	1598	2.17	2.13	0.46	188
马来西亚	2.81	3.45	3595	4.70	8.13	−0.17	−1367
越南	7.20	5.93	2866	6.58	15.09	0.92	−3380
日本	0.38	0.40	18546	2.16	2.04	0.04	3116
加拿大	3.40	2.19	23696	5.26	6.79	0.72	−4017
墨西哥	4.61	2.87	21739	0.92	11.25	1.11	−19449

注：文莱数据缺失。

对比表 2.1 和表 2.3 可看出，日本、加拿大和墨西哥的加入，使美国的福利提升最大：福利提高 3 倍，而实际 GDP 增加 0.37%。其他经济体的福利也有不同程度的提高，但总体看，经济规模较大的经济体福利提升的程度高，智利、秘鲁等小型经济体受日本、加拿大和墨西哥加入的影响相对较小。

二、部分成员经济体的产业经济效应

TPP12 个成员具有不同的比较优势，同时各自处在不同的双边或多边自由贸易安排中，如美、加、墨三国此前的自由贸易协定。当 12 个成员共同对成员经济体取消关税时，原有的自由贸易伙伴间的贸易结构将产生变化，新的比较优势形态将导致资源在不同产业中的重新调整，使得各产业部门的实际产出、进口和出口有升有降。

表 2.4 列出了澳大利亚的产业变动情况。澳大利亚的谷物、金属制品、机械设备、汽车等行业由于美国的竞争而出现产出下降趋势，而动物产品、木材和纸制品、纺织品等部门的产出提高，且由于贸易条件改善，对于产出增加的部门而言，出口增加幅度大于产出增加，而产出下降的制造业部门如汽车、机械设备、金属制品等的 FOB（离岸价）出口值反而上升。

表 2.4　TPP12——澳大利亚产业变动

产业	产出（%）	出口（%）	进口（%）	产业	产出（%）	出口（%）	进口（%）
谷物	-1.73	-2.3	4.51	化工制品	-0.51	3.28	3.17
动物产品	11.58	33.31	5.92	钢铁冶炼	-1.57	0.06	4.72
渔林牧产品	3.25	-3.72	3.82	有色金属	-2.03	-1.31	2.48
其他农产品	0.57	-0.22	4.41	金属制品	-0.13	6.11	5.65
加工食品	2.23	9.31	3.46	汽车	-1.52	3.8	4.49
燃料	0.1	1.02	1.71	其他运输设备	-0.52	2.98	2.34
非燃料矿产品	-0.54	-0.2	2.42	电子产品	-0.89	1.65	1.49
木材和纸制品	0.25	17.2	9.64	机械设备	-1.79	2.22	3.23
纺织品	2.78	28.41	10.61	其他制成品	0.50	5.31	3.48
服装	2.36	26.79	2.26	服务业	0.58	-1.56	1.89
皮革制品	-0.18	2.29	2.32				

美国产业部门中，除其他运输设备外，产出均有不同程度的上升。其中，其他农产品、纺织品的产出增加幅度最大，出口增幅也较高（表 2.5）。一些进口增长较大的部门，如动物产品、木材和纸制品等虽然进口增加，但对产出的影响较小，没有部门受到大的冲击。

从表 2.5 中也可看出，由于美国与加拿大、墨西哥、新加坡等均签有自由贸易协定，再加上美国的货物进口关税本来就较低，因而在建立 TPP 后并未引起普遍性的进口大规模上升。由此也可看出，美国经济福利大幅度提升的原因还是其贸易条件的改善和现有的贸易与经济规模。

加拿大的纺织品、服装、动物产品、木材和纸制品等行业的出口扩张幅度较大，其出口增长幅度分别达到 71.2%、43.7%、36.6%、22.4%，产出水平也有显著增长（表 2.5）。其他部门中，谷物、钢铁冶炼、其他运输设备、机械设备和电子产品等因日本产品的竞争而导致出口、产出下降。

表 2.5 TPP12——美国、加拿大产业变动

美国							
产业	产出(%)	出口(%)	进口(%)	产业	产出(%)	出口(%)	进口(%)
谷物	0.32	2.06	5.01	化工制品	0.70	3.39	2.78
动物产品	1.15	39.2	22.49	钢铁冶炼	0.68	4.37	1.2
渔林牧产品	0.95	3.66	1.38	有色金属	0.51	4.08	2.68
其他农产品	0.54	2.26	2.99	金属制品	0.83	10.06	2.44
加工食品	0.87	11.98	4.52	汽车	0.86	7.15	2.55
燃料	0.33	4.76	1.11	其他运输设备	-0.08	0.25	1.79
非燃料矿产品	0.46	4.25	2.07	电子产品	0.34	1.66	1.11
木材和纸制品	0.09	17.5	11.06	机械设备	0.13	2.2	2.51
纺织品	3.22	35.14	8.55	其他制成品	0.45	3.55	1.64
服装	0.80	38.9	4.03	服务业	0.34	-0.39	0.94
皮革制品	3.08	13.88	1.05				

加拿大						
产业	产出(%)	出口(%)	进口(%)	产业	产出(%)	出口(%)	进口(%)
谷物	-0.11	-0.48	8.38	化工制品	0.94	4.78	7.3
动物产品	6.23	36.63	28.41	钢铁冶炼	-0.96	-0.82	2.71
渔林牧产品	4.91	-3.69	11.03	有色金属	-0.73	1.18	3.09
其他农产品	0.74	2.78	3.82	金属制品	-0.49	3.76	10.55
加工食品	4.10	12.43	8.34	汽车	3.45	5.06	6.46
燃料	-1.19	-3.18	2.87	其他运输设备	-1.71	-0.46	4.42
非燃料矿产品	-0.44	0.14	4.81	电子产品	-1.25	-1.18	3.44
木材和纸制品	9.73	22.43	22.09	机械设备	-1.41	-0.14	4.51
纺织品	26.30	71.17	24.82	其他制成品	1.31	3.95	9.93
服装	17.54	43.68	6.04	服务业	1.99	-3.31	5.03
皮革制品	-0.26	-2.26	4.29				

从宏观指标上看，日本总福利的增加幅度仅次于美国，达到 185 亿美元，实际 GDP 的增加也达到 0.4%，并且有 31 亿美元的贸易顺差（表 2.3）。根据表 2.6 我们可以看到，日本各类产品的出口均上升，而进口部门的进口增长幅度小于出口的增长。贸易条件改善和绝大部分产品出口的上升使日本的福利显著提高，同时使进口高效弥补部分国内产出下降，促进了部门间的资源有效再配置，进而提高了出口。

对于新加坡而言，TPP 的成立没有造成进口冲击的压力，各类产品的出口都有不同程度的增长，除其他运输设备行业和服务业外，其余行业的进口增长没有导致产出的下降。这也使新加坡获得贸易盈余的增加，实际 GDP 提高 0.8%，但得到的消费福利增加不大。新加坡的纺织品、服装、皮革制品、金属制品、加工食品等行业的产出和出口增长最为明显，是其贸易盈余的主要来源。

表 2.6 TPP12——日本产业变动

产业	产出 (%)	出口 (%)	进口 (%)	产业	产出 (%)	出口 (%)	进口 (%)
谷物	-0.34	8.28	0.57	化工制品	0.90	2.93	2.46
动物产品	-7.99	22.04	27.66	钢铁冶炼	1.04	2.05	1.45
渔林牧产品	-1.53	4.52	-0.13	有色金属	0.94	3.82	1.98
其他农产品	-0.46	3.9	3.89	金属制品	0.78	5.64	1.6
加工食品	0.06	6.33	6.1	汽车	2.01	3.46	1.22
燃料	0.43	2.43	0.66	其他运输设备	1.14	2.39	0.44
非燃料矿产品	0.59	2.56	1.19	电子产品	0.46	1.00	0.86
木材和纸制品	-0.05	12.38	6.44	机械设备	0.63	1.40	0.81
纺织品	4.22	16.62	3.13	其他制成品	0.63	4.7	1.77
服装	-0.05	20.1	3.22	服务业	0.32	0.03	0.51
皮革制品	0.79	6.84	0.65				

表 2.7 TPP12——新加坡产业变动

产业	产出 (%)	出口 (%)	进口 (%)	产业	产出 (%)	出口 (%)	进口 (%)
谷物	0.83	3.63	1.24	化工制品	1.63	2.16	2.78
动物产品	5.05	11.55	3.83	钢铁冶炼	6.21	7.96	3.21
渔林牧产品	0.41	1.48	2.38	有色金属	7.55	7.91	3.9
其他农产品	0.86	3.81	3.49	金属制品	5.43	15.3	2.11
加工食品	7.01	11.35	3.18	汽车	1.94	2.53	1.13
燃料	3.34	4.35	3.05	其他运输设备	-0.63	0.2	1.45
非燃料矿产品	5.51	16.37	2.83	电子产品	2.11	2.22	1.81
木材和纸制品	6.19	14.63	4.04	机械设备	2.31	2.93	1.77

续表

产业	产出(%)	出口(%)	进口(%)	产业	产出(%)	出口(%)	进口(%)
纺织品	30.22	33.11	3.39	其他制成品	1.94	3.06	2.01
服装	15.29	23.22	3.75	服务业	-0.11	-1.22	1.57
皮革制品	8.93	11.65	2.69				

墨西哥的动物产品、纺织品、服装、皮革制品等的出口和产出有大幅度的增长，而电子产品、有色金属和金属制品等行业则遭受到了一定的冲击。其中，电子产品的出口下降 17.9%、进口上升 8.6%、产出下降 11.2%，有色金属的出口下降 11.8%、进口上升 16%、产出下降 6.6%。北美自由贸易区成立二十余年给墨西哥产业打下的基础，使其大部分行业进出口大幅增长，TPP 的建立给其带来可观的消费福利，而实际 GDP 也有非常显著的增长。

表 2.8　TPP12——墨西哥产业变动

产业	产出(%)	出口(%)	进口(%)	产业	产出(%)	出口(%)	进口(%)
谷物	0.30	-3.7	22.42	化工制品	3.98	-3.15	6.41
动物产品	0.14	62.15	54.77	钢铁冶炼	4.11	-6.14	9.06
渔林牧产品	2.53	-1.85	16.04	有色金属	-6.56	-11.79	15.95
其他农产品	0.60	1.28	11.08	金属制品	-2.37	-3.98	9.08
加工食品	5.60	12.11	19.42	汽车	4.70	3.63	8.8
燃料	0.54	-1.58	9.35	其他运输设备	2.14	-9.12	17.46
非燃料矿产品	4.82	2.56	11.04	电子产品	-11.18	-17.92	8.61
木材和纸制品	5.54	17.28	15.96	机械设备	4.30	5.92	8.52
纺织品	11.89	43.04	31.43	其他制成品	2.27	7.15	11.57
服装	14.02	37.86	42.2	服务业	3.94	-5.77	7.99
皮革制品	12.48	27.74	15.51				

表 2.9　TPP12——越南产业变动

产业	产出 （%）	出口 （%）	进口 （%）	产业	产出 （%）	出口 （%）	进口 （%）
谷物	-0.63	-6.61	26.7	化工制品	0.73	-2.86	7.59
动物产品	4.09	-11.36	67.11	钢铁冶炼	-2.45	-2.43	6.2
渔林牧产品	4.26	-8.51	22.69	有色金属	7.94	2.16	11.79
其他农产品	0.77	-3.78	18.79	金属制品	-1.07	0.49	18.29
加工食品	3.85	8.35	20.89	汽车	2.33	3.39	19.19
燃料	-2.98	-3.07	9.37	其他运输设备	2.56	-0.5	27.4
非燃料矿产品	5.83	-2.1	18.72	电子产品	3.81	-0.29	15.87
木材和纸制品	3.41	6.97	16.08	机械设备	3.56	0.75	13.5
纺织品	21.10	41.11	28.75	其他制成品	-0.19	-2.05	28.63
服装	33.59	41.84	41.14	服务业	8.99	-4.21	13.17
皮革制品	-2.14	-1.93	3.77				

由其比较优势所限，越南产出和出口增长最为显著的部门是纺织、服装等劳动密集型产业。有色金属、电子、设备等部门进口大幅增加的同时，产出和出口都有所上升，表明越南与其他国家的中间品贸易促进了这些部门生产效率的提升。

在农产品方面，越南的进口增幅大，出口显著下降，但只有谷物的产出略有下降。越南的总进口增长超过 15%，高于其他成员，而总出口增长也比较显著。由此带来的运输等服务需求上升快，使其服务业的产出提高了 9%，同时推升服务进口达到 13% 以满足其需求。

马来西亚的行业表现优于越南，尽管是 TPP12 个成员中贸易条件轻微恶化的唯一一国家，但其传统优势部门的产出和出口均有显著增长。谷物和燃料产品的产出分别下降1.2%和1.57%，出口分别下降了1.89%和4.52%，是两个产出下降的产业部门。其他如木材和纸制品、纺织、服装等劳动密集型产品的产出和出口有大幅增长，而金属制品、运输设备、电子产品、机械设备等部门的产出和进出口增长也非常显著。

表 2.10 TPP12——马来西亚产业变动

产业	产出(%)	出口(%)	进口(%)	产业	产出(%)	出口(%)	进口(%)
谷物	-1.20	-1.89	6.28	化工制品	1.67	3.09	8.4
动物产品	2.46	4.6	10.06	钢铁冶炼	2.67	8.73	8.91
渔林牧产品	4.03	-2.13	11.07	有色金属	10.77	11.62	6.71
其他农产品	0.08	-0.52	6.29	金属制品	4.17	13.25	15.74
加工食品	0.62	1.76	4.66	汽车	7.22	29.11	15.46
燃料	-1.57	-4.52	6.06	其他运输设备	6.06	6.8	8.44
非燃料矿产品	0.90	2.77	13.21	电子产品	5.14	4.76	7.18
木材和纸制品	8.77	13.68	15.43	机械设备	4.84	6.13	7.88
纺织品	22.51	28.07	24.54	其他制成品	6.07	7.28	13.99
服装	35.82	38.05	10.71	服务业	3.63	-0.99	5.15
皮革制品	10.44	9.41	9.63				

表 2.11 非 TPP（12 个成员）成员宏观经济指标

国家和地区	名义 GDP(%)	实际 GDP(%)	总福利(百万美元)	出口(%)	进口(%)	贸易条件(%)	贸易平衡(百万美元)
菲律宾	-0.41	-0.09	-170	-0.14	-0.42	-0.17	132
泰国	-1.26	-0.34	-1093	0.77	-1.07	-0.52	2029
印尼	-0.54	-0.17	-635	-0.33	-0.77	-0.23	308
中国	-0.54	-0.14	-4058	-0.32	-0.53	-0.22	963
中国香港	-0.25	-0.08	-219	-0.14	-0.35	-0.06	195
中国台湾	-0.56	-0.28	-1199	-0.43	-0.55	-0.17	27
韩国	-0.65	-0.27	-2574	-0.13	-0.56	-0.27	1036
俄罗斯	-0.14	-0.03	31	0.02	-0.28	0.15	408
印度	-0.57	-0.12	-1230	0.11	-0.62	-0.32	902
世界其他	-0.44	-0.16	-33378	-0.15	-0.58	-0.07	24019

三、对非成员经济体的影响

所有非成员经济体均受到 TPP（12 个成员）建立的负面冲击。美国和日本这两大经济体的加入，使非 TPP 成员的贸易条件恶化，产生福利损失。在这些非成员经济体中，俄罗斯因其与 TPP 成员的贸易竞争程度低，受到冲击的程度较小。与美国、日本的经济联系比较密切的中国和韩国遭受的损失较大（表 2.11）。

总体上，中国的实际 GDP 下降 0.14%，福利损失增加到 41 亿美元左右。尽管贸易盈余有所增加，但贸易条件的恶化和出口下降使价格水平下降（表 2.11）。从产业部门受到的影响来看，动物产品、木材和纸制品以及纺织品受到的冲击较大，产出水平下降超过 1%，服装的产出也下降了0.9%。其中，动物产品的出口下降最为显著，出口市场被美国、墨西哥、澳大利亚等挤占。电子产品和钢铁、有色金属等初级产品因其全球性的竞争力，在 TPP 贸易规模扩大后需求增加的驱动下，产出和出口均有所上升。而汽车、加工食品则被 TPP 成员替代了部分内部市场，产出、进出口均下降。一些部门，如谷物、化工、机械设备等随着贸易条件的恶化，产出上升一部分替代进口，表现为进口下降程度高于出口，而产出上升（表 2.12）。

韩国受 TPP 影响的渠道与中国类似。在东亚经济体中，韩国的实际GDP 下降 0.27%，仅次于泰国和中国台湾地区，福利减少 25.7 亿美元，贸易条件下降 0.27%（表 2.11）。在产业方面，渔林牧产品、木材和纸制品、纺织品、服装、皮革制品、化工制品、金属制品、汽车、其他制成品等部门的产出、进口和出口均出现下降，有色金属、电子产品、机械设备、其他运输设备等部门受影响较小（表 2.13）。不同于中国，韩国所有产品的进口均下降，这与其更高的出口依存度、实际收入水平下降幅度大有关。

表 2.12 中国产业变动

产业	产出(%)	出口(%)	进口(%)	产业	产出(%)	出口(%)	进口(%)
谷物	0.12	1.52	-3.65	化工制品	0.14	-0.08	-0.6
动物产品	-1.16	-20.17	-2.68	钢铁冶炼	0.06	0.15	-0.56
渔林牧产品	-0.16	1.43	-1.73	有色金属	0.66	1.01	-0.67
其他农产品	-0.14	-0.18	-1.54	金属制品	0.02	-0.27	-0.78
加工食品	-0.32	-2.82	-0.89	汽车	-0.45	-1.96	-0.93
燃料	0.22	1.55	-0.27	其他运输设备	-0.02	0.15	-0.82
非燃料矿产品	0.18	0.38	-0.44	电子产品	1.01	1.13	0.27
木材和纸制品	-1.32	-6.35	-1.29	机械设备	0.09	-0.17	-0.76
纺织品	-1.25	-3	-1.35	其他制成品	0.12	0.09	-0.77
服装	-0.90	-1.99	-0.71	服务业	-0.17	0.68	-0.66
皮革制品	0.47	0.32	-0.41				

表 2.13 韩国产业变动

产业	产出(%)	出口(%)	进口(%)	产业	产出(%)	出口(%)	进口(%)
谷物	0.04	0.39	-1.48	化工制品	-0.23	-0.44	-0.65
动物产品	0.13	-16.33	-2.04	钢铁冶炼	0.05	0	-0.61
渔林牧产品	-0.04	-0.95	-0.87	有色金属	0.20	-0.07	-0.16
其他农产品	0.03	-3.04	-0.77	金属制品	-0.16	-0.34	-0.94
加工食品	-0.47	-3.77	-0.67	汽车	-1.43	-2.32	-1.63
燃料	-0.14	0.5	-0.18	其他运输设备	0.38	0.17	-1.29
非燃料矿产品	0.01	0.27	-0.4	电子产品	0.86	0.86	-0.15
木材和纸制品	-0.63	-3.89	-1.16	机械设备	0.14	-0.2	-0.57
纺织品	-1.88	-2.66	-1.65	其他制成品	-0.60	-0.7	-0.94
服装	-1.10	-3.65	-0.73	服务业	-0.31	0.84	-0.87
皮革制品	-0.86	-1.31	-0.54				

第五节　结论和展望

根据模拟结果，我们认为 TPP 的建立所产生的贸易创造效应要高于贸易转移效应，但在不同经济体之间利益分配不平衡；只由美国、智利、秘鲁、澳大利亚、新西兰、越南、文莱、马来西亚、新加坡 9 个成员建立的 TPP 对成员和非成员的福利影响不大；而日本、加拿大和墨西哥加入后，使得美国、日本、加拿大等国的福利有大幅提高，同时也加大了对非成员经济体，特别是中国和韩国的负面影响。

对东亚成员而言，发达的地区生产分工网络已经将彼此的经济紧密联系在一起，再加上地理上相互邻近的优势，东亚区域 FTA 为多数东亚成员带来的经济收益较 TPP 更为显著，表明推进东亚 FTA 建设其实具备更为坚实的经济基础。从长期来看，这种经济基础将是影响区域经济合作形式和水平的决定性因素。因而，在长期内，我们应当着手强化并积极利用这种促进区域经济合作的基础。只有不断强化东亚区域经济合作的经济基础，才可能克服当前推进东亚区域 FTA 面临的许多现实障碍，比如邻国对中国崛起的担忧、东亚各国间的领土主权纠纷等。

对应的建议有三个方面：一是积极推进东亚成员间基础设施的互联互通，通过互通的基础设施将各经济体更加紧密地联系在一起。二是抓住经济全球化深刻调整的长期趋势，加快技术创新和国内产业结构调整，增强我国在东亚地区生产分工体系中的引领作用。三是在产业层面，无论是当前的多边贸易自由化谈判还是区域贸易协定谈判，农业均是敏感部门，正因如此，主动而又稳妥地推进农产品的贸易便利化将可能为自由贸易谈判注入强劲的动力。这需要积极推动国内农业经营体制的改革，增强农产品的国际竞争力。与之相应的过程也将是较漫长的。

第三章 美国 TPP 战略的政治经济分析

对美国而言,亚太地区始终具有非常重要的战略意义。奥巴马执政后,美国政府明显加大了对这一地区合作机制的投入,试图确立在该地区的主导地位。2009 年 11 月,美国宣布加入 TPP,并于 2010 年启动谈判。TPP 的内容和模式将依据美国标准,反映出美国主导亚太区域合作的战略意图。

第一节 美国 FTA 的发展现状

二战结束后,作为全球第一的霸权力量,美国支持非歧视性自由贸易的坚定立场为 GATT 的建立铺平了道路,并在随后的一系列多边贸易谈判中居主导地位。自 20 世纪 90 年代 NAFTA 订立以来,美国相继提出建立美洲自由贸易区、跨大西洋自由贸易区的设想,并积极在 APEC 范围内推行区域贸易自由化。这些努力显示出其贸易政策制定者的注意力正在越来越多地从多边协定转移到区域协定上来。近年来,美国加快了缔结 FTA 的步伐,FTA 承载着美国在经济、政治、安全、外交等多方面的利益,在其贸易政策中发挥着越来越重要的作用。

一、已签署/生效的 FTA

目前，美国签署/生效的 FTA 有 14 个，涉及 20 个国家，分别为澳大利亚、巴林、加拿大、智利、哥伦比亚、哥斯达黎加、多米尼加共和国、萨尔瓦多、危地马拉、洪都拉斯、以色列、约旦、韩国、墨西哥、摩洛哥、尼加拉瓜、阿曼、巴拿马、秘鲁和新加坡（表 3.1）。

表 3.1　美国 FTA 的总体进展

FTA	状态	范围	时间
美国—澳大利亚	已生效	FTA & EIA	2005.01
美国—巴林	已生效	FTA & EIA	2006.01
CAFTA–DR	已生效	FTA & EIA	2004.08（签署）
美国—智利	已生效	FTA & EIA	2004.01
美国—哥伦比亚	已生效	FTA & EIA	2012.05
美国—以色列	已生效	FTA & EIA	1985.08
美国—约旦	已生效	FTA & EIA	2001.12
美国—韩国	已生效	FTA & EIA	2012.03
美国—摩洛哥	已生效	FTA & EIA	2006.01
NAFTA	已生效	FTA & EIA	1994.01
美国—阿曼	已生效	FTA & EIA	2009.01
美国—巴拿马	已生效	FTA & EIA	2011.10（签署）
美国—秘鲁	已生效	FTA & EIA	2009.02
美国—新加坡	已生效	FTA & EIA	2004.01
TPP	谈判中	FTA & EIA	
TTIP	谈判中	FTA & EIA	

注：除了注明签署的以外，本表内其余的时间均为协定生效时间。
资料来源：Office of the United States Trade Representative.

（一）美国—澳大利亚 FTA

美国—澳大利亚 FTA 于 2005 年 1 月 1 日生效。二战结束后不久，美国曾经提出与澳大利亚缔结 FTA 的设想，但是由于各种原因未能如愿。此后，澳大利亚和美国又分别提出过建立 FTA 的构想，直到 2001 年才付诸实施。2003 年 4 月，两国启动 FTA 谈判，并于 2004 年 5 月签署协议。

协定生效后，双边贸易有所增长。2013 年，美国与澳大利亚的贸易额为 354.02 亿美元。其中，出口额为 261.3 亿美元，进口额为 92.72 亿美元（表 3.2）。迄今为止，美澳两国已经完成了对 FTA 的第四次审议，对农产品贸易、卫生与动植物检疫检验、政府采购、知识产权保护等问题进行了评估。

表 3.2　美国与澳大利亚双边贸易情况

单位：亿美元

贸易额	2001 年	2003 年	2005 年	2007 年	2009 年	2010 年	2013 年
进口额	68.10	67.43	76.77	89.71	82.89	88.72	92.72
出口额	109.44	131.03	157.70	195.05	195.97	218.03	261.30

资料来源：美国国际贸易委员会（USITC）数据库。

（二）美国—巴林 FTA

1999 年，美国与巴林签署双边投资协定（BIT），它是美国与海湾合作委员会（GCC）签署的第一份协定。2002 年 6 月，两国签署贸易投资框架协定（TIFA），启动了关于经济改革和贸易自由化的双边对话机制。2004 年 9 月，双方签署 FTA。2006 年 1 月，美国—巴林 FTA 正式生效，对全部工业品及消费产品实行零关税。

协定生效后，美国对巴林的农产品出口大幅度增长。此外，由于巴林对美国服务业的开放程度大于其以往签署的 FTA，美国的金融、电信、视听、快递、分销、医疗、建筑以及工程服务等部门也因此获益颇多。

表 3.3　美国与巴林双边贸易情况

单位：亿美元

贸易额	2001 年	2003 年	2005 年	2007 年	2009 年	2010 年	2013 年
进口额	4.51	4.01	4.54	6.54	5.02	4.45	6.35
出口额	4.32	5.08	3.50	5.91	6.68	12.49	10.17

资料来源：美国国际贸易委员会（USITC）数据库。

（三）CAFTA-DR

CAFTA-DR（Dominican Republic-Central America FTA）是美国与五个中美洲国家（哥斯达黎加、萨尔瓦多、危地马拉、洪都拉斯、尼加拉瓜）以及多米尼加共和国签署的 FTA；也是美国与经济规模较小的发展中国家集团之间建立的首个 FTA。2006 年，美国与萨尔瓦多、危地马拉、洪都拉斯和尼加拉瓜的协定生效；2007 年，与多米尼加共和国的协定生效；2009 年，与哥斯达黎加的协定生效。

CAFTA-DR 的主要内容是削减关税、开放市场、降低服务业壁垒、提高透明度。1994 年至 2010 年，美国对 CAFTA-DR 的贸易额占其对外贸易额的比重约为 1.5%。2013 年，美国与 CAFTA-DR 伙伴国的贸易总额为 596 亿美元，其中出口额为 295 亿美元，进口额为 301 亿美元，CAFTA-DR 国家是美国的第 14 大贸易伙伴（表 3.4）。

表 3.4　美国与 CAFTA-DR 伙伴国贸易情况

单位：亿美元

CAFTA-DR 国家	进口额	出口额	贸易总额
哥斯达黎加	119	72	191
洪都拉斯	45	53	98
多米尼加共和国	43	72	115
危地马拉	42	55	97
尼加拉瓜	28	11	39
萨尔瓦多	24	32	56

资料来源：美国国际贸易委员会（USITC）数据库。

（四）美国—智利 FTA

1992 年，智利提出与美国尽快开展 FTA 谈判的意愿，得到时任美国总统布什的赞同。1994 年，美、加、墨三国领导人会晤时同意智利加入 NAFTA，但是由于克林顿总统执政期间贸易促进授权（TPA）的中止，NAFTA 的扩充没有实现。2002 年，TPA 重新启动，同年 12 月美国与智利的 FTA 谈判顺利结束。2004 年 1 月 1 日美国—智利 FTA 正式生效。

　　美国—智利 FTA 的内容涉及关税减让、服务业开放、知识产权保护、管理透明度、数字产品的公平贸易、竞争政策、劳工标准以及环境保护等广泛领域，是一个高标准的 FTA。自协定实施以来，美国与智利的贸易有所增长。2013 年，双边贸易总额达到 278.99 亿美元（表 3.5）。

表 3.5　美国与智利双边贸易情况

单位：亿美元

贸易额	1995 年	2000 年	2002 年	2004 年	2006 年	2008 年	2010 年	2013 年
进口额	21.96	36.67	43.50	54.21	102.91	89.81	76.71	103.84
出口额	36.13	34.55	26.11	36.24	67.89	120.93	108.71	175.15

　　资料来源：美国国际贸易委员会（USITC）数据库。

　　（五）美国—哥伦比亚 FTA

　　2004 年 5 月，美国启动了与哥伦比亚建立 FTA 的谈判；2006 年 11 月，两国签署了 FTA 协议。2007 年，时任美国总统布什将 FTA 提交国会，但该提案被国会否决。奥巴马执政后，曾指示美国贸易代表办公室对协定的主要问题进行修正。2012 年 5 月 15 日，美国—哥伦比亚 FTA 正式生效。

　　哥伦比亚是中南美洲的第四大经济体。2013 年，美国与哥伦比亚的贸易总额为 400.18 亿美元，其中出口额为 183.92 亿美元，进口额为 216.26 亿美元。根据美国国际贸易委员会的测算，该协定的实施将使美国的 GDP 增加 25 亿美元。FTA 生效后，美国向哥伦比亚出口商品的 80% 将享受零关税待遇，其中包括农产品、建筑设备、航空器及其零部件、化肥、信息技术设备、医疗科学设备、木材等。此外，服务业市场开放、劳工标准等内容也有助于美国进入哥伦比亚市场，获得更大利益。

　　（六）美国—以色列 FTA

　　美国—以色列 FTA 是美国签署的第一个 FTA，也是其利用双边 FTA 服务于外交政策目标的典型代表，于 1985 年正式生效。美国的经济总量约为以色列的 70 倍，因此，在经济规模相差悬殊的情况下，美国并未刻意谋求该 FTA 的经济利益。对于美以 FTA 的建立，美国曾经清晰地阐述了四个方面的意图，即：在传统的对以色列军事、安全支持的基础上进一步强化经济联系，彰显两国稳固的双边关系；促进以色列经济发展，以减少其对美国援助的依赖；降低 EC—以色列 FTA 对美国造成的负面影响[1]；对主要贸易伙伴施压从而推动陷于停滞的多边贸易谈判。[2]

美国—以色列 FTA 主要是针对工业品取消关税和关税配额，计划在十年内完成。对于农产品关税减让给予了较大灵活性；服务与投资自由化最初并未纳入协定框架中。随着形势的发展变化，美以双方对协定进行了两次补充，农产品市场准入、电信、政府采购、知识产权以及标准、海关等贸易便利化问题逐步成为协定的新内容。协定实施以来，两国的贸易额一直呈现出缓慢增长的态势。2003 年，两国农产品贸易协定生效后，FTA 的贸易效应有所增强。2013 年，美国对以色列的出口额为 137.47 亿美元，进口额为 228.08 亿美元，较之 20 世纪 90 年代初有大幅度增长。

（七）美国—约旦 FTA

约旦的和平进程及反恐行动对于扩大美国在中东地区的利益具有重要的间接效应，因此美国一直通过经济援助、军事援助及政治合作等形式辅助约旦维护国内和平，实现稳定自治。1996 年，美国建立标准工业区（QIZs），其目的是为以色列、约旦、埃及、西岸加沙等地区提供贸易优惠政策，这些地区生产的产品出口美国市场时可享受关税豁免。此举为进一步加强美国与约旦的经济关系奠定了坚实基础。2000 年 10 月，美国—约旦 FTA 协议顺利签署；2001 年 12 月开始实施；2010 年 1 月 1 日进入全面实施阶段。

美国—约旦 FTA 在货物贸易自由化、服务贸易自由化、知识产权保护、

---

① EC—以色列 FTA 签署于 1975 年，最终的关税减让于 1985 年实施。
② Jeffrey J. Schott, Free Trade Agreement: US Strategies and Priorities, April 2004.

管理透明度、劳工标准、环境问题等方面给美国带来了一定利益。2013 年，双边贸易额为 32.8 亿美元，其中美国的出口额为 20.83 亿美元，进口额为 11.97 亿美元。由于约旦在美国对外贸易中的份额很小，因此，该 FTA 的经济效果有限。

（八）美国—韩国 FTA

2007 年 6 月 30 日，美国与韩国签署了双边自由贸易协定（KORUS FTA）。2010 年 12 月，两国签署了新的协定，对汽车、牛肉等敏感产品均做出了一些妥协。2012 年 3 月 15 日，美韩 FTA 正式生效。

表 3.6　美国与韩国双边贸易情况

单位：亿美元，%

年份	进口额	出口额	进口比重	出口比重
1995	248.90	254.13	3.23	4.36
2000	417.24	279.01	3.32	3.58
2001	364.91	221.96	3.09	3.04
2002	369.09	225.95	3.07	3.26
2003	383.46	240.98	2.94	3.33
2004	478.14	263.33	3.13	3.22
2005	455.22	276.70	2.63	3.06
2006	476.36	324.55	2.48	3.13
2007	493.19	347.03	2.44	2.98
2008	498.23	348.07	2.30	2.68
2009	405.43	286.39	2.53	2.71
2010	505.92	388.43	2.57	3.04
2011	566.36	435.05	2.53	2.90
2012	588.08	423.18	2.55	2.71
2013	622.28	415.55	2.71	2.61

资料来源：美国国际贸易委员会（USITC）数据库。

美国—韩国 FTA 是一个高标准、全面的 FTA，也是自 NAFTA 实施以后规模最大的 FTA，对美国而言具有重要的经济意义。从生效之日起，约 80%的美国对韩出口产品将享受零关税待遇，95%的消费品及工业品将在五年内实现关税豁免，计划十年内全面实现贸易自由化。有关研究表明，关税及关税配额的降低将使美国对韩国的出口平均每年增加 97 亿～109 亿美元，并进一步改善美国的服务商品出口，对于促进美国国内生产、增加就业具有较为显著的作用（表 3.6）。

（九）美国—摩洛哥 FTA

美国—摩洛哥 FTA 签署于 2004 年 6 月，2006 年 1 月正式生效。美国对摩洛哥一贯的政策导向是鼓励摩洛哥深入开展经济、社会及政治等领域的全面改革，并在反恐及安全领域加强与摩洛哥的合作。摩洛哥是一个政局相对稳定的国家，与摩洛哥的关系是美国中东地区长远利益实现的一个可靠支点。

协定实施后，美国对摩洛哥的贸易顺差有所增加。2009 年，美国的贸易顺差额为 12 亿美元，而协定生效前的 2005 年仅为 7900 万美元。2013 年，美国与摩洛哥的贸易总额为 34.59 亿美元，其中出口额 24.82 亿美元，进口额 9.77 亿美元（表 3.7）。

表 3.7　美国与摩洛哥双边贸易情况

单位：亿美元

贸易额	1990 年	2000 年	2005 年	2010 年	2013 年
出口额	4.96	5.24	5.27	19.47	24.82
进口额	1.17	4.71	4.74	7.52	9.77

资料来源：美国国际贸易委员会（USITC）数据库。

（十）NAFTA

1994 年 1 月 1 日，由美国、加拿大、墨西哥三国缔结的北美自由贸易协定（NAFTA）生效。NAFTA 内容全面，涉及货物贸易、服务贸易、投资、知识产权、劳工标准、环境保护等领域。NAFTA 的高标准和广泛的内容使北美自由贸易区的合作有了更丰富的内容和更大的弹性，为三国间的更高层次的经济合作创造了条件。同时，NAFTA 协定在许多方面都具有创新性和前瞻性，比如服务贸易、投资、知识产权保护、贸易与环境保护、贸易与劳工标准和争端解决等。其货物贸易、投资和服务贸易自由化的规则在贸易纪律的严格性和自由开放程度方面超越了类似的区域自由贸易协定和多边贸易自由化的普遍规则，深刻反映了美国的利益诉求。

　　NAFTA 实施以来，美国对其伙伴国的贸易一直处于比较稳定的增长态势。根据美国国际贸易委员会（USITC）的统计，2013 年，美国在 NAFTA 框架下的贸易额超过 1.1 万亿美元，占美国对全世界贸易总额的 28.21%（表 3.8）。NAFTA 在美国的对外贸易以及 FTA 战略中都发挥着非常重要的作用。

表 3.8　美国在 NAFTA 中的贸易情况

单位：亿美元；%

年份	出口额	比例	进口额	比例
1990	1113.42	28.33	1245.77	24.06
1995	1723.35	29.56	2110.60	27.38
2000	2881.50	36.92	3701.51	29.42
2002	2583.29	37.26	3500.97	29.12
2004	2984.88	36.55	4176.30	27.38
2006	3644.23	35.14	5083.38	26.49
2008	4124.52	31.72	5577.97	25.75
2010	4115.14	32.21	5123.11	26.03
2012	5085.00	32.57	6015.00	26.12
2013	5265.00	33.10	6215.00	27.10

资料来源：美国国际贸易委员会（USITC）数据库。

（十一）美国—阿曼 FTA

　　美国—阿曼 FTA 是美国实现中东自由贸易区（USMFTA）构想的组成部分。2005 年 3 月谈判启动，2006 年 1 月两国签署 FTA 协议。2009 年 1 月，美国—阿曼 FTA 正式生效。协定包括货物贸易、服务贸易、投资、知识产权、政府采购、电子商务、劳工标准、环境、透明度等内容。2013 年，美国对阿曼的进出口贸易额为 25.93 亿美元，其中出口额 15.71 亿美元，进口额 10.22 亿美元。

（十二）美国—巴拿马 FTA

美国—巴拿马 FTA 签署于 2007 年 6 月。2007 年 7 月，巴拿马政府批准该协定。美国国会则于 2011 年 10 月通过了该协定。美国—巴拿马 FTA 是一个综合性的贸易协定（Trade Promotion Agreement），包括货物贸易、服务贸易、贸易便利化、技术性贸易壁垒、政府采购、投资、电子商务、知识产权保护、劳工标准、环境保护等内容。

巴拿马是拉丁美洲发展最快的经济体，2015 年前其年均经济增长率维持在 6% 左右。2011 年 4 月，美国与巴拿马之间的税收信息交流协定（TIEA）生效，该协定将改善两国税收信息交流网络透明度。同时，巴拿马政府采取一系列立法措施改进国内的劳动立法及法律实施。巴拿马在透明度及劳动立法方面的努力为奥巴马说服国会最终通过巴拿马 FTA 提供了有力支持。美国希望该协定在促进就业、开拓市场、增加美国产品的竞争力等方面发挥积极作用。

（十三）美国—秘鲁 FTA

2003 年 11 月，时任美国总统布什向国会提交倡议，希望与安第斯山脉贸易促进和毒品打击协定（ATPDEA）的成员国开展 FTA 谈判。2004 年 5 月，美国与秘鲁、哥伦比亚、厄瓜多尔的双边谈判正式启动。经过多轮谈判，2006 年 4 月美国和秘鲁签署双边 FTA，并于 2009 年 2 月正式生效。2013 年，双边贸易额为 192.24 亿美元（表 3.9）。

美国与秘鲁缔结 FTA 的主要动机是在扩大其商品、服务出口市场及对外投资的基础上，推进安全及民主，打击毒品交易。该 FTA 在秘鲁国内一直是遭到诟病的。反对意见认为，美国—秘鲁 FTA 将恶化秘鲁国内的童工及劳动力权利保障等问题，并给国内农民的生存带来更大压力。此外，协定将大量的原木、石油及矿产开采权开放给外来投资，这一条款给秘鲁带来的利益得失也是争议的主要问题。

表 3.9　美国与秘鲁双边贸易情况

单位：亿美元

贸易额	1990 年	2000 年	2005 年	2010 年	2013 年
出口额	7.78	16.61	22.89	67.49	101.02
进口额	8.52	21.05	53.95	53.57	81.22

资料来源：美国国际贸易委员会（USITC）数据库。

（十四）美国—新加坡 FTA

美国—新加坡 FTA 是美国在亚太地区的第一个 FTA，于 2004 年 1 月正式生效。自 1965 年脱离马来西亚联邦独立后，新加坡与美国一直保持着较好的外交关系。新加坡在世界及亚太地区中的经济地位、稳定的政局及其对美国亚太地区政策的支持使其成为美国推进亚太地区 FTA 战略必然选择的支撑点。2013 年，美国与新加坡进出口贸易总额达到 485.15 亿美元，比 FTA 签署前显著增加（表 3.10）。

表 3.10　美国与新加坡双边贸易情况

单位：亿美元

贸易额	1990 年	2000 年	2005 年	2010 年	2013 年
出口额	80.19	178.16	206.46	291.49	306.72
进口额	100.96	195.57	153.87	177.46	178.43

资料来源：美国国际贸易委员会（USITC）数据库。

二、正在谈判的 FTA

（一）跨太平洋伙伴关系协定（TPP）

美国积极推进 TPP 的谈判，旨在将其打造为一个涵盖亚洲、拉丁美洲和大洋洲主要经济体的高标准 FTA。此举不仅有助于实现美国的多重利益，而且将对亚太区域经济一体化的格局产生一定的影响。

早在 21 世纪初，美国就曾经提出与澳大利亚、新西兰、智利和新加坡建立自由贸易区（P5）的倡议，但是并没有实质性的行动与进展，此后 P5 陷于停滞。2002 年 10 月，智利、新西兰、新加坡宣布启动"太平洋三国更紧密经济伙伴协定"（P3）的谈判。2005 年，文莱加入谈判。2006 年 5 月，由四国签署的《跨太平洋战略经济伙伴协定》（P4）正式生效。2009 年底，美国宣布加入 TPP，并于 2010 年启动谈判，使这个原本并不引人注意的 FTA 骤然间成为亚太地区最具潜在竞争力的区域贸易协定。

2011 年 11 月，TPP 的 9 个成员（美国、澳大利亚、文莱、智利、马来西亚、新西兰、秘鲁、新加坡、越南）就 TPP 未来发展目标达成一致，即构建 21 世纪高标准的新的 FTA，以创造性方式解决贸易中的复杂问题，并尽可能调动最广泛的参与者积极投入从而繁荣贸易及投资，改善就业问题。此后，TPP 又接纳了加拿大、日本和墨西哥加入。TPP 成员已经进行了多轮谈判和多次部长级会议。TPP 将是一个包括货物、服务、投资、劳工标准、环境、知识产权、竞争政策、国有企业等内容的高标准、全面的 FTA，并将成为美国 FTA "白金标准"（Platinum Standard）的模板。

（二）跨大西洋贸易与投资伙伴协议（TTIP）

2013 年 6 月，美国与欧盟宣布启动关于"跨大西洋贸易与投资伙伴协议"（Transatlantic Trade and Investment Partnership，TTIP）的谈判。美国认为，TTIP 将是一个高标准、全面的贸易投资协定，对加强美国国际竞争力、促进就业和经济增长具有重要意义。2012 年，美国对欧盟货物贸易出口额为 2530 亿美元，尽管欧盟总体关税水平已经较低，但是在一些重要产品，如农产品、纺织品及服装、创新及高技术产品等方面，取消关税的效应仍然非常显著。此外，在非关税措施、服务贸易、投资、政府采购、环境、劳工、知识产权保护、国有企业、中小企业、透明度、反腐败和竞争等方面达成高质量的协定，都将对美国经济产生促进作用。迄今为止，TTIP 进行了五轮谈判，仍然面临诸多困难。

第二节　美国 FTA 战略的政治经济分析

　　FTA 激增所形成的竞争性自由化态势引发了人们对区域化的动机、形式、内容、范围、利益及影响等多方面的探究。理论研究表明，在"旧区域主义"隐含的前提中，参加者的目标函数是单一的经济因素，所有参加国的规模相同，各方具有同等的谈判博弈能力。"新区域主义"则认为，必须正视现实中大国与小国之间存在的巨大差异。引入经济规模差异和非经济目标的假设后，会发现大国的区域主义具有多重动机。[①]尽管美国至今并未正式制订 FTA 的国家战略，但在实施层面上，美国从不讳言其贸易政策是国家外交政策的重要组成部分，FTA 的战略目标体现在经济、政治、安全等多个方面。[②]

一、全面、高水平的市场准入

（一）货物贸易自由化

　　美国认为，贸易协定有助于增加出口、扩大就业、促进经济增长，这是 FTA 的基本功能与传统利益。美国是当今世界上第二大货物贸易出口国。2008 年金融危机以前，货物贸易出口增速明显，对 GDP 的贡献持续升高。2009 年以后，美国货物贸易出口迅速反弹，2011 年货物出口总额为1.49 万亿美元，占 GDP 的比重为 9.92%，超过了金融危机前的水平。在货物贸易出口中，制造业产品出口始终占据重要地位。根据 HS 两位编码统计的前十位出口产品占货物贸易总出口的比重为 67.22%，集中在电子、汽车、化工、机械等行业（表 3.11）。

---

　　① 李向阳. 新区域主义与大国战略. 国际经济评论，2003 年第 7～8 期.
　　② Jeffrey J. Schott, "Free Trade Agreements and US Trade Policy: A Comparative Analysis of US Initiatives in Latin America, The Asia-Pacific Region, and The Middle East and North Africa," The International Trade Journal, Vol. XX, No. 2, Summer 2006.

表 3.11　2011 年美国货物出口前十位商品

排名	HS 编码	商品分类	出口额（10 亿美元）	占总出口比重（%）
1	84	核反应堆、锅炉、机器、机械器具及其零件	205.21	13.87
2	85	电机、电气设备及其零件；录音机及放声机，电视图像、声音的录制和重放设备及其零件、附件	158.87	10.74
3	27	矿物燃料、矿物油及其蒸馏产品；沥青物质；矿物蜡	129.5	8.75
4	87	车辆及其零件（附件，但铁道及电车道车辆除外）	119.71	8.09
5	88	航空器、航天器及其零件	87.53	5.92
6	90	光学、照相、电影、计量、检验、医疗或外科用仪器及设备、精密仪器及设备；上述物品的零件、附件	79.05	5.34
7	71	天然或养殖珍珠、宝石或半宝石、贵金属、包贵金属及其制品；仿首饰；硬币	71.83	4.85
8	39	塑料及其制品	58.62	3.96
9	29	有机化学品	45.56	3.08
10	30	药品	38.78	2.62

资料来源：COMTRADE 数据，参见 http://wits.worldbank.org/wits/。

目前，美国有超过 25 万家企业从事出口贸易。[1] 根据部门分类，在货物与服务出口支持的就业中，比重最高的行业为制造业，所占比重约为 36%。其后分别为专业服务（20%）、运输与房地产（11%）、批发贸易（10%）、金融服务（6%）、农业（4%）、信息（3%）、休闲与医疗（3%）、政府服务（2%）、零售贸易（1%）。2008 年，制造业出口（货物与服务出口）支持的就业岗位为 370 万个；专业服务出口为 210 万个；运输与房地产业为 120 万个（表 3.12）。[2] 2009 年，美国制造业就业总数约为 1100 万人，其中由

① 2009 年，美国从事出口贸易的企业为 275843 家。参见 U.S. Census Bureau, Foreign Trade Division。
② 资料来源：U.S. Department of Commerce, International Trade Administration。

出口支持的就业人数为 240 万人，占该行业就业总数的 21.9%，换言之，美国制造业就业中，每 5 个就业机会中就有 1 个是由出口所创造的（表3.12）。

表 3.12　美国主要行业出口支持就业情况

出口类别	部门	就业岗位（万）
货物贸易	制造业	350
	专业服务	120
	批发贸易	100
	运输与房地产	50
	农业	40
	金融	20
	休闲与医疗	20
	信息	10
	其他部门	50
服务贸易	专业服务	90
	运输与房地产	70
	金融	40
	信息	20
	制造业	20
	休闲与医疗	10
	政府服务	10
	其他部门	20

资料来源：U.S.Department of Commerce, Office of the Chief Economist.

对美国而言，出口的重要性不仅体现为增加就业岗位，而且也反映在提高劳动生产率和收入水平方面。由于出口企业通常拥有更高的资本与技术投入，因此工资水平往往高于非出口企业，这对提高民众福利，进而增加消费需求、刺激经济增长也是有益的。美国学者的研究表明，出口份额

较高的行业具有更高的"出口工资收入溢价"（Export Earnings Premium）
水平。在美国，最具代表性的行业是机械、计算机、电子设备、运输设备
等。以机械行业为例，如果没有产品出口，蓝领和白领员工的平均周工资
分别为 542 美元和 1022 美元；在产品出口的情况下，周工资收入分别增加
216 美元和 322 美元，由此导致收入分别增长 39.9% 和 31.5%（表 3.13）。
更加具有政策内涵的是，国外的进口关税会导致美国制造业出口受阻，将
使平均工资收入减少 12%。由此可见削减贸易壁垒的重要性，而自由贸易
协定正是达成这一目标的有效途径。①

表 3.13 美国不同行业出口对工资收入的贡献

单位：美元

行业	蓝领收入			白领收入		
	周工资（非出口部分收入）	周工资（出口部分收入）	出口收入溢价（%）	周工资（非出口部分收入）	周工资（出口部分收入）	出口收入溢价（%）
食品	555	31	5.7	1216	57	4.7
饮料和烟草	747	20	2.7	1387	32	2.3
纺织品	467	107	22.9	1036	193	18.6
机械	542	216	39.9	1022	322	31.5
计算机	572	222	38.8	1199	368	30.7
电子设备	557	148	26.6	1092	234	21.4
运输设备	635	182	28.7	1202	277	23.1
医疗设备	515	138	26.8	1101	238	21.6

注："出口收入溢价"用来衡量由出口带来的收入增加幅度。计算方法为：（假设某行业没有出口时
的周工资-实际周工资）/没有出口时的周工资。具体研究方法参见资料来源。

资料来源：转引自 David Riker, "Do Job In Export Industries Still Pay More? And Why?" Manufacturing
and Services Economics Brief, Office of Competition and Economic Analysis, July 2010.

---

① David Riker, "Do Job In Export Industries Still Pay More? And Why?" Manufacturing and Services
Economics Brief, Office of Competition and Economic Analysis, July 2010.

正因为如此，美国高度重视货物贸易。2008 年金融危机爆发后，美国更加意识到出口在经济增长中的重要性。"国家出口计划"（National Export Initiative，NEI）提出了在五年之内实现出口翻两番、增加 200 万个就业岗位的目标。这是美国首次从政府层面提出出口促进战略，被视为实现长期经济增长、保持综合竞争力、扩大就业的"强心剂"。"国家出口计划"的提出，使出口贸易的作用被提升到战略高度。对内而言，如果能够顺利实现 NEI，那么未来美国经济将获得更持久的增长动力，国民福利也会因此增加。对外而言，实施 NEI 意味着必须开拓新的、更具增长潜力的出口市场。

目前，美国与 TPP 成员的出口贸易占其货物出口总额的40%左右，扣除 NAFTA 中的出口贸易，美国对文莱以外的其他 8 个成员的出口总额所占比重不足 8%。就贸易壁垒而言，除了已经与美国缔结 FTA 的加拿大、墨西哥、澳大利亚、新加坡外，其余各成员的关税水平仍然较高，还有较大的减让空间（表 3.14）。在美国看来，TPP 框架下的货物贸易自由化应当是全面的、高水平的，这体现在纳入自由化的产品范围上，尤其是非农产品，美国力主实现所有产品的零关税，不会允许例外产品的存在。因此，尽管有些成员的市场规模有限，但是考虑到零关税的贸易创造效应以及未来 TPP 扩展后新成员加入的潜在影响，美国仍然可以从 TPP 的货物贸易自由化中受益。

需要特别指出的是，美国是当今世界上经济规模总量最大的国家，与绝大多数经济体缔结 FTA 所产生的直接的贸易创造效应都相对有限。鉴于 FTA 的互惠性质，扩大市场准入不可避免地会使一些部门面临更大的竞争压力，因此，理想的结果是在出口规模扩大的同时保证净出口的增加，尽可能地发挥 FTA 促进就业的作用。正因为如此，美国政府近来积极寻求与具有更大市场规模和潜力的经济体缔结 FTA，已生效的美国—韩国 FTA、谈判中的 TPP 正是实现这一战略目标的具体实践。

表 3.14　TPP 各成员关税水平

单位：%

国家	所有产品	农产品	非农产品
美国	3.4	5.3	3.1
新加坡	0.2	1.4	0.0
文莱	—	—	—
新西兰	2.0	1.4	2.2
智利	6.0	6.0	6.0
澳大利亚	2.7	1.2	3.0
秘鲁	3.4	4.0	3.3
越南	9.5	16.2	8.3
马来西亚	6.0	8.9	5.5
墨西哥	7.9	19.7	5.9
加拿大	4.2	15.9	2.3
日本	4.9	19.0	2.6

注：表中数据为 2013 年简单平均最惠国实施关税税率。
资料来源：WTO Trade Profile，2014.

（二）服务贸易自由化

多年来，美国一直是全球服务贸易第一大出口国，且持续保持贸易顺差。2013 年，服务贸易出口额为 6820 亿美元，占 GDP 的 4.06%，服务贸易顺差为 2316 亿美元（表 3.15）。同期，美国服务业增加值为 105441.3 亿美元，占 GDP 的比重达到 69.86%，服务业就业占就业总数的比例为 81.2%，对促进经济增长发挥了重要作用。[1]

---

[1] 服务贸易出口额为跨境服务出口，不包括商业存在部分。数据来源：美国经济分析局（BEA）、世界银行数据库。

表 3.15　美国服务贸易出口情况

单位：10 亿美元

年份	服务贸易出口额	贸易差额	出口额/GDP（%）	排位
2001	276.54	50.51	2.69	1
2002	283.44	57.06	2.66	1
2003	293.7	49.42	2.64	1
2004	341.16	58.15	2.88	1
2005	375.76	72.11	2.98	1
2006	420.42	82.4	3.14	1
2007	490.6	122.15	3.5	1
2008	535.18	131.77	3.74	1
2009	505.55	124.64	3.63	1
2010	548.88	145.83	3.78	1
2011	607.66	178.34	4.03	1
2012	649.40	206.80	4.14	1
2013	682.00	231.60	4.06	1

资料来源：根据美国经济分析局（BEA）数据计算整理。

鉴于服务业的强大优势及其在经济中的重要性，多年来，无论是在多边还是在区域框架下，美国一直试图主导服务贸易自由化进程。在乌拉圭回合谈判中，美国克服了重重阻碍，首次将服务贸易纳入到多边协定中，并促成了 GATS 的签署与实施。在区域协定中，美国仍旧坚持同样立场。因此，服务贸易自由化将是未来 TPP 中的重要内容，有可能达成全面、高水平、不可逆转的自由化协议。在服务贸易模式划分、承诺方式以及重要部门的自由化等方面，都将依据美国标准，体现美国的利益诉求。

1. 服务贸易模式

在服务贸易模式上，以"跨境服务贸易"涵盖 GATS 项下的模式 1 和模式 2；并将模式 3 与服务贸易规则分立，由投资章节的规则约束；模式 4 则单独设章，体现为"商务人员临时入境"的相关规则。事实上，在美国服务贸易出口构成中，模式 3 项下通过在国外建立分支机构的出口是美国服务出口的重点。美国经济分析局（BEA）的统计表明，1996 年以后，通过商业存在的服务贸易出口超过了跨境服务贸易，这一趋势一直持续至今。目前，美国通过商业存在实现的出口额为 10764 亿美元，是跨境服务出口额的两倍。[①]由此可见，作为服务贸易强国，美国更大的优势源自通过境外投资获得的商业利益。正因为如此，美国特别强调将商业存在从服务贸易规则中分离出来，作为与投资相关的问题单独处理，旨在通过投资规则的约束确保美国跨国公司（MNCs）在国外分支机构获得国民待遇和最惠国待遇。

2. 服务贸易自由化承诺方式

在自由化的承诺方式上，将采用"负面清单"方式。在 FTA 中，美国采取了与 GATS"正面清单"截然不同的开放方式。"负面清单"将保留有限制措施的跨境服务与投资分为两类：第一类允许保留现有的限制措施；第二类不仅可以保留现有的限制措施，还可以对其进行修订或设立新的限制措施。在这种"不列入即开放"的模式下，除了在清单中明确列出的保留措施外，其他所有部门都会开放，并且对成员方政府管制措施的透明度提出了更高要求。由于"负面清单"涵盖的部门开放范围更大，且未来任何新的服务部门都会被自动纳入到协定之中，因此，对于美国这样具有显著行业优势的成员而言，其利益是显而易见的。

3. 重要服务业部门的自由化

数据显示，在美国的主要服务部门中，金融（含保险）、通信部门出口额占整个跨境服务出口的比重达到17.37%，如果加上模式 3 下的出口贸易，这一比例会更高（表 3.16）。因此，自 NAFTA 伊始，美国在所有 FTA 中都无一例外地对金融（含保险）、通信两个部门做出了特殊规定，对于金融（含保险）和通信服务分别设立单独条款，体现出强烈的利益诉求。

以金融服务为例，美国一直追求高标准的金融服务自由化,在各个 FTA 中，无一例外地对金融服务采取了单独设章的负面清单方式，仅就金融服务制定了部分保留措施，且保留措施基本一致，其中，以美国—韩国 FTA

①　数据年份为 2009 年。资料来源：美国经济分析局（BEA）。

中的解释更为全面具体（表 3.17）。总体来看，美国在 FTA 中的金融服务自由化水平较高。在第一类负面清单中，保留措施主要集中于董事会人员构成的要求、互惠要求、一些业务的注册要求、外国银行跨州兼并的要求、个别州的市场准入限制等。而在第二类负面清单中，美国只是对保险服务从市场准入方面规定了保留采取或维持相应措施的权利；除保险以外的银行和其他金融服务，没有列入第二类清单中。美国的金融服务业具有强大竞争力，在全球处于领先地位。对于金融服务，美国要求实现资金的自由移动、金融企业及机构的设立权、外国实体控制下的金融机构和企业的国民待遇与最惠国待遇。核心利益诉求是要求取消对外国金融服务公司的进入限制。TPP 对金融服务的高标准要求，将有助于美国服务业更充分地发挥其服务业部门优势。

表 3.16 美国主要服务部门跨境贸易出口额

排名	服务部门	出口额（10 亿美元）	占总出口的比例（%）
	总出口	530.27	100
1	其他个人服务	144.46	27.24
2	专有权利使用费和特许费	105.58	19.91
3	旅游	103.51	19.52
4	运输	70.87	13.36
5	金融服务（保险除外）	66.39	12.52
6	保险服务	14.61	2.76
7	计算机和信息服务	13.77	2.6
8	通信服务	11.1	2.09

注：表中数据仅统计了跨境贸易出口，不包括商业存在。统计数据年份为 2010 年。
资料来源：根据美国经济分析局（BEA）数据整理。

表 3.17　美国—韩国 FTA 中美国金融服务部门负面列表简况

第一类负面清单	第二类负面清单
银行及其他金融服务（保险除外）： • 联邦特许银行的高层管理人员和董事会成员必须是美国公民，除非美国有关管理部门放弃这一要求 • 国民待遇和市场准入方面：对于 Edge Corporations 的外国所有者存在限制。要求其所有权仅限于外国银行和外国银行的美国分支机构 • 国民待遇和市场准入方面：美国联邦和州政府法律不允许根据外国法律组成的分公司在美建立信贷联盟、储蓄银行或储蓄协会 • 国民待遇和市场准入方面：要求接受或持有少于 100000 美元存款的外国银行必须建立一个被保险的银行附属机构 • 国民待遇方面：对于从事债券咨询和投资管理服务的外国银行，要求其根据美国法律进行注册 • 国民待遇方面：外国银行不能成为美国联邦储备体系的成员，不能对联邦储备银行的经理进行投票 • 市场准入方面：外国银行跨州兼并扩张应遵循国民待遇原则 • 市场准入方面：一些州禁止外国银行建立联邦分行或代理行，如亚拉巴马、堪萨斯、佛罗里达等 • 最惠国待遇方面：互惠要求 **保险服务：** • 国民待遇方面：外国保险公司分公司不允许为美国联邦政府合同提供担保债券	**保险服务：** • 市场准入方面：美国保留采取或维持相应措施的权利

资料来源：根据美国贸易代表办公室网站 www.ustr.gov 公布的相关协定文本内容整理而得。

（三）投资自由化

作为经济实力最强大的发达国家，美国对外直接投资规模巨大。2011年，对外直接投资增长了 3646 亿美元，累计投资额达到 41556 亿美元。美国对外直接投资主要流向欧洲和美洲地区，约占其 FDI 累计额的 76%。荷兰、英国、卢森堡、百慕大群岛以及加拿大所吸收的美国直接投资比例分别为 14.3%、13.2%、8.1%、7.9%和 7.7%，合计占比为 51.2%。相比之下，投向亚太地区的 FDI 只占 14.5%，规模有限。在 TPP 内部，除了 NAFTA 以外，美国投资相对集中于澳大利亚、新加坡等，分别占其 FDI 总额的 3.3% 和 2.8%，其余各成员吸引的美国投资均不足 1%。

TPP 一旦建成，会有更多的美国资金流入这一地区，因此，美国主张 TPP 达成高标准的投资协定，确保实现投资自由化。在美国看来，其投资体制是世界上最自由、透明和稳定的投资体制，外资在美国普遍享受国民待遇，歧视性例外情况极少。正因为如此，在 TPP 投资谈判中，美国着重强调以下问题：以国际法为依据对外资实行国民待遇和最惠国待遇；资本和利润自由转移；限制征用；不得实行业绩要求；提高政策透明度；建立补偿机制以及相应的争端解决机制等。自 NAFTA 以后，美国在外资市场准入方面坚持采用"负面清单"，同时将与服务贸易有关的商业存在纳入投资领域。此外，为保证本国企业的利益，美国还采取了与 WTO "国家间争端解决机制"不同的"投资者—国家争端解决机制"，主张当遭遇投资争端时，外资企业有起诉国家的权利，可以直接向规定的机构提起争端仲裁。可见，无论是"准入前"还是"准入后"，美国都在寻求使本国企业获得"公平"的权利，以最大程度地保护其海外投资利益。

（四）其他方面

无论是在多边还是区域框架下，美国一向强调市场导向的、透明的、公正的非歧视性市场准入，以充分体现其不断变化的竞争优势，同时向伙伴经济体施加压力，使其承担更多的责任与义务，为进入美国市场交付高额的"入门费"。因此，在 TPP 中，除了传统的制造业产品、农产品、纺织品、服务贸易、投资等议题，与市场准入有关的内容还涉及原产地规则、技术性贸易壁垒、卫生与动植物检验检疫措施、海关程序、竞争政策、知识产权、电子商务、政府采购、透明度、劳工、环境等领域。

以知识产权为例，2010 年，美国主要服务部门跨境出口贸易中，专利权与特许费出口额为 1055.8 亿美元，占总出口的 19.91%，是出口额最高的子部门。[①]联合国服务贸易数据库的统计则显示，自 2001 年有该项统计以来，美国的专利权与特许费出口额始终位居世界第一。正因为在知识产权（IPR）方面的强大优势，美国对 IPR 的保护极为严格，甚至超出了 TRIPS 的水平（表 3.18）。在 TPP 中，美国要求各成员承诺执行多项国际公约；加强互联网版权的保护和实施；强化药品等试验数据的保护；加强专利保护等。不仅如此，加大 IPR 保护的承诺和执行还会涉及政府层面的介入与干预，甚至根据美国规则修订和实施各自国内的知识产权保护标准。

表 3.18　美国专利申请情况

年份	2005	2006	2007	2008	2009	2010	2011
美国申请的 PCT 专利数（件）	46882	51280	54043	51643	45628	45026	49003
占全球申请的比例（%）	34.28	34.27	33.79	31.64	29.36	27.40	26.88

资料来源：世界知识产权组织（WIPO）统计数据库（2012 年）。

又如竞争政策，目前，在美国已经实施的 FTA 中，有五个是与已经加入 TPP 谈判的国家缔结的协定。在这五个 FTA 中，除了美国—新加坡 FTA 以外，美国—澳大利亚 FTA、美国—智利 FTA、美国—韩国 FTA、美国—秘鲁 FTA 都包括了竞争政策的内容（表 3.19）。

---

① 资料来源：美国经济分析局（BEA）。

表 3.19　美国主要 FTA 竞争政策基本框架

美国—澳大利亚 FTA	美国—智利 FTA	美国—韩国 FTA	美国—秘鲁 FTA
14.1 目标	16.1 反竞争商业	16.1 竞争法与反竞	13.1 目标
14.2 竞争法与反竞争	行为	争商业行为	13.2 竞争法与反竞
商业行为	16.2 合作	16.2 指定垄断	争商业行为
14.3 指定垄断	16.3 指定垄断	16.3 国有企业	13.3 合作
14.4 国有企业及相关	16.4 国有企业	16.4 差别定价	13.4 工作组
事项	16.5 差别定价	16.5 透明度	13.5 指定垄断
14.5 差别定价	16.6 透明度和信息	16.6 跨国消费者	13.6 国有企业
14.6 跨国消费者保	要求	保护	13.7 差别定价
护	16.7 磋商	16.7 磋商	13.8 透明度和信息要
14.7 款项支付判决的	16.8 争端	16.8 争端解决	求
承认和执行	16.9 定义	16.9 定义	13.9 磋商
14.8 透明度			13.10 争端解决
14.9 合作			13.11 定义
14.10 磋商			
14.11 争端解决			
14.12 定义			

资料来源：根据美国贸易谈判代表办公室（USTR）公布的美国各个 FTA 协定文本整理。

　　总体来看，美国各个 FTA 中的竞争政策基本相同。其重点内容主要包括以下几个方面：

　　1. 竞争政策的目标。违反竞争政策的行为有可能限制贸易和投资，因此，应禁止此类行为，实行提高经济效率和改善消费者福利的政策。有关竞争政策的合作将有助于确保所签自由贸易协定的利益。

　　2. 竞争法与反竞争商业行为。主要包括：（1）双方应经常磋商一方已经采取的措施的成效。成员方应确保因违反了限制而受到处罚或赔偿的人拥有陈述和出示证据的机会，并可就该处罚或赔偿在该成员方的法院或独立法庭寻求复议。（2）成员方应维持一个或若干机构负责国家竞争法的执行。在执法中，对于类似情况，应当给予非本国国民不低于本国国民的待遇。（3）FTA 双方应就有关竞争法律和政策的实施开展合作，包括相互援助、通知、磋商和信息交换。

3. 指定垄断。（1）有关竞争政策章节的任何内容不得解释为禁止成员设立垄断企业。（2）任何私人垄断或政府垄断企业不得以与其在协定内所承担的义务不相一致的方式行事，无论这样的企业是在执行任何规章、行政措施还是其他政府授予的权力，比如授予进出口许可证、商业交易的批准、进口配额的分配或其他收费等。（3）对所涉及的投资、货物和服务给予非歧视待遇（这里的货物和服务是指在相关市场购买或出售的垄断商品和服务）。（4）不得利用其垄断地位，与其母公司、子公司或者其他享有共同所有权的企业进行直接或间接交易，在其领土内的非垄断市场从事反竞争性商业行为。（5）本条款不适用于政府采购。

4. 国有企业。（1）不得以与其在协定内所承担的义务不相一致的方式行事。无论这样的企业是在执行任何规章、行政措施还是其他政府授予的权力，比如征用、授予进出口许可证、商业交易的批准、进口配额的分配或其他收费等。（2）对其商品和服务的销售给予非歧视性待遇。

5. 差别定价。本章的有关条款不得解释为阻止垄断或国有企业在不同市场或在同一市场上收取不同的价格，这种价格差异是基于正常的商业考虑。

6. 跨国消费者保护。（1）认识到就各自有关消费者保护法律进行合作和协调以促进自由贸易区消费者福利的重要性，因此，各成员应就其消费者保护法律的执行开展合作。（2）承认有关保护消费者合作的现有机制。（3）加强各自相关机构之间在消费者保护法等领域的合作。（4）在 FTA 双方共同关心和利益一致的领域，各方应确定影响消费者保护法律有效执行的障碍，并应当考虑改变国内框架以克服这些障碍。应加强双方在合作、信息共享以及协助对方消费者保护法执行的能力。在适当情况下，批准或修订国家立法，以克服这些障碍。

7. 磋商。为了促进双方之间的理解，或解决出现的具体问题，一方应根据另一方的要求就其投诉进行磋商。在其要求中，该成员应说明该事件如何影响双方的贸易或投资。被要求进行磋商的一方应对成员的关心给予全面充分的考虑。如有需要，成员应尽力提供相关的非保密信息（美—韩 FTA）。

8. 争端解决。美国认为，只有更广泛、深入地削减妨碍有效竞争的限制性措施，才能够充分发挥其比较优势，从贸易协定中获得更大收益。所以，FTA 中消除妨碍公平市场竞争的措施是其高度关注和强调的内容。

同样的情况还存在于电子商务、政府采购等条款的谈判中。尽管 TPP 各成员就这些问题还存在诸多分歧，但是这些条款的设定都体现了美国的意图和利益指向，即使最终达成的条款水平可能会"打折"，美国也仍将从中受益。

二、广泛、深入的跨领域议题

2012 年 9 月，TPP 成员贸易部长在发表的声明中指出，为了将 TPP 打造成为里程碑式的、具有全球竞争力的区域协定，必须强调五个方面的问题，其中之一就是"跨领域议题"（Crossing-cutting Trade Issues），它包括规制一致、竞争力与商务便利化、中小企业以及发展问题等。除了与贸易自由化有关的少数内容，这些议题绝大部分已超越了"边境措施"的范畴，目标直指"边界内"领域。

对于 TPP 中的"跨领域议题"，各成员一致同意在 APEC 以及其他机制已有的基础上进一步推进合作，而并非"另起炉灶"，这也是美国意图的真实反映。事实上，在已经签署和实施的 14 个 FTA 中，美国并未特别强调"跨领域议题"。而在 TPP 中美国高度关注这一问题，与其多年来在亚太区域框架下推进的合作措施有很大关系。如果我们审视 TPP 现有的"跨领域议题"，会发现在 APEC 中都能够找到其"踪影"，某些问题已经取得了一定进展。以规制问题为例，规制合作（Regulatory Cooperation）是目前美国在 APEC

中力推的合作议题。2011 年，凭借再次主办 APEC 会议的机会，美国将"扩大规制合作，推进规制融合"确定为三大优先议题之一。在美国看来，规制融合有助于提高监管水平，通过提高规则制定的透明度、改善监管质量、加强规制协调等措施，可以为企业创造一个更容易预见、掌控的商业环境，避免不必要的贸易与投资障碍，从"边界内"角度减少商业壁垒。再比如中小企业问题，美国一再强调中小企业（SMEs）的权利与利益，究其原因，是缘于 SMEs 在美国经济中发挥着重要作用。美国小企业保护局（Small Business Advocacy）的报告显示，1993 年至 2008 年间，小企业提供的新工作岗位约为 1180 万个，占新增岗位总数的 64%；2009 年至 2011 年，小企业则提供了 67%的新增就业岗位。不仅如此，根据美国小企业管理局的研究，20 世纪对美国和世界产生重大影响的 65 项发明和创新都是由小企业创造的。用于研究开发的每 1 美元所产生的创新成果数，小企业是大企业的 24 倍；从确定新产品性能标准到投入市场的间隔时间，小企业平均为 2.22 年，大企业则为 3.05 年，小企业已经成为高科技产业的主导力量，对于推动美国产业结构调整、促进创新发挥了重要作用。因此，美国高度重视 TPP 对中小企业的影响，希望达成的协定有助于中小企业更多地分享 TPP 的收益。

　　"跨领域议题"所折射出的是美国在"21 世纪贸易协定"中的战略目标，即区域贸易协定带给美国的利益并非仅仅局限于市场准入，确立标准、强化规则、为企业创造平等的竞争环境（Level Playing Field）才是其根本的利益所在。

三、前瞻性的"下一代贸易与投资议题"

　　20 世纪以来，美国经济称雄全球，以不到世界 5%的人口创造了 25%的财富，成为经济规模最大、最具生产效率和竞争力的经济体。但是，进入 21 世纪以后，美国开始担忧自身是否仍有足够的能力保持在世界经济中的领军地位。2012 年 1 月，美国商务部在其发表的《美国的竞争力和创新能力》中明确指出，美国经济面临重大挑战，为了激发创新能力，重获竞争力，美国将采取有效的、持续性的措施。在国内层面上，联邦政府对基础研究的支持、教育以及基础设施建设是培育潜在创新能力的三大支柱；而在国际层面上，美国政府也需要为此创造有利的外部环境。因此，在 TPP 框架下，美国特别强调要应对"新的贸易挑战"（New Trade Challenges），并认为这是体现 TPP 作为下一代贸易协定的关键特征。

应对"新的贸易挑战"的手段，就是要解决"下一代贸易与投资议题"，对此，美国已早有准备。2011 年 5 月，APEC 贸易部长会议将促进全球供应链联通、推动中小企业参与全球生产链以及创新政策确定为"下一代贸易与投资议题"的三个优先领域。2011 年 APEC 夏威夷领导人会议达成的声明进一步明确提出："亚太地区将通过成员间的贸易协定以及建立亚太自贸区等途径，应对下一代贸易与投资问题。具体来看，将以提出一系列促进有效、非歧视、市场导向的创新政策，设立创新模式，作为促进创新的最佳途径，以提高生产力和确保经济增长。同时，还将加强中小企业参与全球生产链合作，有关内容可写入贸易协定中。"[①]在 TPP 中，美国仍旧延续了同样的思路，强调对创新的鼓励与保护，尤其是要促进创新产品和服务的贸易与投资，包括与此有关的数字经济和绿色科技，以确保亚太地区具有竞争性的商业环境。

APEC 和 TPP 中下一代贸易与投资问题共同指向"创新政策"，反映出美国维护其科技领先地位，试图继续主宰世界经济的长远战略目标。多年来，美国一直是创新能力最强的国家。2011 年以前，其创新竞争力居世界第一位（表 3.20）。ESI（Essential Science Indicators）统计则表明，美国在论文数量、论文引用次数以及论文引用率方面均位居世界首位（见表3.20、表 3.21）。不过，世界经济论坛（WEF）的报告也显示出，未来美国的创新能力会有下降趋势，这种判断与美国的担忧不谋而合。

---

① 2011 Leaders' Declaration, "The Honolulu Declaration—Toward a Seamless Regional Economy", Honolulu, Hawaii, United States, 12-13 Nov 2011.

表 3.20 美国创新竞争力指数

报告年份	技术创新与商业成熟度		商业成熟度		创新	
	排名	数值	排名	数值	排名	数值
2008~2009	1	5.80	4	5.75	1	5.84
2009~2010	1	5.71	5	5.65	1	5.77
2010~2011	4	5.53	8	5.40	1	5.65
2011~2012	6	5.46	10	5.35	5	5.57
2012~2013	7	5.42	10	5.34	6	5.50

资料来源：根据世界经济论坛相关年份《全球竞争力报告》整理。

表 3.21 主要国家和地区 ESI 论文数量排序情况

国家（地区）	位次	论文数量（篇）	被引用次数（次）	论文引用率（次/篇）
美国	1	2967957	46796090	15.77
日本	2	770252	7877699	10.23
德国	3	762599	9960100	13.06
中国	4	719971	4227779	5.87
英国	5	679394	9979737	14.69
法国	6	542293	6660630	12.28
加拿大	7	430856	5619293	13.04
意大利	8	409232	4770753	11.66
西班牙	9	315420	3256075	10.32
澳大利亚	10	284250	3359748	11.82

注：表中数据时间跨度为 2000 年 1 月至 2010 年 8 月 31 日。
资料来源：转引自《2011 年中国科技统计年鉴》。

美国早已认识到科技进步是提高工资水平、促进就业、保持经济持续增长的核心要素，因此，在 TPP 中，必然谋求为其具有优势的创新产品与服务创造开放的市场环境。以绿色增长为例，美国环境技术先进，绿色经济将是未来美国经济的新增长点。根据美国环境商业国际（EBI）咨询公司的数据，

2009 年，美国的环保产业出口额为 405 亿美元，约占全球的三分之一，并且吸纳了国内 171 万人的就业。2010 年，美国环保产业产值占全球环保产业产值的 40%，是最大的环境产品与服务贸易顺差国。[①]因此，如果能够在 TPP 中实现环境产品与服务的贸易投资自由化，美国将是受益最大的国家。

尽管目前 TPP 中的下一代贸易与投资问题集中在与创新有关的政策方面，但是作为具有前瞻性的议题，今后还有可能纳入其他内容，比如数据流动与数据隐私、云计算等。而无论如何扩展，美国所强调的基本利益是始终如一的，即：促进和保持开放的贸易与投资环境；实行市场为导向的、透明的、非歧视性的政策，以确保美国持续获得最大的经济利益。

四、"领导者"的角色与美国标准

二战以后，美国一直扮演着国际经济规则制定者的角色，并且在多边贸易体制中充分发挥了这一作用。前 WTO 总干事鲁杰罗曾经说过："美国是八轮世界贸易谈判背后的驱动力……全球贸易体系在过去 50 年中始终如一的特征就是美国的领导地位。"[②]从最初的关税减让到乌拉圭回合将服务贸易、知识产权、争端解决程序、贸易政策和监督透明度等议题纳入谈判并最终达成协议，反映出美国在竞争优势不断发生变化的过程中，确立符合其国家利益的贸易规则的决策动机。时至今日，美国在全球的经济地位发生巨大变化，与二战结束初期相比不可同日而语。但是，其"霸权"思维的逻辑却始终如一。鲍德温（Baldwin）指出，尽管美国的霸权不断受到挑战，类似于从一个独家垄断企业转变为寡头垄断企业，但是这并没有改变美国对国际经济秩序的总体设计思想。作为一个"领导者"，美国对调整自身国内经济政策或进行国际协调没有兴趣，它的要求简单明了："美国

---

① 李丽平. APEC 环境产品与服务（EGS）合作问题分析//孟夏. 2012 年亚太区域经济合作发展报告. 高等教育出版社，2012 年.

② 屠新泉. GATT/WTO 中的美国：建设者和破坏者的双重角色. 世界经济研究，2004 年第 12 期.

定规矩，伙伴守纪律。"

　　这种"领导者"意识照旧体现在区域贸易协定中。对于 FTA，美国的战略目标更多在于规则的制定和实施。事实上，传统的货物贸易自由化带给美国的利益有限，并不能充分体现其竞争优势。以 TPP 为例，研究表明，TPP 只能拉动美国 GDP 增长 0.05%～0.06%，出口增加 0.24%～1.1%。[①] 美国是当今市场规模最大的经济体之一，如果仅仅是减少"边境措施"，其贸易伙伴获得的利益或许会更多。而在货物贸易以外的众多领域，美国都处于全球领导地位，必须体现出美国在这些领域的核心价值。在早期签订的FTA 中，美国已经将这种价值观付诸实施，近期的 FTA 战略则更为清晰、系统。在 2011 年 3 月召开的 APEC 第一次高官会上，时任美国国务卿希拉里明确提出，美国准备捍卫并推进开放、自由、透明、公平四项原则，并将通过区域自由贸易协定（如美韩 FTA、TPP 等）来强化这些原则。

　　作为一个"强权者"，美国一直都希望其推崇的价值观能够成为全球标准的"基石"，更乐于见到其他国家和地区对自身的经济乃至政治制度进行改革，实现它们与美国标准的"趋同"与一致化。前 USTR 谈判代表佐利克曾经列出了 13 个可能影响美国与某个国家缔结 FTA 的因素，其中之一就是该国对国内经济改革的承诺与执行能力。在美国看来，如果想要成为一个合格的"候选者"，伙伴国必须有足够的意愿与能力改变其国内政策，以达到贸易协定的要求。有美国学者将这一过程戏称为完成"家庭作业"，只有交上合格的"答卷"，才能获得"老师"的首肯。[②] 美国的这种价值观念使得 FTA 谈判变得更为复杂。对于一些小型或者是认同美国观念的经济体，与世界上经济规模最大的国家建立 FTA 成为了一种外部"刺激"，迫使其"由外而内"地进行改革，所得到的回报则是庞大的美国市场。但是，对于那些经济规模较大、

---

① 万璐. 美国 TPP 战略的经济效应研究——基于 GTAP 模型的分析. 当代亚太，2011 年第 4 期.

② Jeffrey J. Schott, Free Trade Agreements and US Trade Policy: A Comparative Analysis of US Initiatives in Latin America, the Asia-Pacific Region, and the Middle East and North Africa, Institute for International Economics, 2006.

体系相对健全或者有某些必须坚守的"底线"的国家，美国的想法却难以如愿。正因为如此，我们看到在一些 FTA 构想中，美国遇到了来自对手的强大阻力，比如 FTAA（美洲自由贸易区）中的巴西、TPP 中的日本等。

五、结友筑盟，实现多边与区域经济目标

与 FTA 的伙伴建立同盟，支持其在多边贸易谈判中的目标是美国缔结 FTA 的一个重要目的，旨在借助双边和区域联盟实现更为广泛的全球经济利益。目前，美国的主要贸易伙伴相对集中，但是并非所有重要的贸易伙伴都与其缔结了自由贸易协定。美国商务部的数据显示，2011 年，美国对出口贸易前 30 位的贸易伙伴的出口额为 12788.08 亿美元，占其出口总额的 86.4%。在这 30 个贸易伙伴中，只有 9 个是其 FTA 的伙伴；在出口前十位的贸易伙伴中，美国也只与加拿大、墨西哥、韩国缔结了 FTA。[①] 在已生效的协定中，只有澳大利亚和加拿大是发达国家，其余均为发展中经济体，且绝大多数的经济实力与美国相差悬殊（表 3.22）。对于与发展中经济体建立 FTA 的目的，美国明确提出与多边贸易谈判有关。美国认为，与主要贸易伙伴达成协议固然重要，但是却不足以支持多哈回合谈判早日结束，这是因为当今的多边贸易谈判与以往相比已有很大不同。在新一轮谈判中，必须与发展中经济体协调立场，否则就会困难重重。相反，如果在 FTA 中已就传统议题和新议题达成一致，在多边谈判中就会少了许多障碍，同时也会壮大美国阵营的力量，为在多边框架下尽可能地体现美国利益"站脚助威"。

不仅是在多边框架下，在区域层面上也存在相同的利益驱动。目前，美国各个 FTA 伙伴的经济总量仅相当于其 GDP 的 42%；18 个发展中经济体合计 GDP 总量仅为美国 GDP 的 22.5%。与这些经济体缔结 FTA 带有明确的目标指向，即它们具有显著的区域代表性和示范效应，其背后潜在的

---

① 2011 年，美国货物贸易出口前十位贸易伙伴分别为：加拿大、墨西哥、中国、日本、英国、德国、韩国、巴西、荷兰和中国香港。

地缘经济利益才是美国更为重视的战略考量。如果我们审视美国 FTA 伙伴的地域分布，会发现其清晰地带有前瞻性的"谋篇布局"战略特点。在美洲，以 NAFTA 为跳板，美国着力打造 FTAA。当这一宏伟构想受阻后，则选择了智利、巴拿马、安第斯共同体部分成员以及中美洲共同市场国家率先达成

表 3.22　美国与其 FTA 伙伴国经济规模比较

FTA 伙伴国	GDP（10 亿美元）	伙伴国 GDP/美国 GDP	美国 GDP/伙伴国 GDP
澳大利亚	1271.95	0.088	11.36
巴林	22.95	0.002	629.5
加拿大	1577.04	0.109	9.16
智利	203.44	0.014	71.01
哥斯达黎加	35.89	0.002	402.54
多米尼加共和国	51.58	0.004	280.09
萨尔瓦多	21.21	0.001	681.15
危地马拉	41.47	0.003	348.37
洪都拉斯	15.4	0.001	938.12
以色列	217.45	0.015	66.44
约旦	27.5	0.002	525.35
墨西哥	1032.22	0.071	14
摩洛哥	91.54	0.006	157.82
尼加拉瓜	6.55	0	2205.66
阿曼	57.85	0.004	249.73
巴拿马	26.78	0.002	539.47
秘鲁	157.32	0.011	91.83
新加坡	222.7	0.015	64.87
韩国	1014.37	0.07	14.24
哥伦比亚	288.09	0.02	50.15

资料来源：根据联合国数据库数据计算整理。

协定。美国学者将这些 FTA 计划视为对美洲其他国家，尤其是对 FTAA "Co-chair"（共同主席国）巴西的"胡萝卜加大棒"政策，目的在于驱使巴西及其他南方共同市场国家尽早结束 FTAA 谈判。[①] 而韩国、新加坡对于东亚、南亚乃至亚太地区 FTA 计划，以色列、约旦、阿曼、摩洛哥对于北非与中东地区的 FTA 计划等，也具有相同的作用（表 3.23）。在各个区域中，美国通过盟友的示范与刺激作用，迫使更为重要的贸易伙伴与其缔结双边协定或形成更广泛的区域 FTA，其在市场准入、新一代贸易议题、成员方经济改革与规则趋同等方面获得的收益将远高于目前 FTA 所达到的水平。

表 3.23　美国现阶段 FTA 的潜在区域目标、构想及与主要目标国家贸易状况

FTA 伙伴国	目标区域/FTA 构想	该区域主要目标国家	对该国出口/美国出口总额	从该国进口/美国进口总额	出口/进口排位	贸易平衡情况
智利、巴拿马、多米尼加、安第斯共同体三国、中美洲共同市场五国	拉美与加勒比地区/FTAA	巴西	2.9	1.43	8/17	顺差
		阿根廷	0.67	0.21	29/47	顺差
		巴拉圭	0.13	0.01	63/125	顺差
		乌拉圭	0.08	0.01	74/109	顺差
韩国、新加坡	东亚、南亚与亚太地区/东亚 FTA，南亚 FTA，TPP	泰国	0.74	1.14	27/19	逆差
		印尼	0.50	0.88	35/24	逆差
		马来西亚	0.96	1.17	23/18	逆差
		菲律宾	0.52	0.42	33/39	逆差
		日本	4.47	5.85	4/4	逆差
		中国	7.02	18.43	3/1	逆差
		印度	1.46	1.65	17/13	逆差
以色列、巴林、约旦、阿曼、摩洛哥	中东与北非/中东 FTA，非洲 FTA	埃及	0.42	0.1	39/70	顺差

资料来源：根据美国国际贸易委员会（USITC）数据计算整理。

[①] Jeffrey J. Schott, Free Trade Agreements and US Trade Policy: A Comparative Analysis of US Initiatives in Latin America, the Asia-Pacific Region, and the Middle East and North Africa, Institute for International Economics, 2006.

六、政治安全方面

2009 年，时任美国国务卿希拉里在其就职讲话中描述了美国及世界当前所面临的不良局势：伊拉克、阿富汗的战争及恐怖主义极端分子的威胁，大规模杀伤性武器的使用；气候变化及传染性疾病在大范围内的流行所带来的危险；金融危机对于全球经济的影响等。

总结之前的 20 年，即美国国际影响力下滑的 20 年，希拉里认为，应该汲取的教训是要在与各种威胁进行武力抗争的同时，把握住那些相互依赖关系中可以把握的机遇。换句话来解读，就是要在利用"硬实力"以强势方式实现国家目标的同时，要利用结盟、合作等关系网将"软实力"的效用最大程度地发挥出来以实现更大的国家价值。她进一步明确了美国新一届政府的外交政策导向必须建立在"合乎原则且又灵活实用的综合性基础上，而不是一味推行其强硬的观念性目标；要立足事实并且有据可依，要摒弃情绪或者偏见；要在新的国际局势下更加注重利用国际性的相互依赖增强美国的国家安全、国家实力及领导全世界的能力"。

基于以上"巧实力"战略的视角，我们可以探究出，美国试图最大可能地利用各种手段——外交、经济、军事、政治、法制、文化——针对不同的形势需要，选择最为适宜的工具或者将不同工具手段综合使用，以实现其全球领导者地位。"巧实力"外交战略对于美国当前政府的要求即是尽可能挖掘并扩大其国际范围内的可以合作的伙伴，希拉里将这一要求的实施重点锁定在北大西洋公约组织（NATO）及亚洲地区。在亚太区域内，其外交开展的第一块踏脚石又明确为其传统盟友——日本；在亚洲区域内的第二层伙伴圈确定为韩国、澳大利亚、部分东盟成员及印度。美国越来越重视寻找与不同经济体之间的"共同"之处作为合作的根基。希拉里总结道，美国的成功不应该仅仅是实力上的获胜，而是将其国家理念价值塑造成在全球范围具有无形吸引力的磁极，最大程度吸引那些具有"共同"

性的伙伴站到美国的外交伙伴圈内，在实现所谓共同利益的同时，强化美国的全球核心地位，最终以有限投入促进最大化国家利益的实现。

正因为如此，除了经济利益以外，TPP 还带有明显的国家安全、全球及地区影响力等多重非传统经济利益的战略考量。在美国看来，亚洲目前正在走向更深层次的一体化，特别是东亚地区，一系列"10+1"贸易协议、"10+3"范围的货币合作是在朝着"亚洲集团"的方向发展。这会在"太平洋中间画下一条线"，割裂美国与亚洲的经贸联系，并且迫使其盟友不得不在亚洲和"太平洋东岸"之间进行选择，这在外交和安全上是最大的危险，会逐渐弱化甚至排斥美国在亚太地区政治、安全领域的话语权。因此，美国必须有所行动，以进一步巩固和拓展其在亚太区域的盟友，积极开展外交结盟，确保其在亚洲地区的国家安全及利益的实现，进一步维护其全球影响力。

总之，作为当今世界经济规模最大、最发达的国家，美国希望 FTA 有助于其实现广泛的经济、政治与安全利益。而在诸多利益中，"自由"与"公平"是两个核心要素。为确保全球领导者地位，美国制定了高标准、宽领域、具有创新性和前瞻性的 FTA "模板"。不仅全面考虑到自身的利益诉求，而且具有天然的"选择性"，将不符合美国价值观的国家和地区排斥在外。在竞争性自由化的格局中，FTA 已成为美国贸易与外交政策的重要工具，时时处处折射出美国的"领导"理念与"大国"意识。

第四章　日本 TPP 战略的政治经济分析

日本政府出于政治、经济和外交等方面的考虑，在 2013 年 7 月正式加入 TPP 谈判。作为亚太地区乃至世界上最重要的经济体之一，日本加入 TPP 将对亚太区域经济一体化的格局产生重大影响。因此，我们有必要对日本参与 TPP 的背景、动因和前景进行全面、深入的分析。

第一节　日本 FTA 战略的演变

日本加入 TPP 谈判与其自身 FTA 战略的实施有着密切的内在联系。第二次世界大战结束后，日本确立了贸易立国的基本国策，对外经济和贸易取得了快速发展。1955 年，日本成为关贸总协定（GATT）的正式成员，这标志着日本加入了世界自由贸易体制。在此后几十年中，多边框架下的贸易自由化政策对提高日本企业的国际竞争力、促进日本产业结构升级起到了积极作用。因此，日本政府一向认为以 GATT/WTO 为中心的多边贸易体制对战后世界贸易的增长起到了关键作用，也使日本受益匪浅。基于这一立场，日本曾长期对区域自由贸易安排持消极态度。但是，从 20 世纪 90 年代末开始，全球范围内掀起了新一轮 FTA 浪潮。针对这一趋势，日本迅速制定并实施了本国的 FTA 战略。

一、日本实施 FTA 战略的动因

从 20 世纪 90 年代末开始，国际、地区和国内的多种因素促使日本逐渐转变了对 FTA 的态度，积极参与 FTA 成为日本在区域经济一体化进程中谋求主导权和政治经济利益的重要政策工具。

（一）寻求稳定的资源供给和外部市场

日本经济具有典型的外部依赖性特征。首先，日本虽然是一个世界性的经济大国，但国土面积相对狭小，自然资源匮乏，生产原料基本需要外部供给。例如，日本企业生产所需要的一些重要原材料，包括铁矿石、煤炭、镍矿石、天然橡胶、木材、铜矿石、铝矾土和锡等基本上都依靠进口。因此，如果日本能够通过 FTA 与原材料出口国建立更加紧密的经济关系，无疑有助于为日本提供更加稳定的资源供给。其次，日本拥有庞大的生产能力，其国内市场无法完全容纳，每年有 20% 以上的产品出口到国际市场。FTA 的签订可以有效地消除贸易壁垒，进一步扩大日本与 FTA 伙伴之间的贸易，促进日本的出口。第三，日本对外贸易常年保持顺差，外汇储备规模巨大，是世界最大的外商直接投资母国之一。FTA 的签订有助于全面改善贸易伙伴的外资环境，为日本的对外投资提供更多的便利条件。由此可见，利用 FTA 获取稳定的资源供给和开拓外部市场，保持日本经济的可持续增长，是日本制定和实施 FTA 战略的首要目标和出发点。

（二）为国内经济增长提供新的驱动力

除了外部因素之外，国内经济增长的压力也使日本进一步认识到了实施 FTA 战略的紧迫性和必要性。20 世纪 90 年代初期，随着泡沫经济的破灭，日本经济硬着陆，并陷入了长期萧条。日本资产价格严重缩水，负债恶性膨胀，大量企业倒闭，商业银行陷入困境，不良债权急剧增加，大批金融机构破产。与此同时，个人和家庭收支严重恶化，国内消费不振，投资需求减少，经济转型严重受阻。整个 20 世纪 90 年代日本经济的年平均增长率只有 1.3%，在世界出口中所占的比重也呈现出不断下降的趋势，国际社会对日本经济的评价也不断降低。为了挽回"失去的十年"，日本政府采取了各种各样的措施，但是始终难以使经济彻底摆脱疲软状况。

这一事实暴露出日本原有的经济管理体制所存在的内生性问题。为了更好地适应开放性、竞争性的市场经济环境，构建新的经济体制，日本必须大力推进经济结构改革，重点是提升那些长期受到保护的国内产业部门的竞争力和承受市场开放的能力。具体而言，农业、流通业和中小服务业一直是日本经济效率最低的部门。这些部门多年来受到各种规制以及价格补贴、税收优惠和进口限制政策的保护，始终难以摆脱低效率的恶性循环。在这种情况下，日本寄希望于通过制定和实施 FTA 战略，推动双边或区域贸易投资自由化和便利化，进一步提升国内市场的开放水平，并最大限度地引进现代市场制度和市场竞争机制，为日本经济的复苏和健康增长提供新的驱动力。

（三）争取东亚区域经济一体化发展的主动权

应对"雁行模式"的失效，争取东亚区域经济一体化进程中的主动权，是近年来日本积极实施 FTA 战略的另一动因。从 20 世纪 80 年代开始，日本通过技术和产业的梯度转移方式，在东亚地区构建了以日本为核心的生产体系，并对亚洲"四小龙"、东盟成员和中国经济的发展起到了引导作用。日本不仅把"雁行模式"视为东亚经济发展的一种现实，而且日益把这一模式作为一种刻意追求和精心维护的地区经济秩序，以保持在东亚地区的主导地位。但是，20 世纪 90 年代中后期以来，东亚经济格局发生了显著的变化。在日本经济陷入衰退的同时，东亚各经济体却凭借丰富的劳动力资源和低工资的优势，积极引进发达国家的资金、技术和先进管理经验，市场开放水平不断提高，产业竞争力不断增强，尤其是在电子产品、家用电器、造船、纺织等制造业领域对日本构成了越来越大的挑战。针对这一现实情况，日本经济产业省在 2001 年发表的《通商白皮书》中明确指出："以日本为领头雁的东亚经济'雁行形态发展'时代已基本结束，代之而起的是以东亚为舞台的大竞争时代。"因此，通过缔结 FTA 的方式加强日本与东亚各经济体的联系，从战略高度构筑互利互惠的关系，就成为日本的理性选择。

（四）提升国际和地区政治地位

经过二战后数十年的发展，日本已经成为公认的世界经济强国。但由于受战后政治体制的制约，日本在国际政治上的影响力有限，在安全方面还需要美国的保护。近年来，为了改变这种"经济巨人，政治侏儒"的状况，日本政府采取了各种各样的手段和措施，力图获得与其经济实力相适应的国际政治地位。正是出于这一考虑，日本加快了实施 FTA 战略的步伐，期望在获得贸易投资自由化和便利化收益的同时，利用 FTA/RTA 框架下的经济合作的"溢出"效应，扩大其在国际和地区事务中的影响力，提升其政治地位。需要强调的是，由于东亚地区在日本的对外经贸和政治外交中占有非常重要的地位，日本尤为希望通过与东亚国家或地区商签 FTA 构建更加紧密的经贸关系，消除这些国家或地区对日本的历史积怨和现实忧虑，扩大日本在东亚乃至亚太的影响，进而为其实现政治大国的目标服务。

综上所述，国际、地区和国内层面的综合因素构成了日本制定和实施 FTA 战略的多重动因。从 20 世纪末开始，韩国、新加坡、墨西哥等相继向日本提议开展双边 FTA 可行性联合研究，日本陆续接受了这些国家的提议，这成为日本 FTA 政策转变的契机。在《1999 年通商白皮书》中，日本首次改变以往对 FTA 的消极看法，提出有必要采取更灵活、更具建设性的措施。而《2000 年通商白皮书》又进一步指出日本需要采取以 WTO 为中心、以双边及区域合作为补充的贸易政策，这标志着日本对 FTA 的态度开始有了实质性的转变。

二、日本 FTA 战略的主要内容

从某种意义上说，日本的 FTA 战略是在新的国际和地区环境下对其原有的"贸易立国"战略所做的有机调整。因此，从内容来看，日本的 FTA 战略既在某些方面沿袭了传统意义上的"贸易立国"战略，同时也体现出一些新的特征。此外，日本的 FTA 战略并不是静态的，而是随着实际情况的变化和实践经验的积累不断充实和完善。

（一）日本政府出台的与 FTA 战略有关的文件

从 20 世纪 90 年代末开始，日本政府陆续出台了一些直接或间接涉及 FTA 问题的文件。1998 年 7 月，日本通产省成立了一个内部研究小组，针对 FTA/RTA 在全球范围内的衍生问题开展对策研究。该小组于同年 10 月提交了一份题为《战略性贸易政策的促进：区域经济协定的定位》的报告，对日本参与双边或区域自由贸易安排的必要性和可行性进行了论证。基于该报告提出的相关结论和建议，日本通产省在《1999 年通商白皮书》中着重指出，绝大多数 WTO 成员已加入了一个或多个区域贸易安排，日本对此必须高度重视，避免被时代潮流边缘化。此后，日本通产省在《2000 年通商白皮书》中首次提出了"多层次推进"的政策方向，即一方面积极维护和支持 WTO 框架下的多边贸易体制，另一方面应着手与东亚地区的重要贸易伙伴商签 FTA，积极融入东亚区域经济一体化合作进程。

2002 年 5 月，日本经济财政咨询会议制定了《日本经济活性化六大战略》，从不同角度提出了促进日本经济发展与改革的战略构想，其中的"全球化战略"明确提出日本应通过参与 FTA 来适应全球化和区域经济一体化发展的新趋势。2002 年 10 月，日本外务省发表了《日本的 FTA 战略》报告。该报告指出，世界各国为了争夺未来贸易秩序的主导权积极缔结区域贸易安排，因此日本应在继续坚持多边贸易自由化谈判的基础上，把实施对外经贸战略的一部分注意力转向区域或双边 FTA 框架下的贸易自由化进程。FTA 不仅有助于加强日本与贸易伙伴的经贸关系，在政治、外交与安全等方面对日本也具有非常重要的意义。该报告还全面阐述了日本推进 FTA 战略的目标、原则、模式，以及 FTA 伙伴的选择标准等，从而形成了日本第一份比较详细的 FTA 战略规划。

此后几年中，日本政府又陆续出台了多份与 FTA 战略有关的文件。2003 年 11 月，日本经济产业省发布了《日本加强经济伙伴关系的政策》，指出日本应该在坚持"国家整体利益最大化"原则的基础上尽快全面展开商签 FTA 的工作。2004 年 12 月，日本政府促进经济伙伴关系阁僚会议第三次会议确定了《关于今后推进经济伙伴协定（EPA①）的基本方针》，进一步明确了日本参与 EPA 的意义、实施对策以及 FTA 伙伴的选择标准。2006 年 4 月，日本经济产业省制定了《全球化战略》，提出日本应和东亚邻国、资源出口大国和人口大国商签 EPA，并制定了东亚 EPA 构想、东亚 EPA 路线图和东亚版 OECD（经合组织）构想。2006 年 7 月，日本政府财政经济一体改革会议发表了《经济成长战略大纲》，再次明确提出日本应争取和东亚邻国尽快缔结 EPA，积极构筑东亚经济圈，为日本的经济发展创造更加良好的地区环境。2007 年 5 月，日本经济财政咨询会议公布了《关于 EPA 谈判的时间表》，对中短期内日本商签 EPA 的谈判目标做出了具体规划。同年 6 月，日本经济产业省对《经济成长战略大纲》进行了修订，进一步明确了 EPA 的数量指标和质量要求，以及推进 EPA 谈判的具体时间表。2008 年 6 月，日本经济财政咨询会议再次提出了此后两至三年日本商签 EPA 的目标和时间表。上述政府文件的出台显示出日本政府高度重视 FTA 战略的制定，并在实施过程中不断对其进行完善和调整，以使其更具实效性。

（二）日本 FTA 战略的目标和原则

根据日本政府近年来出台的相关文件，日本参与 FTA 的战略目标可以

---

① EPA 的英文全称为 Economic Partnership Agreement。

归纳为以下几个方面：第一，借助 FTA 拓展日本的对外经贸关系，并对 WTO 框架下的多边贸易体制构成有益的补充；第二，通过 FTA 消除或降低贸易投资壁垒，提高贸易投资政策的透明度和可预见性，为日本企业的跨国经营创造更加良好的商业环境；第三，借助 FTA 为日本经济社会的结构改革提供外部动力，提升日本经济的效率和增长活力；第四，将 FTA 作为获取经济利益、促进外交关系和加强安全保障的综合体，全面拓展日本的国家利益。

基于以上目标，日本在推进 FTA 战略实施的过程中遵循以下主要原则：首先，在自由贸易安排的模式选择方面，相对于 FTA 而言，日本更加青睐 EPA 模式。FTA 是以废除货物贸易的关税以及其他限制性措施为主要内容的协定。EPA 在包含 FTA 要素的同时，还涉及服务贸易、投资、竞争政策、政府采购、标准一致化、商务人员流动、争端解决等更为广泛的领域，而且还可以根据缔约方的贸易和经济发展状况，在某些领域和部门采取一些适当的过渡性措施。在 EPA 模式下，缔约方之间的货物贸易自由化水平不一定很高，但在其他方面的自由化程度则会有所扩展，比如服务贸易自由化、投资自由化等。日本在农产品贸易、外籍劳工就业、技术资格认定等诸多领域长期实行高水平的国内保护，短期内对外开放的难度较大。基于这一现实情况，日本可以通过 EPA 模式下的发展援助、能力建设和经济技术合作等条件，换取伙伴方同意日本对其弱势部门和产业保留一定的保护措施，尽可能避免这些部门和产业受到过大的外部冲击，同时也有助于在国内不同的利益集团之间达成一定程度的默契和妥协。此外，由于 EPA 中通常包括取消投资限制和保护知识产权等内容，对于强调"投资立国"和"知识立国"的日本来说更为有利。

其次，关于自由贸易伙伴的选择，日本确立了如下几项标准：其一，经济标准，即应有利于促进日本的对外贸易和投资，为日本提供稳定的能源和原材料供给，同时还应有利于推进日本国内结构改革，并有效抵消其他国家构筑 FTA 对日本企业的不利影响；其二，地理标准，即应有利于促进地域经济整合和地区稳定，强化日本与其他地区、国家的战略关系；其三，政治外交标准，即应有助于强化日本与伙伴方的友好关系，为日本的外交创造更加有利的条件，同时，贸易伙伴应具有较高的政治稳定性和民主化程度；其四，现实可能性标准，所考虑的因素包括敏感商品在贸易中所占比例、伙伴方的诚意、日本国内各部门和团体的态度等。

三、日本政府为实施 FTA 战略而进行的组织机构调整

为了推进 FTA 战略的落实，日本政府不仅陆续出台了一系列相关文件，同时还在机构设置方面采取了相应的措施，强化或增设了多个组织和部门。

作为负责对外经济政策和贸易管理的政府部门，日本经济产业省为配合 FTA 战略的实施进行了多次机构调整。2003 年 10 月，经济产业省增设了 FTA 谈判推进本部，以强化对 FTA 相关事务的管理工作。2004 年 2 月，经济产业省决定扩大 FTA 谈判推进本部的规模，人员编制由原来的 5 人大幅增加至 80 人，以适应与相关国家和地区进行 FTA 谈判的需要。2004 年 8 月，经济产业省又对通商政策局的内部机构设置进行了调整，新设 EPA 课，负责对 EPA 相关事务进行一元化管理。

除了经济产业省之外，日本内阁的其他一些相关部门也通过内部机构调整强化了对 FTA 事务的管理职能。例如，日本外务省在 2002 年 10 月设立了自由贸易课，同年 11 月又设立了 FTA/EPA 推进本部，并在经济局设立了 FTA/EPA 室，分别负责 FTA/EPA 总体战略规划和具体谈判工作。日本农林水产省在 2003 年 11 月设立了 FTA 总部，包括 5 个特设小组，分别负责相关领域的 FTA 策略规划和谈判。

在相关政府部门进行机构设置调整的同时，日本内阁还设立了一些专门的会议机制和部际联络机制，以加强对 FTA 事务的统筹管理。2001 年，

日本内阁设立了经济财政咨询会议，负责商讨制定日本对外经贸活动的重大方针政策。2003 年 12 月，日本内阁召开了由首相主持的 FTA/EPA 联络会议，旨在统一政府各部门对实施 FTA 战略的认识，加强政策协调。2004 年 3 月，日本内阁召开了由首相主持，内阁官房长官、外务大臣、财务大臣、厚生劳动大臣、农林水产大臣、经济产业大臣等政府主要职能部门负责人参加的第一次促进经济伙伴关系阁僚会议，旨在进一步协调政府各部门的意见，并针对相关 FTA/EPA 推进过程中的重大问题进行讨论。2005 年 5 月，日本在内阁官房设立了 EPA 对外谈判室，由首相牵头，成员包括经济产业省、外务省、农林水产省等政府主管部门的官员和非政府机构人士，以共同推动日本 FTA/EPA 战略的实施工作。2006 年 11 月，日本内阁决定建立全球化改革专门调查会，其重要职责之一就是制定日本推进 EPA 谈判的阶段性时间表，并对具体的实施工作进行考查和监督。

第二节 日本参与 FTA/EPA 的进展

在 21 世纪初制定了 FTA 战略之后，日本立即开始了实施工作。为了尽快取得实质性进展，日本将谈判难度较低、对日本敏感产业部门冲击较小的双边 FTA/EPA 作为突破口。在积累了一定的经验之后，日本开始着手商签多成员的区域自由贸易安排，从而初步构建起了一个以本国为中心的全球性 FTA/EPA 网络。

一、日本已签订的 FTA/EPA

截至目前，日本已在世界范围内签订了多个 FTA/EPA，其中双边FTA/EPA 占绝大多数。因为双边 FTA/EPA 具有谈判成员少、谈判周期短、处理敏感问题的灵活性强、受地理距离和经济发展水平差距等因素限制较少等特点和优势，所以成为日本实施 FTA/EPA 战略的主要抓手。

（一）日本与东盟成员签订的双边 FTA/EPA

1. 日本—新加坡 EPA

新加坡是日本实施 FTA 战略所选择的第一个对象。客观而言，日本与新加坡签订自由贸易协定并没有期望在经济上获得太大的直接收益，因为新加坡多年来实行自由贸易政策，取消了绝大多数进口商品的关税，日本和新加坡双边贸易总额的 84% 已经处于零关税的状态，两国签订双边自由贸易协定难以给日本带来显著的贸易创造效果。日本政府之所以把新加坡作为实施 FTA 战略的首选对象，主要出于以下几个方面的考虑：第一，从经济发展水平来看，新加坡人均 GDP 与日本相差不多，远远高于东盟其他成员，在东盟内拥有很大的发言权，日本可以利用和新加坡签订双边自由贸易协定对东盟其他成员施加更大的影响。第二，在日本与新加坡的双边贸易中，农产品所占比重非常低。以 1999 年的数据为例，日本从新加坡进口的农产品仅占农产品进口总额的 0.5%，新加坡从日本进口的农产品仅占农产品进口总额的 2% 左右，因此，两国签订双边自由贸易协定不会对日本的农业造成明显的冲击，从而也消除了谈判的最大障碍。第三，新加坡政治稳定，政府对外资的服务功能出色，具备良好的商业环境。基于上述优势，日本可以将新加坡作为与其他东盟成员进一步开展全方位经贸合作的枢纽，并为今后与更多的东盟成员签订 FTA/EPA 起到良好的示范效应，这对于日本东亚区域经济一体化战略的实施具有重要意义。

日本和新加坡从 2000 年初开始启动双边自由贸易协定磋商。经过一年半的努力，双方在 2001 年 10 月就自由贸易协定的各项条款达成一致。2002 年 1 月，双方正式签署《日本—新加坡新时代伙伴关系协定》，协定自 2002 年 11 月 30 日起生效。根据协定，日本和新加坡双边贸易额的 98% 以上将实现完全的自由贸易，其中新加坡自日本进口的商品将 100% 实现零关税，日本自新加坡进口商品的 95% 将实现零关税。其中，日本对农产品的市场准入仅做出了非常有限的承诺。除了货物贸易之外,《日本—新加坡新时代伙伴关系协定》还涉及投资便利和自然人移动、服务贸易、科学技术与研究开发、IT 产业与信息化、知识产权保护、政府采购等诸多方面的合作,从而为日本此后与其他国家或地区商签 FTA/EPA 积累了重要的经验。

2. 日本—马来西亚 EPA

日本和马来西亚在 2002 年启动了双边自由贸易协定的联合可行性研究。两国在 2004 年 1 月正式开始双边自由贸易协定谈判, 2005 年 12 月结束谈判并签署协定。在经过各自国会的审议之后,日本—马来西亚 EPA 于 2006 年 7 月正式生效。根据协定,在 10 年的降税期结束之后,马来西亚自日本进口商品的 99% 将实现零关税,日本自马来西亚进口商品的 94% 将实现零关税。

3. 日本—菲律宾 EPA

日本与菲律宾之间的双边自由贸易协定几乎和日本—马来西亚 EPA 同时起步,日菲两国也是在 2002 年启动了联合可行性研究。在此基础上,两国于 2004 年 2 月启动谈判,并于 2006 年 9 月结束谈判并签署了双边 EPA。但是,菲律宾国内担心过快实施协定会带来不利影响,因此国会迟迟未能批准协定。直到双方重新修改了部分条款并签署补充协议后,日本—菲律宾 EPA 才于 2008 年 12 月 11 日正式生效。

根据协定,在为期 10 年的关税减让期结束后,菲律宾自日本进口商品的 96.6%、日本自菲律宾进口商品的 91.6% 将实现零关税。协定中关于服务贸易的承诺超过了 WTO 框架下的服务贸易自由化水平。此外,日本—菲律宾 EPA 还在知识产权、竞争政策、改善商业环境以及经济技术合作等领域做出了较高水平的承诺。

4. 日本—泰国 EPA

在东盟成员中,泰国是日本非常重要的贸易伙伴和投资对象,因此也成为日本商签双边自由贸易协定的理想目标。两国于 2002 年启动官方联合可行性研究，2004 年 2 月开始双边 EPA 谈判。但是，由于泰国国内政局动荡的影响，以及双方在一些敏感产业领域的分歧较大，日本和泰国的 EPA 谈判时间较长，直到 2007 年 4 月才结束谈判并签署协定，2007 年 11 月 1 日起正式生效。

在货物贸易方面，日本在农产品市场准入方面做出了较大的让步，对泰国进一步开放了热带水果、鸡肉、鱼虾等农产品。泰国则在汽车及其零部件、钢铁等重要的制造业产品市场准入方面做出了高水平的承诺。在全部的关税减让完成之后，泰国自日本进口产品的 97%、日本自泰国进口产品的 92%将享受零关税待遇。除了货物贸易之外，日本—泰国 EPA 还涵盖了范围广泛的合作领域，如服务贸易、投资、通关便利化、知识产权、竞争政策、商务人员流动等。

5. 日本—印度尼西亚 EPA

印尼是日本多种矿物和能源产品的重要来源地，也是日本在东盟成员中直接投资存量最大的国家，因此，与印尼缔结双边自由贸易协定对于日本而言具有非常重要的战略意义。但是，与新加坡、马来西亚、菲律宾和泰国等东盟老成员相比，印度尼西亚在与日本缔结双边自由贸易安排方面的态度最为谨慎，所以进程也相对滞后。两国于 2005 年 1 月启动官方联合可行性研究，同年 7 月开始正式的 EPA 谈判。在为期两年的谈判结束之后，两国于 2007 年 8 月签署了双边 EPA，2008 年 7 月 1 日起正式生效。

根据协定，日本将对印尼进一步放开工业品和林业、热带水果等多种农产品的市场准入，其中大多数工业品的关税在协定生效时立即取消，其他商品的关税削减采取分阶段或关税配额的方式。印尼则向日本进一步开放了汽车、钢铁、电气电子等制造业产品的市场。在为期 15 年的关税减让全部完成后，印尼自日本进口产品的 89.7%、日本自印尼进口产品的 93.2%将享受零关税待遇。协定中还包括了服务贸易、投资、通关便利、政府采购、知识产权、竞争政策、人员流动和双边合作等广泛内容。其中，能源合作的内容是日本首次纳入 EPA 协定，双方承诺将致力于构筑能源安全保障领域的伙伴关系，具体措施包括改善投资环境、保障供给以及保持政府经常性对话等。

6. 日本—文莱 EPA

在东盟的六个老成员中，文莱是最晚一个与日本商签双边自由贸易协定的国家。但是，由于双边贸易额较小，而且文莱几乎不向日本出口农产品，因此两国之间推进建立 EPA 的进程比较顺利。2006 年 6 月，日本和文莱启动 EPA 谈判。仅经过三轮谈判，历时六个月，双方就在同年 12 月达成了初步协议，成为日本谈判时间最短的 EPA。2007 年 6 月，双方正式签署了 EPA，协定于 2008 年 7 月 31 日正式生效。根据协定，在为期 10 年的降税期结束后，日本和文莱的双边货物贸易将几乎实现 100% 的零关税。

7. 日本—越南 EPA

在与东盟六个老成员全部达成 EPA 之后，日本将目标转向了东盟新成员之一的越南。自 20 世纪 90 年代中后期开始，越南经济发展很快，与日本之间的双边贸易也实现了较快增长。此外，出于地缘政治的考虑，日本和越南对两国之间关系的重视程度不断提高。上述因素为两国商签双边自由贸易协定奠定了基础。2005 年 12 月，日本和越南两国的首脑就开展 EPA 联合可行性研究达成共识。经过为期一年的研究，双方于 2007 年 1 月启动了 EPA 谈判，2008 年 12 月签署了协定，并于 2009 年 7 月正式生效。根据协定，在为期 10 年的关税减让全部完成后，越南自日本进口产品的 88%、日本自越南进口产品的 92% 将实行零关税。

（二）日本—东盟全面经济伙伴关系协定

除了与东盟个体成员签订双边 FTA/EPA 之外，日本也非常注重在整体上保持和加强与东盟的经贸关系。多年以来，东盟在技术、资金和出口贸易方面对日本有较强的依赖性，日本也始终将东盟视作自己的经济势力范围。但是，在 20 世纪末的亚洲金融危机之后，东盟从自身利益考虑加快了内部的一体化进程，确定了建立东盟自由贸易区和东盟共同体的明确时间表。同时，东盟还奉行大国平衡战略，不断加强与中国、韩国等东亚邻国的经济合作，以减少在经济上对日、美的过度依赖。东盟的上述政策使东亚区域经济合作的格局产生了显著的变化，也给日本带来了政策调整压力。出于外交战略的考虑，日本尤其不愿看到东盟与中国加强合作而弱化日本在东亚地区的影响力。2002 年中国—东盟自由贸易区的正式启动进一步加重了日本的危机感。因此，日本开始加快推进与东盟建立自由贸易区的进程。

需要指出的是，除了地区战略因素之外，日本积极谋求与东盟签订自由贸易协定也有很强的经济利益诉求。在东盟自由贸易区没有建立之前，东盟大多数成员之间还存在比较高的关税壁垒。为了确保市场，日本企业在东盟各成员国内都为某些产品设立了比较齐全的生产体系。但是，一旦东盟自由贸易区建成，而日本又与东盟签订了自由贸易协定，就不必在东盟各成员都投资设厂。尤其是对于家电等具有规模经济效应的产业，日本完全可以将原来分散在东盟各成员的生产能力进行整合，建立更加高效的分工体系。同时，在购买原材料时，日本可以根据成本核算原则，合理选择在日本或东盟各成员当地购买，这有助于进一步提高日本企业在东盟市场的竞争力。

2002 年 11 月，日本与东盟发表了《日本—东盟领导人关于全面经济合作构想的共同宣言》，就日本—东盟自由贸易区的意义、内容、途径、目标以及签署协定的原则和准备行动等问题达成了广泛共识。2003 年 12 月 11 日至 12 日，日本与东盟领导人在东京举行了特别首脑会议，会后发表了旨在加强日本与东盟各国经济、政治和安全关系的《东京宣言》，明确提出日本与东盟各国将通过推进包括缔结自由贸易协定在内的所有经济协作，争取实现双方在经济方面的联合，进而"加强政治和安全伙伴关系"。

2005 年 4 月，日本和东盟正式启动全面经济伙伴关系协定谈判。经过为期四年的谈判，双方于 2008 年 4 月签署协定。这是日本与区域性经济合作组织签署的第一个自由贸易协定，涉及内容相当广泛，包括货物贸易、服务贸易、投资自由化与经济合作等。根据协定，双方将在 10 年内基本实现贸易投资自由化，日本将对从东盟进口产品的 93%实行零关税，六个东盟老成员将对从日本进口产品的 91%实行零关税，四个东盟新成员则稍稍延迟实施自由化措施。2008 年 12 月 1 日，该协定开始生效。

（三）日本与拉美成员签订的 FTA/EPA

1. 日本—墨西哥 EPA

日本选择墨西哥作为签订双边自由贸易协定的对象主要是出于经济利益的考虑。作为一个发展中大国，墨西哥的人口超过一亿，经济规模与东盟相仿，是日本重要的海外市场之一。但是，在没有与墨西哥签订自由贸易协定的情况下，日本的经济利益受到了多方面的损害。首先，日本向墨西哥出口的电子、汽车等大宗商品和欧美产品存在较强的竞争关系。由于墨西哥和美国同属 NAFTA 成员，墨西哥与欧盟也在 2000 年签订了自由贸易协定，所以美国和欧盟的产品基本可以享受零关税待遇，而日本出口到墨西哥的同类商品则要被征收平均 16%的关税，处于明显的竞争劣势。其次，墨西哥加入 NAFTA 后终止了保税加工制度，从而使那些在墨西哥投资设厂的日本企业的生产成本大大提高。第三，在服务贸易、投资、政府采购等方面，墨西哥对 FTA 缔约方的待遇远优于非 FTA 缔约方，使日本企业处于不利的地位。据日本经济产业省估算，如果日本能够和墨西哥达成双边自由贸易协定，每年可以为日本企业减少 4000 多亿日元的损失。不仅如此，墨西哥对区域贸易安排持积极态度，与北美洲、拉丁美洲和欧洲的很多国家签订了自由贸易协定。因此，与墨西哥缔结双边自由贸易协定有助于日本在上述地区进一步开拓市场。

日本与墨西哥从 1999 年开始就建立双边自由贸易协定进行磋商，并启动了民间的可行性研究。在此基础上，两国从 2001 年 6 月开始进行官方可行性研究,并于 2002 年 7 月完成最终报告,同年 11 月启动正式谈判。在货物贸易市场准入问题上,农副产品和工业品成为两国谈判的焦点,谈判曾一度因双方分歧过大而陷入僵局。2004 年 3 月,日墨双方在上述产品的市场准入问题上相互做出了让步,从而为自由贸易协定的最终达成扫除了障碍。日本同意对从墨西哥进口的猪肉和橙汁等农副产品实行低关税政策,而墨西哥则将在最终协定生效后的 10 年之内逐步取消从日本进口的钢铁制品和汽车等商品的关税。2005 年 4 月,日本和墨西哥正式签订了 EPA,这是日本与东亚地区以外的国家签署的第一个双边自由贸易协定。

2. 日本—智利 EPA

日本—智利 EPA 是继日本—墨西哥 EPA 之后日本在东亚地区以外签署的第二个双边自由贸易协定。智利的总体关税水平较低,与日本的双边贸易额也不大,与智利签订双边自由贸易协定对日本对外贸易的拉动作用并不明显。但是,智利和墨西哥一样,对参与区域自由贸易安排态度积极,在和日本启动 EPA 谈判之前已经和世界上多个国家或地区签订了双边 FTA。因此,日本可以借助与智利建立的 EPA 进一步开拓南北美洲和世界其他地区的市场。需要强调的是,智利在与日本商签 EPA 之前,已经和日本在南美市场的主要竞争对手之一的韩国签订了双边 FTA。因此,与智利签署 EPA 有利于日本在南美市场上保持对韩国的竞争优势。

日本与智利于 2006 年 2 月正式启动 EPA 谈判,2007 年 3 月签署协定,2007 年 9 月正式生效。根据协定,智利自日本进口商品的 99.8%将实现零关税,日本自智利进口商品的 90.5%将实现零关税。

3. 日本—秘鲁 FTA

日本和秘鲁于 2009 年 4 月正式启动双边 FTA 谈判。尽管两国的双边贸易规模有限,但是秘鲁的渔业和农牧业产品对日本有较大的出口利益,因此成为两国谈判的焦点。最终,日本做出了较大的让步,两国于 2011 年 5 月签署了 FTA,协定自 2012 年 3 月 1 日起正式生效。根据协定,秘鲁将解除自日本进口的大型车辆、电视等制造业产品的关税，而日本将分阶段取消自秘鲁进口的铜、锌、鱼粉和芦笋等矿产品和农产品的关税。在为期 10 年的关税减让期结束后，日本和秘鲁双边贸易 99%的商品将实现零关税。

（四）日本—瑞士 EPA

在对外贸易方面，日本高度重视欧洲市场。但是，考虑到与欧盟缔结自由贸易协定的复杂性，日本选择了非欧盟成员的瑞士作为突破口。瑞士不仅非农产品贸易的自由化程度很高，而且在 WTO 谈判中反对大幅度削减农产品关税，与日本的立场一致，从而为两国商签双边自由贸易协定奠定了良好的基础。2005 年 4 月，日本和瑞士两国首脑就启动 EPA 联合可行性研究达成了一致。时隔两年，两国于 2007 年 5 月正式开始 EPA 谈判，2009 年 2 月签署协定。这是日本与欧洲国家签署的第一个 EPA。根据协定，在 10 年的降税期结束后，日本和瑞士从对方进口产品的 99%将实现零关税。

（五）日本—印度 EPA

印度是一个亚洲大国，也是新兴经济体的代表。因此，日本高度重视与印度的双边关系，积极与印度协商建立自由贸易区。2005 年 4 月 30 日，日本和印度两国首脑发表了《亚洲新时代日印伙伴关系共同声明》，表示将共同推进建立双边自由贸易安排。2005 年 11 月，日印双方启动了 EPA 联合可行性研究。2007 年 1 月，双方正式开始 EPA 谈判。但是，由于谈判涉及的领域非常广泛，双方在不少问题上难以达成共识，原定于 2008 年底结束的谈判一再推后。历经四年的谈判之后，日本和印度于 2011 年 2 月签订了 EPA，协定于同年 8 月 1 日起正式生效。根据协定，在为期 10 年的降税期结束之后，印度自日本进口产品的 90%、日本自印度进口产品的 97%将实现零关税。

二、日本正在谈判的 FTA/EPA

在加入 TPP 谈判之前,日本还参与了多个重要的双边或区域自由贸易谈判,它们的进程将对日本在 TPP 谈判中的立场选择产生不同程度的影响,因此值得高度关注。

(一) 日本—澳大利亚 EPA

澳大利亚是日本煤炭、铁矿石等重要资源进口的主要供给国,也是日本在政治方面的重要伙伴。因此,日本一直把澳大利亚作为缔结双边 EPA 的优先对象之一。2005 年 4 月,日澳两国启动了双边 EPA 的官方可行性研究。在此基础上,两国于 2007 年 4 月正式开始谈判,并希望尽快达成协定。但是,农业问题很快成为谈判的主要障碍。澳大利亚是日本牛肉、小麦、乳制品、砂糖等大宗农产品的主要进口来源国,而澳大利亚作为凯恩斯集团成员,在 WTO 谈判中一直主张大幅度削减农产品关税。根据日本农林水产省的测算,如果日澳 EPA 废除农产品关税,日本农业将减产 8000 亿日元,其中牛肉减产 2500 亿日元,小麦减产 1200 亿日元。因此,日本的农户、农业团体、自民党的农林水产族议员都强烈反对日—澳 EPA,农林水产省的态度也不积极,从而导致 EPA 谈判陷入旷日持久、进退两难的境地。

2013 年 9 月,阿博特就任澳大利亚总理,对日—澳 EPA 谈判持有更为积极的态度。与此同时,日本出于战略考虑,也在农产品市场准入方面有所让步。2014 年 4 月,在历经七年的谈判之后,日澳双方就签订双边 EPA 初步达成了一致。日本同意将澳大利亚牛肉进口关税税率由目前的 38.5%分阶段降低,主要用于餐厅加工的冷冻牛肉进口关税税率在协议生效的 18 年内降至 19.5%,而主要用于超市售卖的冰鲜牛肉关税税率在协议生效的 15 年内降至 23.5%。与此同时,澳大利亚方面基本同意停止对日本收取 5%的汽车进口关税。根据细则,在协定生效的第一年,日本将把从澳大利亚进口的冷冻牛肉关税税率降至 30.5%，而冰鲜牛肉关税税率降至 32.5%，约有 19.5 万吨冷冻牛肉和 13 万吨冰鲜牛肉享受这一税率优惠。

（二）日本—韩国 FTA

日韩两国作为东亚邻国和重要的贸易投资伙伴，具有建立双边 FTA 的良好经济基础。1998 年 10 月，韩国前总统金大中访日时提出了建立日韩双边 FTA 的建议。1999 年，日本和韩国共同发表了以"通向 21 世纪更紧密的日韩经济关系"为题的研究报告。此后，在韩日政府多次针对建立 FTA 问题进行磋商的同时，两国的产业界和学术界也通过举办论坛和研讨会的形式开展了自发的交流与探讨。

从 1998 年 12 月至 2000 年 5 月，日韩两国有政府背景的智库进行了合作研究，并于 2000 年 5 月发表了研究报告。报告对日韩 FTA 的经济效应进行了分析和预测，认为日韩 FTA 将给两国带来显著的短期静态效应和长期动态效应。与此同时，日本和韩国的民间力量也在大力推动两国建立双边 FTA。例如，日本的经济团体联合会与韩国全国经济人联合会共同组建了韩日产业合作研究会，并在 2001 年 11 月发表了《面向日韩 FTA 的共同声明》。声明指出，日韩两国作为引领亚洲经济的重要力量，应尽早缔结双边 FTA，为本地区经济的发展做出更多的贡献。此外，由两国产业界代表组成的日韩 FTA 商务论坛于 2001 年 3 月成立，并于 2002 年 1 月发表了支持日韩早日签署双边 FTA 的共同宣言。

2003 年 10 月，日韩两国首脑举行会晤，决定年内启动日韩 FTA 谈判，并争取在两年内达成最终协议。同年 12 月，日韩 FTA 第一轮谈判正式启动，双方确定了谈判的基本原则、内容和方式。其中，谈判的基本原则是以全面经济合作为目标，在与 WTO 规则保持一致的前提下，努力实现高水平的贸易投资自由化，使两国共同获益。谈判内容涉及商品贸易的关税及非关税壁垒的削减、服务贸易自由化、投资自由化和便利化、知识产权、卫生与动植物检验检疫、技术性贸易壁垒以及科学技术合作等广泛领域。

日韩 FTA 谈判在开始阶段进行得比较顺利。但是，2004 年 11 月在东京举行了第六次谈判之后，日韩之间的领土争端使两国关系迅速冷却，导致谈判被迫搁置。2008 年以来，日韩两国都为恢复 FTA 谈判做出了一些努力，双方多次进行会谈和磋商，并不断提高会谈级别。但是，日韩 FTA 何时能得以重启还是未知数。

（三）日本—海湾合作委员会 FTA

作为一个高度依赖石油进口的国家，日本的石油进口绝大部分来自中东，其中来自海湾合作委员会（GCC）的进口量约占 75%。因此，日本始终重视保持与 GCC 各成员的关系，并希望借助与 GCC 签订 FTA 为其石油资源进口的稳定提供保障。2005 年，GCC 开始和中国商签 FTA，这给日本带来了现实的竞争压力。2006 年 5 月，日本和 GCC 开始正式协商建立 FTA，并从 2006 年 9 月正式启动谈判，至 2007 年上半年相继进行了三轮谈判。但是，由于 GCC 主要致力于海湾共同市场的建设，与区域外成员商签 FTA 的进展大都比较缓慢，因此截至目前，其与日本的 FTA 谈判仍没有取得重大突破。

（四）中日韩 FTA

中日韩 FTA 的设想由来已久。早在 20 世纪 90 年代中期，日本和韩国的一些学者相继提出创建中日韩共同体的主张。日本学者认为，推进以中日韩三国为核心的亚太合作是日本今后的优先选择。

进入 21 世纪以来，东亚地区日益密切的政治经济联系以及全球范围内区域经济合作浪潮的兴起促使中日韩经济一体化的呼声不断提高。2002 年 11 月 4 日，在柬埔寨首都金边举行的中日韩领导人会晤中，中国前国务院总理朱镕基向日韩两国提出了建立中日韩 FTA 的构想，并建议先行开展民间联合研究，得到了日韩两国领导人的积极回应和支持。此后，中日韩三国的研究机构对建立中日韩 FTA 的可行性进行了大量的分析和研究。

2007 年 1 月，中国、日本和韩国决定启动三国投资协定的正式谈判，以进一步促进三国之间的相互投资和经贸关系，并于同年 3 月举行了首轮谈判。在未来的 FTA 框架下，投资将是一个非常重要的领域，尤其受到日韩两国的高度关注。因此，三国投资协定谈判的启动为沉寂了几年的中日韩 FTA 进程注入了新的活力。

2008 年 12 月 13 日，在日本福冈举行的首次中日韩领导人峰会上，三国领导人共同签署了《中日韩合作行动计划》，明确了三国进一步开展合作的领域和优先措施。2009 年 10 月 10 日，在北京举行的第二次中日韩领导人峰会上，时任日本首相鸠山由纪夫在发言中再次提出了建立东亚共同体问题，并强调建立东亚共同体的关键是中日韩之间应首先加强经济一体化合作。三国领导人一致同意尽快启动中日韩 FTA 官产学联合研究，并就成立中日韩 FTA 联合可行性研究委员会做出了指示。2009 年 10 月 25 日，第六次中日韩经贸部长会议在泰国华欣举行，并在会后发表了《第六次中日韩经贸部长会议联合声明》，决定尽快落实三国领导人的指示，在 2010 年上半年启动中日韩 FTA 官产学联合研究。

2011 年 12 月，中日韩三国签署联合声明，宣布从 2010 年 5 月开始的中日韩 FTA 官产学联合研究正式结束。此外，联合声明还为未来的中日韩 FTA 谈判提出了四点具体建议：第一，应努力建设成为涵盖广泛领域的高水平 FTA；第二，应与 WTO 相关规则保持一致；第三，应本着互惠、均衡的原则，追求三方共赢；第四，应考虑各国的敏感产业和领域，并采取建设性和积极的方式进行谈判。

2012 年 5 月 13 日，第五次中日韩领导人峰会在北京举行。在会议发表的联合宣言中，三国领导人对中日韩 FTA 官产学联合研究的结论和建议表示欢迎，并支持三国经贸部长提出的年内启动中日韩 FTA 谈判的建议。为此，三国立即开始准备工作，包括启动国内程序和工作层磋商。

2012 年 11 月 20 日，在柬埔寨金边召开的东亚领导人系列会议期间，中日韩三国经贸部长举行会晤，宣布启动中日韩 FTA 谈判。2013 年 3 月

26 日至 28 日，中日韩 FTA 第一轮谈判在韩国首尔举行。截至 2014 年 5 月，三国已进行了四轮谈判。

（五）区域全面经济伙伴关系协定

区域全面经济伙伴关系协定（RCEP）是由东盟发起的、以"10+6"为基础的东亚区域经济一体化新框架。在 2011 年 2 月 26 日举行的第十八次东盟经济部长会议上，与会部长们优先讨论了如何与东盟经济伙伴共同达成一个综合性的自由贸易协议，并由此产生了组建 RCEP 的草案。RCEP 的成员计划包括与东盟已经签署"10+1"自由贸易协定的中国、日本、韩国、澳大利亚、新西兰和印度，其目标是削减 16 国内部的贸易壁垒，进一步完善投资环境，扩大服务贸易，并在知识产权保护、竞争政策等多个领域开展合作，从而使 RCEP 的自由化水平高于目前东盟与六国达成的自由贸易协定。

2011 年 11 月，在印尼巴厘岛召开的第十九届东盟领导人会议通过了建立 RCEP 框架的专门共识文件。共识文件指出，RCEP 旨在达成一个全面互利的经济伙伴协议，此协议具有开放性，允许东盟的所有自由贸易区伙伴参与。2012 年 8 月底召开的"10+6"经济部长会议就启动 RCEP 谈判达成原则共识。随后，RCEP 谈判货物贸易工作组、服务工作组和投资工作组相继建立。2012 年 11 月，在柬埔寨金边举行的东亚领导人系列峰会签署了《启动 RCEP 谈判的联合声明》，决定于 2013 年初启动 RCEP 谈判，力争 2015 年底完成谈判并进入实施阶段。2013 年 5 月，RCEP 第一轮谈判在文莱举行。截至 2014 年 5 月，RCEP 共进行了三轮谈判。

若 RCEP 得以建立，将涵盖约 35 亿人口，GDP 总和将达 23 万亿美元，占全球总量的 1/3。与此同时，RCEP 还平衡了中日两国在东亚区域经济一体化未来发展方向上的不同立场。中国始终坚持以"10+3"自由贸易区为主渠道，日本则力主建立"10+6"自由贸易区。而 RCEP 采取了自愿加入的原则，也就是说，RCEP 在最初未必有 16 个成员参加，将来的成员数量也可能超过 16 个，从而化解了"10+3"和"10+6"的方案之争，为东亚区域经济一体化进程提供了一条新的路径。从时间表上看，RCEP 和中日韩 FTA 同时启动，而且中日韩三国均已表态积极参与 RCEP 谈判。因此，二者之间可以实现相辅相成、相互促进。

三、日本参与 TPP 的立场与动向追踪

美国在 2009 年高调介入 TPP 谈判后，就开始积极争取日本的加入。出于维系美日同盟关系的考虑，日本对此做出了比较积极的回应。2009 年 12 月 10 日，日本时任外相冈田克也首次公开表示日本对 TPP 合作感兴趣，正在考虑参与，这使得日本国内对 TPP 的关注快速升温。日本国内的诸多学者认为，加入 TPP 这一涵盖贸易、投资和服务等广泛领域的亚太经济合作重要机制有助于日本进一步对外开放，带动包括农业在内的国内经济改革，激发经济活力和竞争力。

2010 年 10 月 1 日，日本时任首相菅直人在国会发表政策演说时，再次明确表示日本准备参加 TPP 谈判，并将其视为实现东亚稳定与繁荣的重要一环。同年 11 月，日本作为 APEC 领导人会议的东道主，积极配合美国为 TPP 造势。会议期间，菅直人以观察员身份参加了 TPP 九个谈判成员举行的特别会议，表示日本将与谈判各方就亚太地区的贸易和投资自由化进行密切协商，并进一步推进日本国内的改革和对外开放水平。在本次 APEC 会议发表的领导人宣言——《横滨愿景：茂物目标与未来》中，TPP 和"10+3""10+6"一起被明确列为实现建立亚太自由贸易区目标的可行路径。

2011 年 1 月 13 日，日美两国政府在华盛顿举行了有关 TPP 的首轮双边磋商，这意味着日本开始为参与 TPP 谈判展开实质性准备工作。在此之后，日本政府多次派遣外务省、经济产业省以及农林水产省等相关省厅官员赴海外与 TPP 相关方进行磋商，收集 TPP 谈判的信息，并计划在 2011

年 6 月底之前做出是否参加 TPP 谈判的最终决定。但是，由于 2011 年 3 月日本发生了强烈地震和海啸，经济受到重创，加入 TPP 的计划不得不推迟。与此同时，日本国内关于是否加入 TPP 的争论也日趋激烈。以日本经济团体联合会（简称经团联）为首的工商产业界极力主张日本加入 TPP 谈判，宣称加入 TPP 是日本搭乘贸易自由化快车的最后机会。以农协为代表的农林业界则坚决反对，称加入 TPP 将摧毁日本农业，很多农业团体也纷纷举行游行示威。在日本国会两院中，也有近半数的议员对加入 TPP 持反对态度，其中不仅包括小泽一郎和前首相鸠山由纪夫等自民党重量级人物，甚至还包括一百多名来自当时的执政党——民主党的议员。

尽管面临着巨大的国内压力，但是当时的日本民主党政府综合政治、经济、外交等各方面的考虑，仍然做出了加入 TPP 谈判的决定。2011 年 11 月 11 日，日本时任首相野田佳彦在赴美国夏威夷出席 2011 年 APEC 领导人会议之前，正式宣布日本将与相关各方就参加 TPP 谈判问题展开磋商和交涉。但是，为了安抚国内对此持反对态度的各界人士，野田佳彦同时表示，日本参与谈判并不意味着全面放弃，而是该坚守的地方坚守，该争取的地方争取。至此，日本在参与 TPP 问题上迈出了重要的一步。

2012 年 12 月，安倍晋三就任日本首相之后，将加强日美同盟关系列为执政的优先目标之一，从而也在加入 TPP 谈判问题上表现出了更为积极的态度，从国内、国外两方面着手做全面准备。2013 年 2 月，安倍晋三访问美国，两国就日本加入 TPP 谈判发表了联合声明。声明指出"将不会要求日方事先承诺单方面撤销所有商品的关税"，尽管这并不意味着美国同意给予日本将来维持部分农产品高关税的"特权"，但日本却将此视为美方做出的重大妥协，认为在谈判中日方有要求维持高关税的余地，日本媒体也借机宣传"TPP 很难达到原先设定的全部取消关税的目标"等，为安倍政府最终宣布加入 TPP 谈判制造有利的舆论。

2013 年 3 月 15 日，安倍晋三正式宣布日本加入 TPP 谈判。他指出，受人口老龄化、长期通缩等因素制约，日本经济和社会陷入自我封闭，加入 TPP 将对日本整体经济产生积极影响。同时，安倍还强调了尽快加入 TPP 谈判的必要性，表示日本越早加入谈判，越能参与和引领新规则制定。但他也坦承，对于先期参与谈判的成员已经谈妥的领域和规则，日本挽回的余地很小。2013 年 7 月 23 日，在马来西亚举行的 TPP 第十八轮谈判期间，TPP 正式接受日本成为第 12 个谈判成员。

第三节　日本加入 TPP 谈判的政治经济收益

日本加入 TPP 谈判是在新的国际、地区和国内形势下实施其 FTA 战略的重要举措，既有经济方面的利益诉求，也有政治和外交方面的现实考虑。

一、日本加入 TPP 谈判的经济收益

TPP 作为一个高水平的大型自由贸易安排，将在经济上给日本带来多方面的收益。从国际层面而言，将有助于促进日本贸易自由化水平的提高和对外贸易的增长，提升日本产品在国际市场上的竞争力，并缓解财政压力；从国内层面来看，则有助于日本推进农业改革，为日本经济的增长注入新的驱动力。

（一）促进日本的出口和经济增长

如前文所述，日本属于典型性的出口导向型国家，"贸易立国"是其长期不变的国策。多年以来，日本的汽车、电子等产品在国际市场上保持着较强的竞争力，给日本带来了巨大的出口收益。但近年来，日本的优势出口产品在国际上面临的竞争压力越来越大，甚至出现了连续的贸易赤字。与此同时，日本社会的少子老龄化趋势日益加剧，日元汇率居高不下，2011 年又遭受到地震、海啸和核泄漏的重创。面临上述诸多挑战，日本如果不

在重振出口方面采取有效的措施，其产品的竞争力将日益下降，业界也只能将企业转移到海外，日本国内产业的空洞化将愈加严重。因此，通过与贸易伙伴签署高水平的自由贸易协定，为本国的对外贸易注入新的驱动力，就成为日本的当务之急。TPP 不仅以高标准著称，而且发展潜力巨大，甚至有可能成为涵盖大部分亚太地区的超大型自由贸易安排，这无疑会使日本企业享受更多的规模经济效益，带动对外贸易和国民经济的增长。

具体而言，目前日本工矿产品的平均关税为 2.5%，其中最有国际竞争力也是最大宗出口产品的运输机械和电气设备的关税分别为零关税和 0.2%（汽车和电视机都是零关税），这一关税水平低于美国、澳大利亚等参加 TPP 谈判的国家。如果日本加入 TPP 的话，无疑会有利于其汽车、电子等传统优势产业的出口，从而获得巨大的经济利益。

事实上，日本此前参与自由贸易协定的实践曾使日本受益匪浅。例如，日本—墨西哥 EPA 在 2005 年 4 月生效后，日本对墨西哥的出口额在 2004 年到 2008 年间增长了 1.8 倍。日本—马来西亚 EPA 在 2006 年 7 月生效以后，日本对马来西亚的出口额在 2005 年至 2008 年间增长了 1.5 倍。这种因关税削减、贸易扩大带来的好处在比主要竞争对手捷足先登的情况下尤为明显。日本先于韩国与墨西哥签订了自由贸易协定，其结果是日本对墨西哥汽车的出口与韩国相比大幅增加，在墨西哥汽车市场上的份额由 2004 年的 27.3%大幅增加到 2008 年的 38.1%。由此可见，加入自由贸易协定不仅可以为出口企业带来好处，而且由于关税削减使国内生产与出口地生产的条件趋于一致，还有助于防止日本国内生产外流所导致的"产业空洞化"现象，推动日本国民经济增长。

根据日本内阁府的测算，如果 TPP 最终能够实现 100%的货物贸易自由化，日本的对外贸易出口将因加入 TPP 而显著扩大，并因此使日本的实际 GDP 增加 2.4 万亿～3.2 万亿日元，年增长率可提高 0.48%～0.65%。另外，根据日本经济产业省的测算，如果日本不加入 TPP，出口就会受到影响，到 2020 年汽车工业和电气工业等主要产业的生产额将减少 10.5 万亿日元，雇用人数将减少 81.2 万人，实际 GDP 也会因此而下降 1.53%。

正因为如此，以经团联为首，日本的制造业和出口部门一直呼吁日本政府尽快参加 TPP 谈判。日本经团联会长米昌弘昌甚至表示："如今不参加 TPP 的话，日本将成为世界的孤儿。"《每日新闻》的一项调查还显示，日本国内企业有 73.8%支持政府参加 TPP 谈判，并认为这是日本企业保持国际竞争力所不可或缺的。

（二）减小日本面临的贸易竞争压力

近年来，日本虽然已经与不少国家和地区签订了 EPA/FTA，但是在亚太地区 FTA 浪潮迅猛发展的背景下，特别是在中国和韩国等东亚邻国对外贸易快速增长的冲击之下，日本面临着巨大的贸易竞争压力。

中国参与 FTA 起步较晚，但发展速度很快。短短十几年里，尤其是在东亚地区，中国—东盟 FTA 始终走在日本—东盟 FTA 的前面，对日本的影响最为明显。目前，中国已经成为东盟第一大贸易伙伴和第一大出口目的地，而东盟则超过日本成了中国的第三大贸易伙伴。日本一直将中国视为争夺"地区经济主导权"的竞争对手，面对中国参与 FTA 进程的迅速发展，日本的压力倍增。

相比于中国，韩国在国际市场上是日本出口的大宗制造业产品更为直接的竞争对手。韩国在汽车、钢铁、电子产品等众多领域具有较强的国际竞争力，对日本产品已形成较大压力。进入 21 世纪以来，韩国在参与 FTA 方面成果显著，其中，韩美 FTA 和韩欧 FTA 的生效对日本的影响最为重大。据日本经济产业省推算，由于韩美 FTA 的签订，韩国产品对美出口增加，至 2020 年，日本企业在汽车、电机、电子以及机械领域的对美出口将因此而减少 1.5 万亿日元，而相关的国内生产总值将减少 3.7 万亿日元。另据日本贸易振兴机构亚洲经济研究所的推算，在韩欧 FTA 生效的第一年，日本约有 1030 亿日元的对欧出口被韩国"夺走"。如果日本不采取有效的应对措施，日本国内的对欧出口企业将陷入困境或被迫向韩国转移生产，严重影响日本国内的就业和日本在国际市场上的竞争力。

面对上述情况，日本将加入 TPP 谈判视为"反守为攻"、缓解贸易竞争压力的有效举措。目前，中国和韩国均未宣布加入 TPP 谈判。因此，一旦高标准的 TPP 得以建立，日本将借助 TPP 进一步开拓亚太市场，从而在与中、韩的贸易竞争中占得先机。

（三）提升日本的贸易自由化水平

目前，在日本已经签署的 FTA 中，大多数缔约对象的经济规模不大，而且不是日本的重要贸易伙伴。因此，目前日本通过并已经正式生效或已签署的 EPA/FTA 所实现的贸易自由化率约为 18%，远低于美国（40%）和韩国（60%）。不仅如此，日本已加入的多数 EPA/FTA 在市场准入水平上也远低于美国、韩国等签署的 FTA，这主要体现在按品目所计算的贸易自由化率上（表 4.1）。

但是，在 TPP 建成之后，日本将和美国、加拿大、澳大利亚、新西兰等国实现自由贸易，届时日本的贸易自由化率很可能超过 50%，至少在对美贸易条件上与韩国持平，从而有效改变贸易自由化落后的局面。

表 4.1　日、美、韩近年签订的 FTA 按品目计算的贸易自由化率（%）比较

日本	日本—瑞士 FTA	日本—菲律宾 EPA	日本—印尼 EPA	日本—泰国 EPA	平均
	85.6	88.4	86.6	87.2	86.95
美国	美国—智利 FTA	美国—澳大利亚 FTA	美国—韩国 FTA	美国—秘鲁 FTA	
	97.6	96.0	99.2	98.2	97.75
韩国	韩国—美国 FTA	韩国—欧盟 FTA	—	—	
	98.2	98.1			98.15

注：本表为按品目计算的贸易自由化率，即 FTA 签订后 10 年内撤销关税的商品品种占商品总品种的比率。

资料来源：日本经济产业省《2011 年通商白皮书》。

（四）促进农业部门的改革与开放

多年以来，日本政府通过高关税、税收优惠和补贴等方式对国内农业进行保护。这些措施虽然在一定程度上减小了外国农产品对日本国内市场的冲击，但因为自然环境先天的劣势以及日本经济的结构性问题，日本农业的发展水平却没有因此而得到提高，国际竞争力不仅没有增强，反而不断下降，从而陷入了"保护—衰退—保护"的恶性循环之中。

日本国土面积狭小，加之山地和丘陵多，耕地面积仅占国土面积的14%，其中山区耕地面积又占耕地总面积的40%。日本人均耕作面积为0.49公顷（1公顷＝1万平方米），约相当于美国的1/37、澳大利亚的1/640。近年来，因为转作他用和农民放弃耕作等原因，日本的耕地面积仍在不断缩小，耕地利用率持续下降。

值得关注的是，日本近三十年来农业劳动力持续减少，老龄化趋势明显。根据日本农林水产省的统计资料，2010年日本农业就业人口只有260多万人，占总就业人口的5%左右。在农业劳动力减少的同时，农业劳动力也迅速趋于老龄化。2010年日本农业就业人口中65岁以上者占62%，就业者的平均年龄达到了65.8岁。随着就业者数量的减少，特别是老龄化的加剧，日本的农业变得愈加脆弱。

由于日本的农产品生产成本高，国内外农畜产品价格差距加大，使得日本农产品的国际竞争力日趋降低。与农业发达国家特别是美国相比，日本农民的平均经营规模太小，只有美国农民的1/37。与发展中国家相比，日本虽然凭靠生产技术先进而在单位面积产量方面领先，但由于劳动力成本高，其农产品一直缺乏国际竞争力。

TPP作为一个高标准的自由贸易协定，对农产品市场准入也有很高的要求。因此，日本将加入TPP谈判视作推进农业部门改革的良好契机。日本政府认为，虽然TPP生效之后会使日本的农产品进口增加，国内生产减少，但是从长期看，TPP带来的外部压力会有效地促使日本农业部门提高农业生产效率，开发新产品，继而推动日本的农产品出口，使日本农业摆脱政府补贴，走上可持续的健康发展之路。

以出口为例，在日本农产品的 10 个主要出口目的地中，TPP 成员有 4 个，分别为美国、澳大利亚、越南、新加坡。按照出口总额排位，美国列日本农产品出口对象的第二位，越南列第七位，新加坡列第八位，澳大利亚列第九位。TPP 实施之后，贸易壁垒的削减意味着日本可以出口更多的农产品到其他 TPP 成员，使日本的农产品贸易更加平衡，缓解目前的巨额逆差状况。

（五）缓解财政压力

近几年来，由于经济的疲软，日本政府的税源日益萎缩，财政支出却大幅递增，导致日本的国债总额屡创历史新高。2011 年底，包括短期国债在内的日本国债总额达到了 997.7 万亿日元，约是 GDP 的 2 倍。"3·11"震灾后，日本国会批准了四次补充预算案，合计高达 20 万亿日元，这无疑使早已债台高筑的日本政府更加捉襟见肘。在这种情况下，日本寄希望于通过加入 TPP 提高产品的国际竞争力，扩大外贸盈余，振兴日本经济，从而有效缓解政府的财政压力。

二、日本加入 TPP 谈判的政治意图和收益

日本政府参加 TPP 谈判既有现实的经济利益诉求，也有其政治意图。对此，我们也需要从国内和国际两个层面来进行剖析。

（一）配合日本政府的国内施政和改革

加入 TPP 谈判和日本政府近年来急欲推行国内改革、重振日本经济的政策目标有着密切的关系。自 20 世纪 50 年代末开始，日本经济曾保持了近三十年的较快增长，一举成为世界经济强国。但是，由于 20 世纪 80 年代末的过度投资所造成的资产膨胀，以及证券及房地产市场的"泡沫化"，日元不断升值，最终导致泡沫经济破灭。虽然几届日本政府试图通过改革

扭转经济颓势，但成效不大，20 世纪 90 年代被称为日本"失去的十年"。进入新世纪后，日本经济不仅不见起色，甚至出现了通货紧缩、经济衰退的严峻局面，日本民众对执政多年的自民党政府的不满情绪越来越严重。

正是基于这一背景，从未有过执政经验的日本民主党在 2009 年取代自民党上台执政。民主党之所以能够在大选中获胜，很大程度上是因为向民众宣扬了"改革和变化"的竞选纲领。民主党政府指出，由于日本经济持续多年不振，经济高速发展时期日本社会的那种开放竞争的习气也逐渐让位于保守内向的氛围。因此，在经济全球化和区域经济一体化不断深入发展的国际环境下，无论是日本政府还是企业，必须进一步对外开放，积极参与国际竞争，这样才能打破停滞，逐渐恢复日本经济的活力。2011 年 1 月，日本时任首相菅直人在向国会发表施政演说时指出，作为国家建设的理念，日本将继"明治开国"和"战后开国"之后，努力推进第三次的"平成开国"。此后不久，日本内阁府公布的《新成长战略实现 2011》中明确提出将加入 TPP 作为推进日本国内改革的机遇和实现"新成长战略"的有效手段。

由于执政经验不足，再加上内忧外患不断，日本民主党在执政短短三年之后就黯然下台。重新执政的日本自民党为获取民众更多的支持，努力改变自身的保守形象，承诺继续采取积极的措施，推进经济改革和对外开放，并最终做出了正式加入 TPP 谈判的决定。由此可见，虽然日本政府在近几年来经历了更迭，但是在政策选项并不丰富的客观情况下，都不约而同地将加入 TPP 谈判作为配合其施政和推进国内经济改革的重要抓手。

（二）加强与美国的同盟关系

日美同盟一直是二战后日本外交的基轴。因此，加入由美国主导的 TPP 被日本政府视为强化与美国的合作、共同主导亚太经贸新规则制定的重要途径。

回顾第二次世界大战至今日本政治经济的发展历程，美国在外部因素中的影响最大。在经济方面，美国不仅在战后的混乱时期给予日本大量的援助，也是日本加入 GATT 的坚实后盾，从而使日本经济借助国际自由贸易体制迅速腾飞。在政治和安全方面，从日本战败到 1951 年缔结《旧金山条约》以及《日美安保条约》，日本基本上一直处于美国的政治和军事保护之下。日美之间的这种特殊关系决定了日本在各个方面都要受到美国的影响。

在区域经济一体化方面，美国影响日本政策取向的例子并不鲜见。20 世纪 90 年代，美国在北美地区形成了地域经济联合，建立了北美自由贸易区。但是，为了维持在东亚的存在，美国不能容忍亚洲形成不包括自己的自由贸易安排。1990 年，马来西亚时任总理马哈蒂尔提出的包括东盟、日本和韩国的"东亚经济集团"构想就遭到了美国的明确反对。在美国的压力之下，日本政府不仅放弃了其曾经酝酿的"东亚经济圈构想"，而且对于马哈蒂尔的建议也没有给予积极的支持。1997 年，当日本欲发挥领头羊作用创立亚洲货币基金时，又遭到美国的强力反对，其构想未能实现。2009 年，鸠山由纪夫就任日本民主党政府首相之后，提出了追求"对等"的日美关系，一方面着手推进美军驻冲绳普天间基地的迁移，另一方面还雄心勃勃地提出了加快建设东亚共同体的构想，力图使日本更深地融入东亚区域经济一体化进程。但在美国的强烈反对之下，鸠山由纪夫的上述努力均折戟沉沙，本人也在执政 9 个月后黯然下台。

美国在高调加入 TPP 谈判之后，多次在官方场合敦促日本参加 TPP，一方面是想通过日本的加入来扩大 TPP 的影响，加快 TPP 的扩员；另一方面是要把日本拉回美国轨道，牵制和分化东亚经济一体化进程。由于国内农业等部门的反对，日本政府最初对加入 TPP 谈判持审慎态度。但是自 2010 年起，中日两国关系因钓鱼岛主权问题迅速变冷，再加上朝鲜半岛发生的一系列军事冲突以及俄罗斯对日俄争议领土的强硬态度，迫使日本在外交方面进一步依赖美国。基于这一背景，日本转而在加入 TPP 的问题上展现出了积极的姿态。从政治收益来看，这不仅有助于修复因普天间基地搬迁问题而造成的日美关系的裂痕，重新修好和巩固日美同盟关系，还能依靠美国增加日本在处理东亚地区安全问题上的砝码。

第四节　日本参与 TPP 谈判面临的实际困难

虽然日本在综合考虑政治、经济因素的基础上做出了加入 TPP 谈判的决定，但从谈判的技术层面而言仍面临着不小的实际困难，其中最为突出的就是农产品市场的开放问题。由于日本对农业的过度保护，致使其农业处于弱势地位，很难实现完全市场竞争和高度的自由化，从而成为日本参与 TPP 谈判的大难题。面对 TPP 市场准入谈判的高标准和国内反对农业开放的政治势力之间的矛盾，日本政府将采取何种谈判策略，这非常值得关注。

一、TPP 对农业市场开放的要求

在货物贸易市场准入方面，TPP 要求各谈判方完全废除关税等贸易壁垒，实现真正的贸易自由化。相比于其他行业而言，农业对一国发展更具战略意义，各国对农业的保护政策也各有不同，因此农产品贸易是 TPP 货物谈判的重点领域之一。虽然 TPP 谈判目前仍没有结束，但我们仍然可以对 TPP 农产品市场准入谈判的指导性要求进行总体介绍。

（一）力争实现完全的自由化贸易

在一个区域贸易安排中，农业市场的完全自由化就是要求全面废除农产品的贸易壁垒，为此必须满足两个重要的前提：一是所有成员之间的农产品都要实现自由贸易，不能出现特例农产品；二是实行自由贸易的农产品必须符合原产地规则。因此，按照 TPP 谈判的指导性标准，各成员应取消所有农产品的关税，实现农产品的自由流通。同时，为了避免倾销行为，各成员也必须遵守相关法律规定，不能恶意降低价格，以达到抢占市场的目的。除了关税以外，各成员还应取消其他各种形式的贸易壁垒，不对成员之间农产品进出口的种类或者数量进行限制。

（二）完全市场竞争

除了消除贸易壁垒，TPP 谈判还要求农产品流通销售过程要实现完全的市场竞争。各国政府不得利用 WTO 中的"黄箱"政策，对农产品实行直接补贴或是对其价格实施干预。具体而言，政府不得对农产品进行出口补贴，从而增加农产品出口量，使农产品通过价格优势来抢夺市场份额。同时，本国国内也不能通过消费补贴鼓励购买本国农产品，不能通过不平等竞争保障本国农产品的市场份额。各国政府也不可以通过买卖农产品来干预农产品的销售价格。TPP 中的农业市场同样适用 WTO 及其他协议中的维护市场公平竞争的机制，如反倾销协定。TPP 要求农业市场非排他地、公平公正地进行竞争。通过市场竞争中"看不见的手"来协调农产品流通，由消费者根据个人偏好来选择购买市场中流通的农产品。

（三）市场透明化和便利化

如前文所述，农产品实现贸易自由化的重要前提之一是必须符合区域贸易安排框架下的原产地规则。对于农业这种相对较为弱势的产业而言，更需要明确是否为原产农产品，以防止出现造假现象。为实现这一目的，最有效的方法就是推进农产品生产、流通、销售环节的透明化，这有助于各成员充分了解彼此的农产品生产和贸易情况，从而很好地避免从其他国家购买再伪造为本国农产品的情况出现。农业市场实现透明化，也会促进各成员更好地明晰市场需求，从而调整农业结构，更好地实现优势互补。农产品市场的便利化同样非常重要，这就需要各成员相关部门的共同合作，简化通关手续，提高工作效率，使农产品流通更为便利。

二、日本农业市场开放水平与 TPP 谈判标准的差距

日本农业的现代化水平很高，但受自然条件的限制，日本的粮食自

给率①与多数发达国家相比要低得多。以 2012 年的数据为例，日本的综合粮食自给率为 39%，而参加 TPP 谈判的其他几个发达国家中，加拿大的粮食自给率为 223%，澳大利亚的综合粮食自给率为 187%，美国为 130%。因此，日本为了保障粮食安全，多年以来通过各种政策、法律、财政等手段对国内农业市场实施保护，这与 TPP 谈判所推行的农产品市场准入标准有很大的差距。

（一）日本农产品的关税和非关税壁垒

日本是世界上农产品贸易壁垒最高的国家之一，对许多农产品进口都征收极高的关税。在 WTO 多边谈判中，日本为保护其农业，一直对农产品市场准入采取消极抵抗的策略。

从关税壁垒来看，日本目前的农产品平均关税约为 23.3%，远高于美国（5.0%）、澳大利亚（1.4%）等参与 TPP 谈判的发达国家。日本农产品关税的差别很大，如对玉米、大豆等的关税为零，蔬菜类的关税为 3%～9%，而表 4.2 中所列的农产品关税均超过 200%，尤其是大米的关税高达 778%。关税差别如此之大，间接反映出日本农业结构发展的不合理已经成为其农业均衡发展的障碍。近几年来，WTO 提出的关于日本贸易政策的审议报告多次批评日本，指责日本复杂的农产品关税体系导致其平均关税率不降反升，有悖自由化潮流。事实上，在 TPP 谈判之中，日本也尚未对农产品关税保护做出重大让步，而是在同意免除大部分农产品关税的同时，力图将大米、小麦、蔗糖、猪肉、牛肉、乳制品等农产品更多地纳入例外清单。

表 4.2　日本部分高税率农产品

大米	小麦	大麦	脱脂奶粉	黄油	淀粉	杂豆	粗糖
778%	252%	256%	218%	360%	583%	403%	328%

资料来源：日本农林水产省，http://www.maff.go.jp.

---

① 粮食自给率是指在一定时期内某个国家或地区自己生产和储备的能够用来满足消费的粮食与粮食总需求之比。粮食自给率有狭义自给率和广义自给率之分：狭义自给率就是指即期的粮食产量、粮食储备与粮食需求之比；广义的自给率还应包括不纳入粮食范畴，但是可以作为粮食的替代物品。此处是指广义的粮食自给率。

除了关税壁垒之外，日本还运用数量限制、技术标准、商品认证等措施，对进口农产品实施非关税壁垒。在数量限制方面，日本对 HS9 位税号 175 个税目的产品实施关税配额管理，包括奶制品、精炼可食用油脂、干豆类蔬菜、小麦、大麦、大米、淀粉、碎干果、魔芋块茎以及蚕、蚕茧和生丝等，上述产品配额内税率为 0～40%。此外，日本根据修订后的《食品卫生法》制定的《食品中残留农业化学品肯定列表制度》，把限制农药、兽药和添加剂的农产品种类从原来的 63 种增加到了 797 种，并对各种化学物质残留量设置了 51392 个暂定标准，而此前只有 2470 个。严苛的非关税贸易壁垒也成为日本保护农业的一大有力武器。

（二）日本对农产品的财政补贴措施

对国内农产品实行财政补贴是日本政府保护本国农业的重要政策工具。多年以来，为鼓励农业生产，提高自给率，日本政府对农业进行巨额补贴，农业总补贴甚至超过农业收入，农户的一半多收入来源于农业补贴。日本政府的农业补贴主要是对生产资料、基础设施、农机具以及农产品价格的补贴。其中，农产品价格补贴主要涉及以下三项措施：一是强制管理农产品价格。政府对主要粮食（如大米）设定最低收购价，对其他初级农产品（如肉类）限定价格范围。二是政府干预农产品市场价格。政府设立农产品收购与售卖机构，在农产品市场价格较低时，买入农产品，以保证农产品价格稳定，保障农户收入。在农产品价格过高时，政府就卖出农产品，以控制过度通货膨胀。三是政府对农产品售价进行直接补贴。对低于政府限定价格的农产品给予差价补贴，以确保农户收益。此外，为了保障农户的收入，日本政府还对多种农产品采取保险措施，其中对水稻等重要粮食作物实施强制保险。2013 年，日本政府对农业共济保险的投入高达 515.88 亿日元。

在 WTO 框架下，日本政府充分利用"黄箱"政策和"绿箱"政策对国内农业市场进行保护。通过这两项政策，日本对大米、蔬菜等多种农产品给予额外补贴。例如，2000 年日本大米种植农户 3/5 的收入源于政府补贴。2001 年，日本政府对蔬菜的补助金比 1993 年增加了 213 亿日元。这种对农业进行巨额补贴的做法不仅让 WTO 和很多国家对日本产生了不满，还导致日本农户过度依赖政府补贴，极大阻碍了日本农业的独立发展，使其抵抗风险能力差，在自由贸易中竞争力较弱。

（三）日本农协的垄断地位及其对日本农业发展的影响

作为农民从事农业生产经营的合作组织——"农协"（日本农业协同组合）是日本最主要的全国性农业团体。从组织架构来看，日本农协是由多个农业团体组成的联合体，内容包罗万象，涉足农业、商业、金融、保险及传媒等多个领域。农协不但对农户有强大的号召力，经济上也达到了支配日本农业的程度。据统计，农协的下属机构有 713 个，基层的"综合农协""专门农协"遍布日本各地，数量分别为 730 个和 2231 个，会员总数达 949 万人。[①]

多年以来，农协在日本的农业部门始终占有举足轻重的地位。农协不仅是政府与农户沟通交流的桥梁，也是农产品生产与流通销售的中间机构，其活动贯穿于日本农业生产的各环节，包括为农户提供生产所需的农资和各种技术支持，以及农产品销售的相关服务。农协还提供各种农村金融支持，为农户解决各种问题，提高农户的种粮积极性，在客观上对日本农业的组织化和现代化起到了重要的促进作用。

但是，日本农协也在一定程度上限制了日本农业的发展和市场自由竞争。首先，因为农协的强大影响力，农户会按照农协的要求进行农产品生产。如此一来，农户就丧失了部分自主选择种植结构的权利。例如，农协通过调控大米的种植面积，多年以来始终掌控着日本大米的销售价格。其次，农户从农协购买各类农资，农协可能从中抬高农资价格，从而提高农业的生产成本。农协也就间接影响了农产品价格。第三，农协帮助销售农产品时，还会

---

① 蔡亮. 挑战与动因：日本参加 TPP 谈判的战略意图探析. 日本问题研究，2012 年第 4 期.

对农户收取类似"中介费"的一些费用，这些附加费用最后也会转嫁到农产品的实际销售价格中。除此之外，农协还有能力在很大程度上干涉日本政府的农业政策，迫使政府维持对农业的保护。由此可见，农协实际上是间接或直接地对日本农业生产的各个环节进行干预或垄断，这无疑阻碍了农产品市场的完全竞争，与 TPP 对农业市场的开放要求背道而驰。

三、加入 TPP 谈判对日本农业的影响

由于日本现行的农业保护政策与 TPP 要求的市场准入标准有较大的差距，因此，如果日本在 TPP 实施之后取消农业领域的绝大多数关税和非关税壁垒，其农业市场将受到非常大的冲击。

首先，废除关税壁垒和各种非关税壁垒后，国外廉价的农产品将会大量涌入日本，直接冲击其国内农产品的市场，日本长期以来稳定的农产品流通将会被彻底打破。其次，由于农产品市场份额被抢夺，日本本土农产品会出现滞销状态，直接影响到农户和农协的切身利益。第三，由于农业具有比较明显的"外溢效益"，在农业发展受阻的情况下，与农业相关联的许多产业（如农资供应产业等）也会遭受很大冲击。换言之，TPP 对日本农业的影响不是单一的，其牵涉范围广，各产业之间息息相关，容易形成"多米诺效应"。

根据日本农林水产省的预估，在日本加入 TPP 后，如果废除不包含林产品和水产品的 19 种主要农产品的关税，将会导致进口总量扩增，从而使得本国农业及其关联产业的 GDP 下降 1.6%，下降的经济总额为 7.9 万亿日元。其中，单就农业生产而言，其生产总值将会下降 4.1 万亿日元，而日本的粮食供给率也会在现有基础上下降 26%。①此外，受加入 TPP 的影响，日本农业及相关产业的就业岗位将减少，约有 340 万人面临随时失业的风险。

---

① 刘郭斌，赵霞. 日本加入 TPP 谈判与农业改革分析. 现代日本经济，2014 年第 2 期.

四、加入 TPP 谈判后日本农业的改革方向

日本农林水产省所做的预估结果无疑进一步激起了农户和农协对日本加入 TPP 的反对之声，而农户手里又握有大量选票，出于对政治利益的考虑，日本政府强调会在 TPP 谈判中最大限度地保护农业利益，力争保留至关重要的农产品关税。为此，相关政府部门还专门成立了旨在 TPP 谈判中争取农业方面特例的机构。此外，日本决定修改部分领域（如畜牧业）的相关政策制度，尽快出台具体方案，以便于推进结构调整。从前景来看，日本政府还需要从短期、中期和长期视角出发，采取各种有效措施，全面推进农业部门的改革，以更好地适应 TPP 所带来的冲击。

（一）缓和国内矛盾，促进农业部门接纳 TPP

日本虽然已经正式加入 TPP 谈判，但是国内的反对呼声仍旧存在。2011 年进行的民意调查中，有 52.7% 的民众支持加入 TPP，剩下的 47.3% 持反对或中立态度。若 TPP 谈判结果未能满足反对团体的最低期望值，可能导致国内政策推行的困难。因此，日本政府应加大宣传力度，最大限度地缓和人们对于 TPP 的抵触，逐渐安抚各界的不安情绪。日本国内反对 TPP 的团体曾多次组织游行集会，日本政府应和各反对团体的代表加强沟通和协调，力争达成共同意见，一起制定对策，以便在谈判中尽可能维护日本农业部门的利益。在这个过程中，尤其应该注重发挥农协的作用，由农协统一各种想法，真正从农户角度出发，参与制定应对方案。只有日本国内就加入 TPP 的必要性达成广泛共识，并为日本农业找到切实可行的出路，才能化解 TPP 带来的压力。

（二）找准市场定位，提升国际市场竞争力

日本对其农产品质量要求严苛，有专门机构负责监管农产品质量，市场里所有农产品均可溯源。日本对于农产品的分级包装要求严格，限制粗糙的初级农产品进入市场。日本还有专门机构对农药残留进行检测，要求

农户详细记录生产过程中农作物的种植日期、化肥农药使用量与使用时间，最后将生产记录与购买各生产资料情况做对比，看数据是否全部吻合，并将这些记录公示给消费者。除此之外，日本还积极发展绿色农业，认为只有连续三年及以上没有使用过化肥农药的农产品才能称为有机食物。①由此可见，日本农产品的特点是品质高，符合食品安全要求，这是日本农业在市场竞争中的一大优势。面对 TPP 带来的冲击，日本应找准市场定位，为其农产品寻找更为广阔的出口市场。具体而言，日本应充分发挥自身优势，全面发展各种绿色农业，重点推广高端农产品和有机农产品的生产和出口，不断增强在国际农产品市场上的竞争力。

（三）改革农业政策，逐步强化市场自由竞争

完全的市场自由竞争是 TPP 所倡导的重要内容。日本应该借助 TPP 的外力作用，逐步对现行的农业政策进行调整，加快推进农业改革，以适应 TPP 框架下新的市场环境。首先，日本政府应减少对农产品的直接补贴，逐步退出对农业市场的干预。农协应下放权力，让农户可以自由选择种植结构，不硬性规定水稻种植面积，不再通过抬高米价获取利益。农户也应逐步独立起来，不能过度依赖政府补贴来保证其收入。如前文所述，目前日本专职农业工作者高龄化的现象非常严重。针对这一现状，日本政府应该制定政策引导年轻一辈回归土地，通过年轻人发挥大胆的创造力谋求农业改革的成功之路。另外，针对日本农户平均经营规模太小的问题，日本政府应加快推进土地制度改革，扩大土地的规模化生产，最大限度地减少生产成本，从而降低日本农产品价格，强化市场竞争能力。

（四）推进"六次产业化"，保障农户收益

加入 TPP 后，日本政府对农产品的相关补贴将逐渐削减，这必然会造成农户收益的下降。要保障农户的经济收入，使其愿意继续农业种植，不至于荒废耕地，关键就是要让农户获得新的收入渠道。为此，日本政府应

---

① 刘郭斌，赵霞. 日本加入 TPP 谈判与农业改革分析. 现代日本经济，2014 年第 2 期.

进一步推进"六次产业化"①，通过传统农业向食品加工等第二产业以及流通、销售等第三产业延伸，从而获得加工工资和流通利润等高附加值，增加农民的收入。农协作为重要的利益团体，应引导农户发展六次产业，保障农户收入的整体稳定。在此过程中，农协也可以获得经济效益，并巩固其社会影响力。

---

　　① "六次产业"的概念于20世纪90年代，由日本东京大学名誉教授、农业专家今村奈良臣提出，是指通过第一、二、三产业的相互融合，提升农产品附加值。因为将一、二、三相加或相乘都是六，所以有了"六次产业"的说法。"六次产业化"的核心是一体化和融合，目的是让农户更多分享二、三产业利润，保持农业的可持续发展。

第五章 东盟成员TPP战略的政治经济分析

东南亚国家联盟（Association of Southeast Asian Nations，即 ASEAN，简称东盟）作为在亚太地区扮演重要角色的发展中成员联盟，近年来通过实施多元化的区域经济一体化战略，在参与地区经济合作中取得了令人瞩目的成就。文莱、新加坡、马来西亚和越南四个东盟国家也作为正式谈判成员参与到"TPP 轨道"合作之中。本章将在总结东盟区域经济一体化战略指导方针的基础上，系统分析东盟成员参与 TPP 谈判的政治经济动因。

第一节 东盟成员的亚太区域一体化战略及参与 TPP 的实践

一、东盟的经济一体化战略

东盟的前身是马来亚（现马来西亚）、菲律宾和泰国于 1961 年 7 月 31 日在曼谷成立的东南亚联盟。1967 年 8 月 8 日，马来西亚、印度尼西亚、泰国、新加坡、菲律宾在曼谷举行会议，会上各国首脑联合发表了《曼谷宣言》，标志着东盟的正式成立。1976 年 8 月 28 日至 29 日，马、泰、菲三国在吉隆坡举行部长级会议，决定由东盟取代东南亚联盟。20 世纪 80 年代以后，随着文莱、越南、老挝、缅甸和柬埔寨相继加入，东盟成为东亚地区一个政府间的国际组织，具有区域性和一般性的特征。其宗旨是："以平等和协作精神，共同努力促进本地区经济增长、社会进步和文化发展；遵循正义、国家关系准则和《联合国宪章》，促进本地区的和平与稳定；同国际和地区组织进行紧密和互利的合作。"①

战后，东盟一直是亚太地区乃至全球范围内经济增长的重要一极。20 世纪 80 年代一直到 1997 年东亚金融危机前，东盟国家都保持了较高的经济增长速度。然而 1997 年金融危机使东盟国家经济遭受重创，经济发展产生剧烈波动，其推行的区域经济整合战略也受到一定阻碍。2002 年后，东盟各成员逐渐走出阴影，顺应全球经济整合与区域经济一体化的大趋势，其一体化战略被重新提上日程。此时的全球经济联系日益紧密，给各经济体带来开放机遇的同时也增加了经济危机传导与扩散的途径。在 2008 年全球金融危机过后，进入 21 世纪的第二个十年，全球经济复苏依然是一个未知数。此时各经济体均企图以促进出口、扩大海外市场来解决经济和就业低迷的问题。同时，WTO 多哈回合谈判却止步不前，这也促使亚太地区各经济体将目光转向更为灵活、目标性更强的区域经济一体化战略上来。2009 年美国吹响了"重返亚太"的号角，致使亚太地区的政治经济格局面临重新洗牌。作为美国"重返亚太"战略的经济层面的重要抓手，以 TPP 为代表的"亚太轨道"打破了以东盟为轴心、以五个"10+1"自由贸易区为纽带的"东亚轨道"模式，于是包括东盟在内的亚太地区原先的区域经济一体化布局也必然要做出相应调整。

作为亚太地区不可忽略的一极，东盟是一个发展中国家联盟，也是中美日等大国交锋的战场。作为亚太地区的重要利益相关者，东盟通过多层次的区域经济一体化政策的实施，无论在内部经济整合还是外部经济一体

---

① 郝忠胜. 中国与东盟区域经济合作研究. 东北财经大学博士学位论文，2005 年.

化布局上都取得了显著的成果。一个明显的标志就是东盟国家加入谈判并签署的 FTAs/RTAs 在数量和质量上都有较大的跃升；同时，印度尼西亚、马来西亚、新加坡、泰国、菲律宾、越南和文莱七个东盟成员也借助联盟的集团实力，依托一体化战略对 APEC 这一亚太地区最具影响的经济合作论坛的发展施加了积极影响。

东盟的区域经济一体化战略是从以下三个层面布局的：

第一，东盟区域内的经济一体化，以东盟特惠贸易安排（ASEAN Preferential Trading Arrangement，APTA）为起点，到东盟自由贸易区（ASEAN Free Trade Agreement，AFTA），再到东盟经济共同体（ASEAN Economic Community，AEC），是联盟内部经济整合的推动路径。

第二，东盟作为整体与区域外国家或地区达成自由贸易协定，构建了以东盟为轴心的多个"10+1"FTAs 的"轴心—辐条"体系，并且着手推动多边自由贸易合作机制"区域全面经济伙伴关系"（RCEP）的谈判。

第三，部分东盟成员作为个体也积极同非东盟成员缔结双边或区域 FTA。

二、东盟实施区域经济一体化战略的核心原则

基于对全球经济一体化与区域经济一体化合作大趋势的把握、对东亚地区作为大国博弈主战场形势的估量，以及对自身经济情况和政治地位的准确定位，东盟采取了对自身最有利的策略——中小国家紧密联合起来积极融入更大的区域经济一体化，但在大国博弈中不选边站队，能进能退，在将政治风险尽量降低的同时充分享受一体化带来的经济福利，并且以一个集体的姿态在国际社会中表达自己的诉求。这种战略思想延续到其经济战略的制定之中，不论是持续提升联盟自身的经济一体化速度，实现建成经济共同体的目标，还是与非东盟成员广泛签订自由贸易协定，推进区域经济一体化合作，东盟都已有了较深刻的理解和较成熟的实践。基于以上

分析可以发现，东盟秉持的区域经济一体化战略的中心思想是，以联盟内部的经济融合为战略依托，着力编织以自身为中心的东亚区域一体化网络，平衡美中日等地区大国的影响力，最终逐步提升本联盟在亚太地区乃至全球的经济竞争力和政治地位。

（一）以提高东盟成员向心力和竞争力为切入点

东盟经济一体化战略的出发点是提高东盟成员自身的向心力和凝聚力，促进东盟成员在区域内以至全球范围的竞争力的提升。东盟以经济快速、可持续增长为目标，以贸易和投资自由化便利化为宗旨，通过促进同美国、日本、中国、澳大利亚等发展水平较高国家之间的经贸联系和技术合作为途径，顺应区域经济一体化的大趋势，在积极参与国际分工的同时加快联盟内经济体的经济转型和产业组织升级。此外，东盟参与区域经济一体化的另外一个动机是努力应对 2008 年次贷危机以来的各种负向冲击，着力推动经济共同体的建设进程，提高东盟在亚太地区的经济及政治地位。

随着东盟逐渐走向一个经济共同体，以及一系列次区域自由贸易区和成长三角①的构建与衔接，东盟在区域经济一体化合作中一直保持战略步调一致，共同发声。相比于东盟各成员以中小国家的身份单独发声，这使得东盟在亚太经济一体化进程中与其他国家和地区协商谈判的议价能力大大提高，国际交流的软实力显著增强，从而在区域乃至全世界的经济及政治舞台上扮演了愈来愈重要的、不可忽视的角色。

（二）以"大国平衡"为战略基点

毋庸置疑，亚太地区的国际关系在冷战结束后产生了结构性突变，美苏冷战两极格局走向瓦解，美、中、日、俄四大国在本地区逐渐形成的新战略格局中扮演了关键角色，亚太地区未来的政治经济走势在很大程度上会受到美、日、中三者博弈的影响。作为一个发展中国家的联盟，东盟在

---

① 东盟国家之间建立的成长三角包括：南成长三角（新加坡、马来西亚和印度尼西亚）、北成长三角（泰国、印度尼西亚和马来西亚）以及东成长三角（马来西亚、印度尼西亚和菲律宾）。

亚太区域的政治经济行动中始终坚持"大国平衡"战略。"大国平衡"战略是指，致力于维持美、日、中等亚太地区强国在本区域力量相互掣肘的均衡化，力图规避亚太地区的政治经济整体格局落入个别大国之手的"一家独大"局面，进而以此增强东盟在亚太区域的影响力，提高东盟在国际上的政治声望。这是东盟对冷战后亚太新格局进行准确把控后的理性抉择。东盟各国基于对自身综合实力的定位，明确了仅靠自身实力无法维持区域政治经济稳定这一事实。考虑到基于本国利益的大国之争的硝烟会不可避免地弥漫在东南亚地区，这就给了东盟国家借助大国之间的利益冲突，寻求大国博弈均衡的机会，以求得区域的稳定和发展，进而促进本地区的繁荣。

东盟高举"大国平衡"的大旗，利用大国间的利益分歧使它们互相牵制，同时又要使大国之间的冲突得到一定程度的缓和——剑拔弩张的全面对抗也是东盟不想看到和极力避免的。这样，东盟在地区经济政治事务中就可以获得更大的周旋余地，最大程度地获取增加自身政治经济利益的空间。东盟一边同时推进五个"10+1"自贸区的建设，与中国、日本、韩国、印度、澳新等本地区的重要经济力量分别缔结了双边 FTA；另一边却在本联盟实力难以操控的更广范围（中国支持的"10+3"或日本支持的"10+6"）自贸谈判的推进上表现出迟疑不决，这是东盟"大国平衡"战略的明显例证。对于美、中、日三个大国，东盟也都有相应的平衡策略。东盟接受美国的力量对于存在动荡隐患的亚太地区安全和稳定具有重要作用这一事实，当美国开始踏出"重返亚太"的脚步时，客观上来看东盟可以借此机会进一步拓宽同美国的双边、地区乃至世界规模的经济合作，以保证区域经济平稳快速增长。日本作为东盟成员的主要贸易伙伴和首要的 FDI 来源地，仍在东盟的外资来源中占据不可动摇的地位[1]。东盟各国急需在区域

---

① Bhubbhindar Singh, "ASEAN's Perception of Japan Change and Continuity," Asian Survey, Vol. XII No.29, March/April, 2002.

表 5.1　2013 年各成员的东盟内外贸易状况一览表

单位：百万美元，%

国家	对东盟内部出口		对东盟外部出口		出口	从东盟内部进口		从东盟外部进口		进口总	同东盟经济体贸易		同非东盟经济体贸易		贸易
	价值	占总出口比例	价值	占总出口比例	总价值	价值	占总进口比例	价值	占总进口比例	价值	价值	占总贸易比重	价值	占总贸易比重	总价值
文莱	2644.3	23.1	8801.1	76.9	11445.4	1843.6	51.0	1768.2	49.0	3611.8	4488.0	29.8	10569.2	70.2	15057.2
柬埔寨	1300.9	14.2	7847.3	85.8	9148.2	2818.2	30.7	6357.7	69.3	9176.0	4119.1	22.5	14205.0	77.5	18324.2
印尼	40630.8	22.3	141921.0	77.7	182551.8	54031.0	29.0	132597.7	71.0	186628.7	94661.8	25.6	274518.7	74.4	369180.5
老挝	1234.3	47.6	1358.5	52.4	2592.8	2495.0	75.8	797.1	24.2	3292.0	3729.3	63.4	2155.6	36.6	5884.9
马来西亚	63981.6	28.0	164349.7	72.0	228331.3	55050.6	26.7	150846.8	73.3	205897.4	119032.2	27.4	315196.5	72.6	434228.7
缅甸	5624.9	49.2	5811.4	50.8	11436.3	4244.0	35.3	7765.1	64.7	12009.1	9869.0	42.1	13576.5	57.9	23445.4
菲律宾	8614.9	16.0	45363.4	84.0	53978.3	14171.4	21.8	50959.3	78.2	65130.6	22786.2	19.1	96322.7	80.9	119108.9
新加坡	128787.0	31.4	281462.7	68.6	410249.7	77885.3	20.9	295130.5	79.1	373015.8	206672.3	26.4	576593.2	73.6	783265.5
泰国	59320.5	25.9	169409.7	74.1	228730.2	44348.1	17.8	205169.0	82.2	249517.1	103668.6	21.7	374574.7	78.3	478247.3
越南	18178.9	13.7	114485.2	86.3	132664.1	21353.0	16.2	110756.9	83.8	132109.9	39531.9	14.9	225242.1	85.1	264774.0
东盟	330318.1	26.0	940810.1	74.0	1271128.1	278240.2	22.4	962148.2	77.6	1240388.4	608558.3	24.2	1902958.2	75.8	2511516.5

资料来源：ASEAN Merchandise Trade Statistics Database (compiled/computed from data submission, publications and/or websites of ASEAN Member States' national).

经济一体化的框架下强化同日本的经济联系，使"雁行模式"中的"领头雁"日本能继续发挥其先进技术的带动效应，助力东盟经济结构的优化和升级。近年来，中国的崛起亦使东盟愈来愈体会到深化与中国经济合作的迫切性。由于地缘上与中国相毗邻，东盟深深感受到中国经济突飞猛进给本地区经济带来的强大拉动作用。东盟也希望通过深化与中国的经济合作，充分利用中国的广阔市场，借力中国强劲的经济增长带动自身经济的繁荣。

（三）以"ASEAN++"模式为东亚自贸区网络的基本框架

在全球经济一体化和区域经济整合化的大趋势下，为了防止因综合国力较弱而沦为大国的附庸，东盟的战略选择是通过以东盟为中心、以五个"10+1"自贸区为辐条的"ASEAN++"轨道来搭建东亚 FTAs 合作模式的基本框架。目前，《东盟—中国全面经济合作框架协议货物贸易协议》《东盟—日本全面经济伙伴协定》《东盟—韩国自由贸易区货物贸易协议》《东盟—印度货物贸易自由化协议》《东盟—澳大利亚—新西兰自由贸易区协定》这五个"10+1"自由贸易协定的签署与付诸实施标志着东盟已基本勾勒出该战略蓝图的轮廓。中、日、韩、印等东亚较具实力的国家之间短期内政治互信的缺失，以及各国在敏感领域的谈判上互不相让，使其他有足够大影响力的东亚自贸区网络框架的搭建阻力重重，这成为东盟构建自身"轴心—辐条"网络体系内"轴心"地位的有利条件。东盟经过巧妙利用和准确把握，至少在形式上已经居于此网络体系的中心地位，而且可以判断，在未来一段时间内，这种"ASEAN++"轨道仍将是东亚经济一体化前行道路中的"主干道"。

（四）以拓宽区域经济合作领域为着力点

东盟充分认识到，本联盟成员经济发展水平的参差不齐使其在区域经济一体化浪潮中处于一定的不利地位，但也反映了其借助一体化进程实现增长的巨大潜力，所以东盟积极寻求拓宽区域经济一体化合作中覆盖的合作领域，最大限度地享受一体化带来的经济福利效应。具体体现在，东盟签署的自由贸易协定议题覆盖了贸易和投资的自由化、便利化以及边界内措施等领域。例如，东盟—中国 FTA 除规定了商品贸易自由化的达成标准与进度外，农业、金融、投资、交通、信息通信、人力资源开发、基础设施建设、旅游、次区域经济合作等都将成为协议的议题。东盟同韩国签署《全面合作伙伴关系联合宣言》，使双方的经贸合作不限于商品贸易自由化，还将覆盖服务贸易和投资自由化以及边界内措施协调等更宽的领域。东盟同印度签订的《全面经济合作框架协议》，立足于构建东盟—印度贸易和投资自由区，内容涵盖了服务贸易、早期收获、最惠国待遇、争端解决机制、谈判组织机构建设等领域。东盟、澳大利亚、新西兰三方签署的《紧密经济关系协定》，涵盖了农业、市场开放、交通、海关等众多领域的合作。积极拓宽合作范围与领域是构建高质量自由贸易协定的核心要素之一，也是东盟投身区域经济一体化的重点部署。

（五）保持灵活性，支持成员个体同非成员签订双边自贸协定

东盟在推进区域经济一体化进程中保持了充分的灵活性，对于成员以个体身份与非联盟成员签订双边自由贸易协定给予了最大限度的宽容与支持。东盟以整体身份积极投身于构建东亚地区自贸区网络时，以新加坡、泰国为代表的联盟国家也在积极地以个体身份投身于同非成员的双边自由贸易协定谈判之中。究其原因，一是东盟各成员经济发展水平、对外开放程度差异较大，作为一个整体参与自由贸易协定的谈判，有时无法充分顾及各成员的差异性与利益诉求，可能产生一些内部分歧以及较高的内部协调成本，这会拖累东盟作为整体参与区域经济一体化的步伐；二是本联盟中的新兴自由经济体（例如新加坡）本身已经具有很高的开放水平，进行FTA 谈判具有较为成熟的议价能力，仅仅靠东盟作为整体推进一体化战略不能满足其迅速融入区域经济整合、享受经济一体化福利的需要。像新加坡这种外贸依存度较高的国家，本身就有很强的与非成员经济体缔结双边FTA 的倾向与动机，东盟若加以制约则会动摇自身的合作根基，破坏内部

的团结。

　　新加坡、泰国积极同非东盟经济体缔结双边自由贸易协定的行为一开始招致了东盟某些成员的批评，认为这样会削弱联盟的向心力，拖累东盟经济一体化进程。而新加坡、泰国、马来西亚等成员用事实证明，以个体身份深化同非成员经济体的经贸合作，非但不会侵蚀联盟内合作的根基，反而能够在东盟高举的"开放的地区主义"大旗下，同东盟自身经济整合进程互相推动、互为补充，进而实现双赢。于是东盟其他成员也纷纷跟随新、泰等国的步伐，积极与非联盟成员经济体开展双边自由贸易谈判。可以预见的是，双边自由贸易协定将会以其灵活性强、谈判周期短的优势成为东盟在构建区域经济一体化网络的进程中运用得愈发熟练的机制。

三、东盟成员的 TPP 实践

　　自 2009 年底以来，在美国的积极推动下，TPP 开始受到各界关注。TPP 致力于构建一个宽领域、高标准的"21 世纪 FTA 模板"，亦成为美国"重返亚太"战略的一个重要棋子，而作为东盟成员的新加坡、文莱、马来西亚和越南成为东盟十国中加入 TPP 的先行者。同时，东盟其他国家也在考虑加入 TPP 谈判的可能性。

　　构建覆盖亚洲和太平洋地区的广域一体化自贸协定，最初始于美国在新世纪之初所提出的"跨太平洋五国自由贸易区协定"（简称 P5）构想，该协定的成员包括美国、澳大利亚、新西兰、智利和新加坡。[①] 但由于美国逐步把推动区域经济一体化的重心移至双边自由贸易区的构建上，P5 的谈判止步不前。然而，新加坡、智利和新西兰等较小的国家并不想止步于此，仍希望构建这样一个横跨亚太的广域一体化经贸协定。

　　由表 5.2 可以看出，东盟是 TPP 谈判进程中的重要参与者，新加坡、文莱作为 P4 的创始国，对 TPP 的形成与发展起到了重要推动作用，而后

---

　　① 李文韬. TPP 扩员的复杂性及中国战略选择. 天津社会科学，2014 年第 3 期.

加入的越南、马来西亚也对 TPP 谈判进程施加了一定影响。至于尚未加入
TPP 谈判的东盟国家，菲律宾和泰国正在积极寻求加入 TPP 谈判；而印度
尼西亚则持十分谨慎的态度，明确表示短时间内将不会加入 TPP；而缅甸、
老挝和柬埔寨由于经济发展水平较低，短期内很难符合 TPP 的高标准，距
离加入 TPP 还有较长的路要走。

表 5.2　东盟四国参与推进 TPP 的进程表

时间点	事件
2002 年 10 月	在墨西哥洛斯卡沃斯举行的亚太经合组织（APEC）第十次领导人非正式会议期间，智利、新西兰和新加坡领导人宣布"太平洋三国更紧密经济伙伴协定"（P3）谈判正式启动
2004 年	文莱成为 P3 的观察员
2005 年 4 月	文莱成为 P4 正式谈判方
2005 年 7 月	四国签署了"跨太平洋战略经济伙伴协定"（Trans-Pacific Strategic Economic Partnership Agreement，P4），并于 2006 年正式生效
2009 年 3 月	TPP 的四个初始缔约方同意接受越南以"联结成员"的身份加入 TPP 谈判
2010 年 10 月	马来西亚在第三轮谈判中正式加入 TPP 谈判

资料来源：作者整理。

第二节　东盟主要成员参与的 FTAs 合作框架与效果评估

一、东盟内部经济一体化

作为东盟整体区域经济一体化战略的内部动力基础和重要切入点，东盟
内部的经济一体化是沿着"特惠贸易安排（PTAs）—自由贸易区（FTAs）—

经济共同体（EC）"的基本路径行进的。1977 年 2 月 24 日，东盟国家签署《东盟特惠贸易安排协定》（ASEAN Preferential Trading Arrangement，ASEAN PTA）。虽然特惠贸易安排协定是区域经济一体化中层次较低的初级形式，但是此协定的达成是东盟迈向联盟内自由贸易区的坚实一步。

表 5.3　《东盟特惠贸易安排协定》文本目录内容

条目	内容	条目	内容
前言		第六章	组织建制
第一章	总则	第七章	协商机制
第二章	特惠安排的定义	第八章	原产地规则
	与实施手段	第九章	例外条款
第三章	针对东盟工业与	第十章	其他条款
	工业补贴计划的	第十一章	东盟特惠贸易安
	特惠待遇		排之原产地规则
第四章	维持关税减让		
第五章	紧急措施		

资料来源：ASEAN Secretariat (1977), Agreement on ASEAN Preferential Trading Arrangements. http://agreement.asean.org/media/download/20140119163517.

1992 年 1 月，新加坡、马来西亚、泰国、印度尼西亚、菲律宾和文莱六个东盟老成员，在新加坡举行的东盟第四次首脑会议上签署了《东盟自由贸易区共同有效普惠关税方案协议》（Agreement on the Common Effective Preferential Tariff Scheme for AFTA，CEPT），会议达成了自 1993 年 1 月 1 日起在 15 年的时间内，亦即到 2008 年之前完成东盟自由贸易区建设的宏伟目标，并且要求届时成员间关税削减到 0～5%的水平。随着一体化建设不断推进，东盟逐渐加速经济整合步伐，多次将东盟自贸区的建成进度提速。1999 年 11 月，在第三次东盟非正式首脑会议上[①]，东盟各国达成一致，要求东盟六个老成员间应于 2007 年实现零关税，实现完全的贸易自由化，而发展水

---

① 1995 年 12 月举行的第五次东盟首脑会议决定，此后在两次正式首脑会议之间每年召开一次非正式首脑会议。第一次和第二次东盟领导人非正式会议分别于 1996 年和 1997 年举行。

平较低的越南、老挝、缅甸和柬埔寨四国则可以适当推迟，于 2012 年达到完全自由化的标准。目前，东盟六个老成员已将 CEPT 减税清单中 99%以上商品的关税减至 0～5%的水平，清单中 64.2%的产品达到了零关税标准，表明 AFTA 已初步构建完成[1]，增强了东盟内部的凝聚力和向心力，加固了东盟成员的经济纽带，使得东盟在区域以及国际经济格局中成为重要一极。

表 5.4　最初 CEPT 减税计划的主要内容

总计划	到2008年前，东盟各成员在区域内贸易的所有工业制成品的关税均降至0～5%。在CEPT框架下，所有工业制成品是指包括资本货物、加工农产品和那些不在CEPT规定的农产品范围内的产品
快速减税计划	纳入该计划的15项产品是：植物油、药品、肥料、皮革、纸浆、珠宝、水泥、化工产品、橡胶制品、塑胶制品、纺织品、铜电极、电子产品、藤木家具、陶瓷及玻璃制品。其中，关税税率高于20%的产品，应在十年内降至0～5%；税率在20%及以下的产品，应在七年内降至0～5%
正常减税计划	该计划包括上述15项产品以外的所有应纳入CEPT列入清单的产品。其中，关税税率高于20%的产品，分两个阶段实施，即在前五至八年内降至20%，再在七年内降至0～5%；税率在20%及其以下的产品，在十年内降至0～5%
逐步消除非关税壁垒	各成员要即刻消除CEPT计划包含产品的数量限制，并在五年的期限内消除对这些产品的其他非关税壁垒
原产地规则	所有享受共同有效优惠关税的产品，其产品增值中至少40%必须源于东盟成员，可以是源于一个成员或两个成员的累计。此外，共同有效优惠关税还列出例外清单，它包括暂时例外清单和一般例外清单

资料来源：ASEAN secretariat. Agreement on the Common Effective Preferential Tariff(CEPT) Scheme for the ASEAN Free Trade Area[Z]. 1992. http://www. Aseansec. org/10150.

　　AFTA 的建成是东盟内部经济一体化的里程碑，但它不是一个终点，而是一个崭新的起点。2003 年 10 月，在印尼巴厘岛举行的东盟第九次领

---

① 李文韬. 东盟区域经济一体化战略及其对 APEC 合作影响分析. 南开学报（哲学社会科学版），2012 年第 4 期.

导人会议上，东盟各国一致通过了 2020 年建成东盟共同体（ASEAN Community）的计划，决定全方位实现东盟自由贸易区，履行服务贸易协定相关条款，促进投资区计划的落地。2007 年 1 月，东盟将建成东盟共同体的进度表从 2020 年提前到 2015 年。此后，在 2007 年 11 月召开的东盟第十三次首脑会议上，东盟各国首脑颁布了东盟的首部宪法——《东盟宪章》。《东盟宪章》的颁布为联盟从松散走向紧密、约束力由弱变强提供了法律依据。如今，在《东盟经济共同体总蓝图宣言》的框架下，东盟经济共同体正在逐步构建，进度和规制的实施也在有序地加快，向更高水平的经济一体化稳步前进。

二、东盟作为整体的对外自由贸易协定战略

在内部经济整合取得丰硕成果的同时，东盟还着眼于外部，着力打造以自身为轴心、多个 FTAs 为辐条的东亚自由贸易网络体系。具体来讲，东盟已经分别与中国、日本、韩国、印度、澳大利亚及新西兰签署了五个"10+1"FTAs，如表 5.5 所示，以东盟为"轴心"的亚太地区"轴心—辐条"体系基本搭建完成。

表 5.5　东盟的五个"10+1"自由贸易协定

FTA	协议涵盖	通报日期	符合 WTO 协定章节	协议生效日期
东盟—中国 FTA	商品&服务	2005 年 9 月 21 日（G） 2008 年 6 月 26 日（S）	授权条款 GATS Art. V	2005 年 1 月 1 日（G） 2007 年 7 月 1 日（S）
东盟—日本 FTA	商品	2009 年 11 月 23 日	GATT Art. XXIV	2008 年 12 月 1 日
东盟—韩国 FTA	商品&服务		GATT Art. XXIV GATS Art. V	2010 年 1 月 1 日 2010 年 5 月 1 日（S）
东盟—澳大利亚—新西兰 FTA	商品&服务	2010 年 4 月 8 日	GATT Art. XXIV GATS Art. V	2010 年 1 月 1 日
东盟—印度 FTA	商品	2010 年 8 月 19 日	授权条款	2010 年 1 月 1 日

资料来源：根据 WTO 整理，参见 http://rtais.wto.org/UI/PublicAllRTAList.aspx。

（一）东盟—中国自由贸易区

东亚地区的三个经济强国中国、日本、韩国跟东盟的贸易联系十分紧密。从表 5.6 可以看出，2013 年，中国是东盟除自身以外最大的贸易伙伴，而日本是第三大贸易伙伴，韩国居于第五位，位列美国之后。

表 5.6　2013 年东盟主要贸易伙伴

贸易伙伴	贸易额（百万美元）			占东盟贸易总额比例（%）		
	出口	进口	贸易总量	出口	进口	贸易总量
东盟	330318.1	278240.2	608558.3	26.0	22.4	24.2
中国	152545.5	197962.8	350508.4	12.0	16.0	14.0
欧盟 28 国	124434.1	121794.1	246228.3	9.8	9.8	9.8
日本	122863.2	117903.9	240767.1	9.7	9.5	9.6
美国	114509.7	92345.7	206855.4	9.0	7.4	8.2
韩国	52823.0	82139.6	134962.6	4.2	6.6	5.4
澳大利亚	45526.1	22531.4	68057.5	3.6	1.8	2.7
印度	41935.2	25926.7	67861.9	3.3	2.1	2.7
俄罗斯	5243.5	14706.0	19949.6	0.4	1.2	0.8
加拿大	7247.4	6219.0	13466.3	0.6	0.5	0.5
新西兰	5684.1	4101.3	9785.4	0.4	0.3	0.4
巴基斯坦	5274.3	864.2	6138.5	0.4	0.1	0.2
以上总计	1008404.3	964734.9	1973139.2	79.3	77.8	78.6
其他	262723.8	275653.5	538377.3	20.7	22.2	21.4
总计	1271128.1	1240388.4	2511516.5	100	100.0	100.0

资料来源：ASEAN Merchandise Trade Statistics Database.

在中日韩三个主要贸易伙伴国中，中国是东盟第一个选择与其开展自由贸易协定谈判的对象，双方于 2002 年在第六次东盟—中国首脑会议上达成了《东盟与中国全面经济合作框架协议》，中国—东盟自贸区（CAFTA）谈判开始启动。2004 年 1 月 1 日，"早期收获计划"（China-ASEAN Early Harvest Program）成为 CAFTA 在货物贸易领域的早期阶段性成果。其后，双方自 2005 年 7 月开始实施全面降低关税计划，中国同新加坡、文莱、马来西亚、泰国、印度尼西亚和菲律宾之间的绝大多数商品于 2010 年实现完全零关税，与越南、缅甸、柬埔寨、老挝于 2015 年前实现完全零关税。截至 2012 年，中国进口的 93%的产品已实现对东盟成员的零关税，而 90%以上的东盟进口产品给予中国零关税待遇。

在货物贸易自由化取得显著进展后，双方又在服务贸易自由化领域探寻进一步合作的空间，于 2007 年 1 月 14 日签署了《东盟—中国自由贸易区服务贸易协议》(全称是《中华人民共和国政府与东南亚国家联盟成员国政府全面经济合作框架协议服务贸易协议》)。[①] 该协议以法律的形式为中国与东盟服务贸易领域市场开放、处理与服务贸易有关的争端提供了依据和保障，明确了协议双方在 CAFTA 框架内有序开展服务贸易的权利和义务，为双方的服务供应商提供了宽领域、高质量的市场准入优惠和国民待遇平台。而在投资自由化领域，双方又于 2009 年 8 月签订了《东盟—中国自由贸易区投资协议》，这标志着 CAFTA 主要谈判顺利完成。如今，一个覆盖了 19 亿人口、具有近 6 万亿美元 GDP 以及 4.5 万亿美元贸易额的发展中国家之间最大的自由贸易区——CAFTA 已经全面建成，成为中国同东盟经济合作历史上的一个里程碑。

（二）东盟—日本全面经济伙伴协定

紧随中国—东盟自由贸易区的步伐，东盟也开启了同日本的 FTA 谈判，双方于 2003 年 12 月在东京举行了特别首脑会议，公布了《东盟—日本战略协作伙伴关系东京宣言》及其"行动计划"，日本正式宣布加入《东南亚友好合作条约》(Treaty of Amity and Cooperation in Southeast Asia，TAC)。启动于 2005 年 4 月的第一轮谈判所商讨的《东盟—日本全面经济伙伴协定》历时两年于 2007 年 11 月达成，并于 2008 年 4 月完成签署。该协议涵盖了货物贸易、服务贸易、投资等经贸合作议题。该协定生效后，日本即刻对进口自东盟的按价值计算 90%的产品的关税削减至零，在 10 年内逐级将另外

---

① 中华人民共和国商务部，http://www.mofcom.gov.cn/aarticle/b/g/200705/20070504652690.html.

3%商品的关税降为零,对于其他 6%的商品的关税进行一定程度的削减。但是,大米、糖以及一些奶制品作为"特例商品"未被列入协定。对于东盟成员的要求是,新加坡、马来西亚、泰国、印度尼西亚、菲律宾和文莱六个成员在协议生效后的 10 年内逐级削减按价值和种类计算 90%的进口自日本的商品关税,使之降至零关税水平;较为落后的越南面临的要求则不那么严格,将在 15 年内对 90%的进口自日本的商品实行零关税;而对于柬埔寨、缅甸和老挝则要求更低,三国将在 18 年内对 85%的进口自日本的商品实行零关税。[1]

（三）东盟—韩国自由贸易区

相比于与中国、日本的 FTA 谈判,东盟同韩国的自由贸易谈判虽然开始得较迟,但协议谈判过程进行得较为顺利。2005 年 12 月 13 日,东盟与韩国在马来西亚吉隆坡签署了《东盟与韩国自由贸易协定框架协议》,协议涵盖了商品、服务、投资和争端解决机制等领域的议题。2006 年 3 月,东盟除越南外的九个国家同韩国签订《韩国—东盟货物贸易自由化协定》[2]。协议规定,双方到 2010 年实现 90%的货物关税削减至零,而达到完全零关税的最后时间节点是 2015 年。在服务贸易领域,东盟和韩国于 2007 年11 月签署《韩国—东盟服务贸易自由化协定》。此后,谈判历时不到两年,2009 年 6 月双方在自由贸易框架下就投资自由化的议题达成一致,签署了《韩国—东盟投资协定》。于是,韩国成为第一个在双边 FTA 全部领域都与东盟完成谈判的东亚国家。

（四）东盟—澳大利亚—新西兰自由贸易区协定

东盟的目光不仅仅局限于东亚地区,其区域经济一体化伙伴也包括了亚太地区其他活跃的经济体,在"大国平衡"的战略思想指导下,东盟希望引导或者推动更多的经济体参与到亚太经济一体化的合作进程中,以增加东盟在亚太地区的话语权。1998 年 10 月,东盟、澳大利亚、新西兰一

---

① 张锡镇. 东盟实施大国平衡战略的新进展. 东南亚研究,2008 年第 3 期.
② 泰国因未能与韩国在大米贸易方面达成共识而暂未参加该自贸区。

致同意对三方签署 FTA 的合作空间开展联合可行性研究。东盟—澳大利亚—新西兰自由贸易协定谈判正式开始于 2005 年 3 月。经过四年的谈判，澳大利亚、新西兰同东盟十国的贸易部长于 2009 年 2 月 27 日第十四届东盟峰会期间，在泰国华欣签署了《东盟—澳大利亚—新西兰自由贸易区协定》（AANZFTA），协议于 2010 年 1 月 1 日开始生效。AANZFTA 作为东盟最早酝酿建立的自由贸易区，也是澳大利亚和新西兰联合对外签订的第一个自由贸易协定。① 除了澳新两国对东盟已经处于较低水平的关税税率将得到保持之外，协议要求到 2018 年双方逐级取消 90%～100%税目下的商品关税，范围覆盖了东盟与澳新之间 96%的商品贸易。

（五）东盟—印度自由贸易协定

为了维护东盟在东亚自由贸易安排网络中的中心地位，东盟也着手与印度构建双边自由贸易协定。东盟与印度在 2002 年 11 月召开的第一次双方首脑会议上，就十年内建成双边自由贸易区的议题达成一致。2003 年 10 月，双方在第二次首脑会议上签订了自由贸易框架协议，并对包含 105 个税目产品的"早期收获计划"形成了一致意见。2005 年 1 月 FTA 谈判正式开启，因双方在农产品和纺织品等敏感商品问题上存在巨大分歧，谈判一直无法取得进展。然而，由于东盟与中日韩的自由贸易协定谈判进展顺利，这种"轴心—辐条"体系形成的"多米诺骨牌效应"使印度感到沉重的压力。最终，经过六年多的艰苦谈判，2008 年 8 月，双方达成了《东盟—印度货物贸易自由化协定》。根据协议规定，双方自 2009 年 1 月 1 日起开展递进性、阶段性削减关税计划，至 2012 年 12 月 31 日 71%的产品关税削减至零；至 2015 年，其他 9%的产品实现零关税；另外，将东盟和印度的敏感进口产品列表上的 8%～10%的产品关税削减至 5%的水平。2013 年 12 月 19 日，双方贸易自由化框架下的服务与投资协议得以通过，

---

① 李文韬. 东盟区域经济一体化战略及其对 APEC 合作影响分析. 南开学报（哲学社会科学版），2012 年第 4 期.

至此东盟与印度已经达成了宽领域、全方位的经贸合作协定。

三、区域全面经济伙伴关系（RCEP）

1997 年的亚洲金融风暴使东盟经济遭受重创，东盟国家纷纷寻求建立一个以东盟为主导的区域性一体化组织。中国和日本分别于 2001 年和 2006 年提出了"10+3"（EAFTA）和"10+6"（CEPEA）的战略构想，然而由于中日之间在地缘政治与区域经济战略上的矛盾与竞争，以及两个方案在成员构成、协议目标、覆盖领域、具体合作机制等多个方面的分歧，EAFTA 与 CEPEA 的构想均未能顺利落地。2011 年 11 月，第十九届东盟首脑会议（ASEAN Summit）提出构建以自身为核心的区域性经济贸易合作协定，寻求建立以东盟为主导的"区域全面经济伙伴关系"（Regional Comprehensive Economic Partnership，RCEP），进一步整合东亚区域 FTAs 网络，试图在中国支持的"10+3"与日本支持的"10+6"两个轨道之间寻求平衡。这是 RCEP 这一概念首次被提出。[①] 根据会议通过的《东盟地区全面经济伙伴关系框架》，RCEP 将以东盟为中心，构建涵盖东盟十国与中、日、韩、澳、新（西兰）、印十六个国家的全面性、一揽子贸易与投资协议合作框架。此前，东盟已经签署了五个"10+1"自由贸易协定，RCEP 是东盟在保持自贸区体系"轴心"地位的前提下将五个 FTAs 进行一定程度的整合，并进一步在贸易自由化的深度和广度上加以深化和扩展。此外，该框架还对 RCEP 所涉及的领域、进程、开放性、透明度、经济技术合作、便利化、经济一体化、特殊和差别待遇、与 WTO 一致性和定期审查等做出了一般原则的规定，从而"通过设定全面经济伙伴的一般原则，建立由东盟主导的协议进程"[②]。这表明了东盟坚定自己在亚太地区自由贸易协定网络中"轴心"地位的根本原则，也体现出以东盟为首的亚洲国家积极推进本地区

---

① 澳大利亚外交与贸易部公报，Background to the Regional Comprehensive Economic Partnership(RCEP) Initiative [EB/OL]. http://www.dfat.gov.au/fta/rcep/rcep-background-paper-background.html.

② 东盟信息公报，ASEAN Framework for Regional Comprehensive Economic Partnership[R]. http://www.asean.org/news/item/asean-framework-for-regional-comprehensive-economic-partnership.

区域经济整合与合作的努力。2012 年下半年，东盟邀请中、日、韩、澳、新、印六国共同完成了《RCEP 谈判的指导原则和目标》[①] 的起草与制定，并于 2012 年 8 月东盟第四十四次经贸部长会议上发表了联合媒体声明，确立了 RCEP 谈判的基本指导思想和中心原则；同年 12 月，十六国首脑齐聚东亚峰会（East Asia Summit，EAS），正式拉开了 RCEP 谈判的大幕。

根据《RCEP 谈判的指导原则和目标》，RCEP 谈判始于 2013 年初，至 2015 年末完成，并最终在东盟国家与其 FTA 伙伴之间建立一个涵盖货物贸易、服务贸易、投资、经济技术合作、知识产权、竞争、争端解决和其他诸多领域的"现代化、全面、高质量与互利的经济伙伴协议"[②]。截止到 2014 年 6 月，RCEP 谈判已进行了五轮，就原产地规则、贸易便利化、非关税措施和技术标准等多个具体领域展开磋商，谈判的具体内容和进展情况参见表 5.7。

从谈判进程可知，RCEP 协定在宏观框架上同一般自由贸易协定相似，主要有以下几个特点：第一，涵盖范围广。RCEP 协议内容兼顾了货物贸易、服务贸易和投资三大传统自由化领域，并涉及了知识产权、竞争、贸易便利化等新一代贸易议题。第二，充分考虑灵活性，兼顾不同成员发展水平的差异而在协定中加入弹性条款。第三，坚持开放性，为其他非成员经济体预留了未来可能加入的空间，设置了开放条款。这样的协议有助于促使谈判进程迅速推进，早日达成共识，进而达成 2015 年底前完成 RCEP 谈判的目标；但不能忽略的是，这样的灵活性增加了开放水平低的经济体的议价空间，可能无法保证 RCEP 谈判达到预期的质量，使协议的最终成果以及在区域经济一体化中发挥的作用大打折扣。

---

① 东盟信息公报，Guiding Principles and Objectives for Negotiating the Regional Comprehensive EconomicPartnership[R]. http://www.asean.org/images/2012/documents/Guiding%20Principles%20and%20 Objectives%20for%20Negotiating%20the%20Regional%20Comprehensive%20Economic%20Partnership.pdf.
② 上海 WTO 事务咨询中心，http://www.sccwto.net/webpages/WebMessageAction_viewIndex1. action? menuid=FDAAAD4B2B89483C92A4DEEAB4640CB3&id=3a4e0fd2-b07d-4d1a-8fb2-d463b5a02eb9.

表 5.7　RCEP 谈判的进展情况

时间与地点	谈判进程	其他
第一轮 2013 年 5 月 文莱	与会代表为货物贸易、服务贸易和投资建立了一个清晰的谈判框架，设立了货物、服务和投资三个工作组，并就《RCEP 谈判的指导原则和目标》的其他议题初步交换了意见	会议发表 RCEP 谈判委员会第一次联合声明：强调东盟的核心地位；谈判将在东盟已达成的五个 FTA 的基础上进一步深化与拓展；协议旨在加强区域一体化、基础设施建设，紧密各国经济合作，实现公平的经济发展；协议将涉及贸易投资便利化、透明度及区域供应链相关条款，并适当保持条款灵活性
第二轮 2013 年 9 月 澳大利亚布里斯班	各国代表继续就货物贸易、服务贸易和投资三个领域的关键因素和 RCEP 的协议框架进行讨论，并设立原产地规则（ROO）和海关程序与贸易便利化（CPTF）两个工作组。谈判还涉及竞争政策、知识产权、经济技术合作、争端解决、以及符合《RCEP 谈判的指导原则和目标》的其他议题	
第三轮 2014 年 1 月 马来西亚吉隆坡	货物贸易：关税谈判形式，非关税措施，标准，标准技术法规合格评定程序，卫生与动植物检验检疫，海关程序，贸易自由化以及原产地规则等议题。服务贸易：RCEP 服务章节的结构和要素，市场准入的领域以及其他具体问题。投资：投资形式及该章节须包含的要素。设立了知识产权、竞争、经济与技术合作以及争端解决四个工作组	会议过程中举行了两次研讨会：1. 由马来西亚和日本组织的关于知识产权的研讨会，探讨该领域的广泛问题以及知识产权应如何进一步支撑贸易和投资；2. 由澳大利亚组织的关于服务投资领域前沿议题的讨论会

续表

时间与地点	谈判进程	其他
第四轮 2014 年 4 月 中国南宁	继续就 RCEP 的一系列议题进行密集磋商，就关税减让模式、服务和投资自由化模式和协定章节要素进行深入交流，在货物、服务、投资及协议框架等广泛问题上取得积极进展。竞争、经济与技术合作和知识产权工作组举行了第一次会议	韩国与新西兰共同发表了政府采购领域的提案
第五轮 2014 年 6 月 新加坡	在货物方面，各方重点讨论了关税减让模式、贸易救济、原产地规则、海关程序与贸易便利化、标准、技术法规和合格评定程序、卫生与动植物检验检疫措施等议题。在服务方面，就谈判模式、章节要素等问题充分交换了意见。在投资方面，就投资模式文件和投资章节要素进行了深入探讨。新成立的知识产权、竞争政策、经济技术合作和法律问题工作组也就相关议题进行了讨论	

基于对亚太地区地缘政治与区域经济一体化新态势的把握和对自身地位实力的准确定位，东盟通过推动 RCEP 实现自己的亚太战略。东盟着手构建 RCEP 主要基于下面几点考虑：第一，保证东盟在亚太区域一体化与区域经济整合浪潮中的地区"轴心"地位不动摇。在"大国平衡"战略基调下，积极应对美国重返亚太以及 TPP 对于东盟所构建的亚洲自贸区网络的冲击。第二，推进亚太区域自由贸易区合作的整合与深化。东盟利用 RCEP 来协调中国支持的"10+3"和日本支持的"10+6"，并且对东亚地区复杂的自贸区网络进行一定程度的整合，尽力降低"意大利面碗"现象

（Spaghetti Bowl Phenomenon）带来的不利影响。第三，延续了自下而上、求同存异、逐级推进和开放的地区主义的合作方式，注重从市场导向型一体化向制度驱动型一体化转变过程中的可行性、稳健性和过渡性，兼顾经济技术的合作和贸易投资自由化，从而最大限度地保持对各成员方的吸引力。[1]

四、东盟部分国家以个体身份同非成员经济体签订的双边 FTA

当东盟以联盟整体身份贯彻区域经济一体化战略、推进东亚自由贸易网络构建的同时，东盟内部的各个成员也在自身利益最大化的指导思想下积极地以个体身份同非成员国家或区域经济组织进行双边 FTAs 谈判，力求目标性、指向性更强地拓展海外市场，为本国经济的稳步前进注入外部动力，提升自身的经济实力。

表 5.8 东盟成员以个体身份签订的双边 FTA

东盟成员	FTA 协议	总计
新加坡	新西兰、澳大利亚、中国、日本、韩国、约旦、印度、巴拿马、美国、秘鲁、欧洲自由贸易联盟（EFTA）、哥斯达黎加、海湾合作委员会（GCC）	13
泰国	与澳大利亚、新西兰、老挝、日本达成全面双边自由贸易协定；与巴林、秘鲁、印度达成自由贸易框架协议	7
马来西亚	印度、日本、新西兰、巴基斯坦、澳大利亚、智利	6
越南	日本、韩国	2
文莱	日本	1
菲律宾	日本	1
印度尼西亚	日本	1
总计		31

资料来源：根据 WTO 区域贸易协议数据库资料整理，参见 http://rtais.wto.org/UI/PublicAllRTAList.aspx。

---

[1] 盛斌，果婷. RCEP 的新进展及其对中国的影响//孟夏. 亚太区域经济合作发展报告 2014. 高等教育出版社，2014 年.

　　新加坡是所有东盟成员中在与非东盟成员经济体缔结双边 FTAs 方面动作最激进的国家，其达到的效果也最显著。作为一个长久以来实行低关税的自由港，新加坡秉持贸易立国战略，在不断开拓国际市场、发展外向型经济的道路上走得最远。原因之一是最易遭受自由化冲击的农业产值仅占新加坡国内生产总值的 0.13%，因而开放给农业部门造成的冲击对其经济不会构成大的威胁。第二，新加坡是一个基于城市的微型经济体，国土狭小，人口密集，资源匮乏，本国市场空间较小。于是，积极投身双边 FTA 的签署、形成以自身为"轴心"的"轴心—辐条"体系、融入区域经济一体化的大势之中成为新加坡的必然选择。到 2014 年为止，已经同新加坡签订自由贸易协定并付诸实施的国家和地区合作组织有：新西兰、澳大利亚、中国、日本、韩国、约旦、印度、巴拿马、美国、秘鲁、欧洲自由贸易联盟（EFTA）、哥斯达黎加以及海湾合作委员会（GCC）。新加坡也是 TPP 前身（P4）的创始成员之一。加拿大和乌克兰已经同新加坡缔结双边自由贸易协定，但协议还没有开始实施。此外，新加坡同墨西哥、巴基斯坦、斯里兰卡、埃及等的贸易投资自由化谈判也在稳步推进中。

　　在东盟其他成员中，签署 FTA 数量仅次于新加坡的是泰国。纺织品和农产品对很多国家而言都是敏感产品，在不缔结自由贸易协定的前提下往往会引发一系列贸易保护性措施，而泰国的出口结构中这两类产品占比很大，这使得泰国对于双边 FTA 的谈判也持有积极态度，希望扩大海外市场，破除他国对于上述两类商品的贸易壁垒，刺激两类商品的出口。由表 5.8 可知，已经同泰国签订双边 FTA 的国家是澳大利亚、新西兰、老挝和日本，而泰国已同巴林、秘鲁和印度签署了自由贸易框架性协议，与美国、欧洲自由贸易联盟（EFTA）等经济体的 FTA 谈判也正在进行中。

　　新加坡和泰国在签订 FTA 上的积极态度和行动引发了东盟其他国家的竞相跟随与效仿。根据 WTO 统计，马来西亚已同印度、日本、新西兰、巴基斯坦、澳大利亚及智利签订了双边自由贸易协定；印度尼西亚已经同日本签订了双边 FTA，而其同 EFTA 的双边自由贸易协定已经签订但尚未实施；越南同韩、日签订了双边自由贸易协定；菲律宾和文莱也已分别同日本签订了双边自由贸易协定。^①

第三节　东盟主要成员参与 TPP 谈判的政治经济利益与制约因素

一、参与 TPP 谈判为东盟区域经济合作战略带来的挑战

正如上文的分析，参与 TPP 谈判可以为东盟带来可观的政治、经济潜在利益。然而，对于东盟来说，TPP 也是一把"双刃剑"，不能忽视加入 TPP 谈判给东盟区域经济合作战略带来的挑战。

（一）冲击"ASEAN++"轨道中东盟的中心地位

TPP 的谈判成员和覆盖区域以及 TPP 谈判条款和涉及经济贸易合作的深度均显示出，以东盟为轴心、以五个"10+1"FTAs 为辐条的初具形态的"ASEAN++"东亚区域经济合作网络的均衡状态被 TPP 的强势推进所打破。虽然东盟打出了 RCEP 这张王牌以加固东亚自由贸易区网络和保证自身的政治经济地位^②，但是 TPP 吸引了愈来愈多的东盟国家的目光，使"ASEAN++"轨道的区域经济合作中心地位的光环日渐黯淡，沦为解决区域经济一体化问题的多个备选方案之一，而非唯一。除了东盟成员，区域内其他重要经济体如中国、日本、韩国、印度等也会在一定程度上将目光转向 TPP 模式而弱化对东盟主导的 FTAs 轨道的关注，各经济体也在寻求

---

① http://www.wto.org/english/tratop_e/region_e/rta_participation_map_e.htm?country_selected= THA&sense=b.

② 2012 年 4 月 3 日，在柬埔寨首都金边召开的东盟峰会上，新加坡总理李显龙强调通过推进 RCEP 等一系列措施加快东盟参与区域经济合作步伐（http://www.cafta.org.cn/show.php?contentid=63377）。

自己的方式融入新的区域经济一体化大趋势中，或是寻求新的 FTA 网络体系中自身的"轴心"地位，或是像日本一样加入 TPP 谈判。这对一直以来致力于寻求东亚自贸区网络合作体系中心地位的东盟是一个重大打击，影响了"大国平衡"战略的实施进程，削弱了东盟集体行动的话语权，降低了其在本区域乃至国际事务中的政治经济地位。

（二）进一步陷入政治经济被美国主导的泥潭

美国作为世界头号强国以及"重返亚太"大旗下 TPP 轨道的强力推行者，对 TPP 谈判进程无疑施加着绝对的主导性影响。东盟成员中已经加入 TPP 谈判的新加坡、文莱、马来西亚、越南四国都是经济发展水平较为有限的中小型国家，在条款设定、自由化规制、过渡期限等谈判的中心议题上根本无力与美国抗衡。而且，将来实现的 TPP 质量、标准越高，这些国家就越可能在客观上加重对美国的政治和经济依赖。由于美国的力量过于强大，且在 TPP 谈判中的主导性过于强烈，东盟国家的集团性几乎无法发挥其应有的作用来与美国抗衡。于是东盟丧失了维护自身政治经济利益的唯一武器——集体行动的团体力量。在 TPP 协议实施后，参与谈判的东盟国家定会在监管制度、外部市场、外资支持、技术合作等多个领域加重对美国的依赖，导致东盟成员再投身其他区域经济合作时不得不受到美国及其盟友的一定程度的制约，这样就深陷于对美国政治经济依赖的泥潭。所以，如何尽力摆脱这种对以美国为首的经济大国的依赖性，是东盟面对的一大挑战。

（三）国内敏感产业和经济管理体制暴露于外部风险之下

作为广泛且深入涉及"下一代贸易与投资"领域的 TPP，其高质量既体现在货物和服务贸易以及投资的自由化上，还体现为在诸如知识产权保护、国内竞争环境、政府采购制度、国有企业规制等方面的高要求。[①] 正如上文分析，自由化进程中较高水平的市场准入、贸易保护壁垒的降低如

---

① 李文韬. TPP 扩员的复杂性及中国战略选择. 天津社会科学，2014 年第 3 期.

果进行得过快，会对东盟国家国内供应商造成强烈冲击，甚至可能对东盟成员经济根基造成致命威胁。而且，TPP 条款在知识产权、环境保护、国有企业、劳工标准等方面的制度规定也将导致东盟国家承担制度调整成本和经济结构变革的阵痛。

（四）增加东盟内部成员间的政治经济利益协调难度

迄今为止，东盟十个成员中只有新加坡、文莱、越南和马来西亚四个国家参与了 TPP 谈判，而经济发展水平较高的印尼、泰国，发展水平最低的老挝、缅甸以及柬埔寨等国均未加入。利益诉求的分歧和发展战略的差异必然会使得联盟内成员间的经济利益和政治利益的协调更为困难，于是在未来的区域经济合作中，以何种方式以及在哪些领域继续贯彻集体行动战略、保持用一个声音说话，是东盟必须面对的重大抉择。

东盟国家的资源禀赋结构和经济结构具有较强的相似性，除去新加坡外的其他成员的经济发展水平较为落后，而工业化目标和工业发展结构大体一致，都是重视轻工业和电子工业、装配业，但机器制造业孱弱。东盟成员基本都是以出口为导向的外向型经济，以橡胶、油气及油气产品、纺织品和电子电器为主的出口产品结构亦十分雷同。[①] 这样近似的产业结构和出口结构造成东盟成员间的产业联系不太紧密，竞争性强于互补性，经济利益分歧严重。TPP 模式一方面为参与谈判的东盟国家开辟了广阔的市场，然而也使未加入 TPP 框架的东盟成员受到相对的歧视，加剧了东盟内部的政治经济分歧，增加了联盟的离心倾向，导致组织进一步松散化。

二、东盟主要成员参与 TPP 谈判的动因及利益分析

东盟成员作为 TPP 中不可或缺的一部分，已经在推动 TPP 谈判进程中

---

① 尹宗华，李文韬. 东盟 FTAAP 战略构想的政治经济分析. 国际经济合作，总第 275 期，2008 年 11 月，第 44 页.

发挥了重要作用，尤其是新加坡、文莱这两个 P4 创始国，以及越南、马来西亚这两个东盟国家中主动参与 TPP 的"先行者"。这四国积极融入 TPP 这一"21 世纪 FTA 模板"的战略，一方面是顺应区域经济一体化的大势，另一方面则更多是基于自身政治、经济因素的考量。

（一）新加坡

作为东盟十国中国土面积最小、人口众多、资源匮乏的国家，新加坡却利用自身独特的地理位置以及天然良港的优势，秉承贸易立国的战略，成为世界上最富裕的国家之一。新加坡前总理李光耀的外交核心思想是"实用主义"，亦即新加坡的外交政策不是基于意识形态或教义，而是基于"现实需要"——保证自己国家的安全、稳定和经济持续发展。李光耀指出，新加坡在亚太地区的事务中已经并将继续"发挥启发性作用"，它对东盟和亚太地区的战略"并不矛盾"；新加坡将尽力维持东南亚地区的力量均衡，唯有如此才能维持政治、经济的良好秩序，平抑地区潜在的不稳定因素。①很明显，新加坡加入 TPP 谈判是上述外交战略的延续与实践。

新加坡在推动 TPP 的形成中起到了重要的助推器作用。2002 年 10 月，在墨西哥洛斯卡沃斯召开的 APEC 第十次领导人非正式会议期间，智利、新西兰和新加坡三国领导人宣布"太平洋三国更紧密经济伙伴协定"（P3 Closer Economic Partnership Agreement，P3）谈判正式启动。2004 年，文莱成为 P3 的观察员，并在 2005 年 4 月的第二轮谈判中成为正式谈判方。2005 年 7 月，四国签订了《跨太平洋战略经济伙伴协定》（Trans-Pacific Strategic Economic Partnership Agreement, P4），于 2006 年 5 月 28 日正式生效。P4 作为 TPP 的雏形，是一个涉及领域广泛的 RTA，内容不仅包括货物贸易的市场准入，还涵盖了知识产权、政府采购、海关程序、原产地规则、动植物检验检疫、贸易技术壁垒和贸易救济、竞争政策和争端解决机制等多个方面；它也是一个高标准的自由化协议，在货物贸易自由化协定

---

① 张骥，董立彬，张泗考. 新加坡现实主义外交论纲. 世界知识出版社，2011 年，第 67 页.

生效后，四个成员之间 90%以上的贸易产品将实行零关税，并承诺最终在 2015 年取消所有产品的进口关税；它还是一个兼具非封闭性和灵活性的协议，P4 协定中特别设定的"开放条款"明确表明 P4 欢迎亚洲环太平洋区域其他经济体的参与，这为 P4 的扩容打开了大门。这样，新加坡参与推动的 P4 以其全面性、高标准、开放性和灵活性而成为美国打造 TPP 的良好"基体"。美国介入并主导 TPP，着力将其打造为一个高标准、宽领域的 FTA 模板，也正中新加坡的下怀，大大增强了其信心，使其更加积极地参与推动 TPP 谈判进程。新加坡积极参与 TPP 的主要动因是：

1. 基于经济对外依存度高的国情，贯彻贸易立国战略

新加坡虽资源匮乏，但具有得天独厚的地理优势，有很多天然良港，交通便利，经济对外依存度较高，属于典型的外向型经济。

表 5.9　新加坡 2009～2013 年 GDP 与对外贸易额

单位：亿美元

年份	GDP	贸易额	贸易额/GDP
2009	1856	7474	403%
2010	2274	9021	397%
2011	2598	9744	375%
2012	2765	9849	357%
2013	2979	9802	329%

资料来源：根据新加坡统计局网站数据整理，参见 http://www.singstat.gov.sg/statistics/browse-by-theme/national-accounts。

由表 5.9 可以看出，新加坡贸易额同 GDP 之比在 300%～400%，虽然近年来有下滑的趋势，但平均 372%的比例还是很大的。世界经济论坛发布的《2014 年全球贸易促进报告》(Global Enabling Trade Report 2014)[①]公布了 2014 年各经济体贸易促进指数，其中新加坡位列第一，中国香港位列第二。新加坡连续四年稳居 ETI 指数排行榜首位。以其办事的高效为新加坡的对外贸易做出巨大贡献的新加坡政府，为推动贸易的便利化，在 1989 年搭建了"贸易

① 中研网，http://www.chinairn.com/news/20140409/135409524.shtml。

管理电子平台贸易网"（Trade Net），在全世界范围内尚属首例，这个贸易网将海关、安全、税务等 35 个政府部门链接在同一个网络中，为企业提供单一窗口。这样的一站式通关服务大大提高了对外贸易的效率和便利性。

表 5.10　新加坡关税水平

项　目	全部商品	农产品	非农产品
简单平均最终约束关税税率（%）	9.9	24.9	6.5
简单平均最惠国实际关税税率（%）（2013）	0.2	1.4	0.0
贸易加权平均（%）（2012）	0.4	11.8	0.0
进口（10 亿美元）（2012）	372.8	12.3	360.5

资料来源：WTO, Tariff Profile 2014.

表 5.10 为 WTO 公布的新加坡现行关税水平及进口情况。其显示，新加坡的约束关税水平处于较低水平：2013 年，新加坡简单平均最惠国实际关税税率仅为 0.2%，其中农产品税率为 1.4%，相对较高，而非农产品已经实现完全零关税，这三个指标项都远远低于简单平均约束关税税率水平。2012 年，新加坡全部进口产品的贸易加权平均税率为 0.4%，其中农产品进口贸易加权平均税率为 11.8%，远远高于已为零的非农产品进口贸易加权平均税率。

新加坡秉持贸易立国的多元化贸易战略，积极推进双边及多边自由贸易协定的构建，力求实现宽领域、高标准的贸易和投资自由化。已经在贸易立国战略的路上取得显著成效的新加坡，需要 TPP 这样一个高标准、宽领域的全新自由贸易协定来进一步促进其对外贸易的发展，其本身的开放水平已经达到较高层次，不需要再付出较大成本以取得更多的贸易红利。

2. 巩固其在"轴心—辐条"体系中的"轴心"地位

Baldwin 指出："正如每个国际经济学家都知道的，对于一个小国，最好的贸易政策就是单边自由贸易政策，但事实不止如此，对于小国来说，最好的贸易政策应该是破除自身贸易壁垒，并且签订一切可能的自由贸易协定。毕竟，只要一个国家打破了自身贸易壁垒，FTAs 的贸易转移效应就会消失，而带来更好的外国市场准入的机会。而这就是新加坡的做法。"

　　作为贸易立国战略的重要着力点，新加坡长久以来与多方签订双边或多边 FTA，致力于构建以自身为轴心的"轴心—辐条"体系。新加坡已经同全球多个国家或区域组织签署 FTA，同中国、日本、韩国、澳大利亚、新西兰、约旦、印度、巴拿马、美国、秘鲁、欧洲自由贸易联盟（EFTA）、哥斯达黎加、海湾合作委员会（GCC）签署了共 13 个 FTA，占东盟成员以个体身份签订 FTA 总数的 42%。"轴心—辐条"结构中，由于原产地规则，"轴心"国商品可以进入"辐条"国，而"辐条"国之间如果没有 FTA 存在，则不具备相互的市场准入条件；而且，产业集聚效应使得体系中"轴心"国对"辐条"国产业具有越来越大的吸引力，从而使得产业有向"轴心"国逐步集中的趋势。而随着贸易自由化程度的加深，这种轴心效应就越显著。另外，"多米诺骨牌效应"[①] 使得"非辐条"国倾向于成为"辐条"国，使得"轴心"国的中心地位具有"自我强化效应"。在区域自由贸易网络形成过程中，大国有自然获得"轴心"地位的倾向，而小国的"轴心"地位则通常是主动争取的。新加坡作为一个小国，是主动出击谋求"轴心"地位的范例。而加入 TPP 无疑对新加坡已有的高标准 FTA 具有一定的整合作用，并且，已有的地位使新加坡在 TPP 谈判中占据主动，而在 TPP 中积极、主动的姿态亦能为新加坡扩大海外市场准入机会，进一步巩固其"轴心"国中心地位，两者相互影响、相互促进。不得不说，如何协调 TPP 同新加坡已签订的低水平 FTA 的冲突是摆在新加坡面前的一个问题。但是，TPP 仍是促进新加坡 FTA 战略的重要一环。

　　3. 寻求大国势力在东南亚地区的平衡点

　　如何在亚太地区的大国博弈中谋求生存和利益，是新加坡面临的一大

---

　　① Baldwin. "The Spoke Trap: Hub and Spoke Bilateralism in East Asia," Korea Institute for International Economic Policy.

问题。新加坡脆弱的地缘政治特征为其外交、经济政策打上了深深的"平衡战略"的烙印。大国力量的均衡化可以保证任何大国都不能强制小国接受那些不符合小国核心利益的大国战略，所以，为了借助大国之间相互掣肘的力量均衡态势以维护自身的利益和安全，新加坡以"大国平衡"为其外交、安全政策的指导原则，依靠大国力量、依托多边力量涉入地区政治经济事务，但是坚持不沦为大国的附庸。① 东南亚地区越来越成为大国之间博弈的战场，尤其是随着美国"重返亚太"战略的实施，这一地区成为各方利益的交汇点，而这也是新加坡希望看到的。包括新加坡在内的东南亚国家对于中国崛起的态度是微妙的，一方面享受着中国经济发展给周边带来的红利和机遇，另一方面又不得不提防家门口这一"庞然大物"的"威胁"。所以，新加坡在欢迎美国重返亚太、借东盟国家之手制衡中国的同时，又不希望被美国"牵着鼻子走"、完全被其主导，美中关系交恶也是新加坡不希望看到的。新加坡希望借助不同的区域合作机制，使中、美、日、韩等亚太地区主要国家积极介入亚太地区政治经济事务。所以，TPP 作为广域经济一体化协议非常契合新加坡"大国平衡"战略的诉求。新加坡更期望构建一个以自身或东盟为中心的亚太地区甚至更广范围的自由贸易协定网，使新加坡的主要贸易伙伴的利益同东亚地区利益捆绑在一起。因此，扩大本地区利益相关的 FTA 网络、引导多方势力介入本地区经济事务，成为新加坡努力推进 TPP 吸纳新成员加入的重要动机。

4. 寻求稳定的资源供给

新加坡国土狭小，除了岛中部武吉知马的锡矿、辉钼矿和绿泥石等小矿藏以外，其他矿产资源匮乏，且锡矿也早已被开采殆尽，所以在自然资源方面极度依赖外来供给；另外，新加坡农业受耕地面积狭小制约，粮食依赖进口，甚至淡水也主要依靠外国的供给。② 自然资源极度匮乏，决定

---

① 李杨. 东盟四国加入 TPP 的动因及中国的策略选择. 当代亚太，2013 年第 1 期.
② 新加坡：自然资源概况. 广西钦州保税港区, http://www.qzbsg.gov.cn/zt/gzdm/ Details/0a128b30-3a7c-4757-a1be-9ce5b8a422fb.

了新加坡资源对外依存度高，这也是新加坡坚持贸易立国战略的一个重要
原因。新加坡已经在东盟自由贸易区（AFTA）内具有了一定的投资优势，
但 TPP 的高质量、宽领域以及未来的扩展前景对新加坡有着巨大吸引力，
它可以使新加坡在高质量、较严格的贸易投资自由化框架下从缔约国得到
农、林、牧、淡水资源及各种矿产资源的稳定持续的供给，为经济继续稳
步前行提供源源不断的动力支撑。

（二）文莱

文莱与新加坡国情相似，亦是国小人稠。然而，文莱的石油、天然气
资源储量丰富，数据显示，文莱已探明的原油储量为 14 亿桶，天然气储量
约为 4000 亿立方米，是东南亚第三大产油国、世界第四大液化天然气出口
国。[①] 但是，文莱产业结构单一，经济极度依赖石油天然气的出口，基本
生活用品及生产资料几乎全部依赖外部供给。我国外交部网站的数据显示，
油气产业约占文莱 GDP 的 67% 和出口总收入的 96%。[②]

表 5.11 显示出，虽然文莱的贸易额与 GDP 之比小于新加坡，但是平
均值 94% 仍处于较高水平，且这一比值基本上是逐年增长的。这表明文莱
的对外贸易依存度是较高的。

表 5.11　文莱 2009～2013 年 GDP 与对外贸易额

单位：百万美元

年份	GDP	贸易额	贸易额/GDP
2009	10732	9649	89.91%
2010	12370	11445	92.52%
2011	16691	16094	96.42%
2012	16954	16573	97.75%
2013	16111	15060	93.48%

资料来源：根据世界银行以及 WTO 数据库整理。

---

① 中国驻文莱使馆经商参处. 文莱实施经济多元化发展战略. 中国经贸，2014 年第 10 期，第 29～
30 页.

② 文莱国家概况. 中华人民共和国外交部网站，2012 年 8 月，http://fmprc.gov.cn/article/ztdy/201212/
20121208501100.shtml.

　　文莱作为 P4 的成员之一，也是 TPP 的发起国，在 TPP 谈判进程中起到了一定的推动作用。其参与 TPP 的主要动机有：

　　1. 与新加坡联系紧密，紧随新加坡步伐

　　文莱与新加坡具有相似的国情，双方具有密切的政治经济联系，所以从 P4 开始，文莱以新加坡为基准，紧跟新加坡步伐，成为 TPP 的创始国之一。新、文两国在经济上具有较强的互补性，所以双方建立了长久密切的经济关系。第一，在东盟各成员中，文莱最大的贸易伙伴是新加坡。根据文莱经济规划发展局发布的 2011 年统计数据，2011 年文莱进口价值 36 亿文元（约合 29 亿美元），进口来源地主要为东盟国家，而来自新加坡的进口额最高，为 8.57 亿文元，占总进口额的 24.31%。① 第二，自 1967 年起双方即开始实施货币等值互换协定，至今已实行近七十年。新加坡总理李显龙曾指出，双方以一兑一的汇率促进双方货币在对方国家的自由流通，可以降低汇兑风险，维持币值稳定，促进双边贸易投资的便利化，削减两国企业和投资者的成本，也有利于刺激旅游业的繁荣。② 第三，文莱是新加坡的重要油气供应国，并且新加坡是文莱石油天然气出口的主要转口基地，新加坡给予文莱先进的技术支撑；而且，新加坡是文莱的贸易港口中心，文莱把大多数剩余资金投向新加坡或依托新加坡这一国际金融中心向海外投资，两国在经济高度互补的条件下经济贸易联系十分紧密，实现了协同发展。③

　　2. 依托 TPP 促进经济多元化战略的推行

　　经济结构单一、过度依靠油气出口是一直以来困扰文莱的难题。因此，文莱于 1984 年启动多元化发展战略，降低油气产业比重，尽力推动产业结构多元化。该战略的重点从 20 世纪 80 年代中期到 90 年代初期的工业和农

---

　　① 文莱 2011 年对外贸易情况简述. 中华人民共和国商务部网站，2012 年 12 月 27 日，http://bn.mofcom.gov.cn/article/ztdy/201212/20121208501100.shtml.

　　②. 李显龙：货币等值协定是新加坡与文莱关系重要基础. 中国新闻网，2007 年 6 月 29 日，http://www.chinanews.com/.

　　③ 邵波. 试析文莱对外关系的特点. 东南亚纵横，2010 年第 12 期.

牧业，转移至 20 世纪 90 年代中期的资本再生开发、开展境外投资、促进国内中小企业成长等。[①] 近年来，文莱政府在综合考量当代世界政治经济格局后，又将其战略着眼点调整为：加大吸引外资力度，培育地区国际金融中心，大力发展旅游业，加大对农业投入，推行私有化，保证能源产业健康可持续发展等。文莱对外经济贸易战略的纲领之一是"支持开放、基于规则以及非歧视性的多边贸易体系"，并将 WTO、"开放的地区主义"和自由贸易协定作为对外贸易的三个战略支撑，其核心原则为"促进经济的显著多元化"[②]。于是，TPP 就成为文莱着力推进经济多元化战略的重要抓手。TPP 可以给文莱提供广阔的市场、丰富的资源、先进的技术以及管理经验，吸引更多的跨国公司对文莱的非油气领域进行投资。

3. 配合美国亚太战略，积极参与美国主导的 TPP

发展与美国的友好关系是文莱的一贯作风。1988 年，文莱将三家石油公司特许权给予美国，允许美国对文莱近海一处 9 万公顷（1 公顷＝1 万平方米）海域的石油资源进行勘探。[③] 美国于 2009 年宣布"重返亚太"，需要在东南亚进行战略部署，文莱允许美国使用其军事设施，并同意美国海军进出文莱海港。[④] 此后，双方政治互信等级不断提升，经济联系也日趋紧密。对于美国的"重返亚太"，作为盟友的文莱是非常支持的，美国为其带来的政治和经济方面的直接或潜在利益也使文莱甘愿在 TPP 框架下对美国唯命是从。作为回应，美国也表示大力支持文莱的 TPP 政策，即使美国政界和商界对文莱的知识产权保护持批评态度，且文莱登上了国际知识产权联盟（International Intellectual Property Alliance，IIPA）的监视名单。文莱苏丹曾在 APEC 会议期间向美国表达了需要更多时间来达成 TPP 的高标准的意向，对此美国做出积极回应，表示将给予文莱技术支持，协助文莱

---

① 文莱投资贸易专刊. 中国—东盟商务理事会，2010 年 5 月 15 日，http://www.china-aseanbusiness. org.cn/details.asp?id=3267.

② 文莱外交与贸易部网站，http://www.mofat.gov.bn.

③ 邵波. 试析文莱对外关系的特点. 东南亚纵横，2010 年第 12 期.

④ 鞠海龙. 文莱海洋安全政策与实践. 世界经济与政治论坛，2011 年第 5 期.

排除阻碍，并盛赞文莱是"在美国与东盟加深联系中帮助最大的国家"。①

（三）越南

越南作为所有 TPP 成员中人均 GDP 最低的国家，具有脆弱的经济和制度基础，与 TPP 的高标准具有较远的距离，但是这并没有阻碍越南寻求加入 TPP 的步伐。2008 年 9 月 22 日，美国贸易代表施瓦布（Susan C. Schwab）宣布美国将就加入 TPP 与 P4 国家进行谈判。仅仅两个月后，越南紧跟美国步伐宣布加入谈判；2010 年 11 月 14 日，APEC 峰会结束后，TPP 的 9 个成员的领导人在横滨举行会谈，越南正式成为 TPP 的成员之一。另外，2011 年 6 月，越南作为第七轮 TPP 谈判的主办方，进一步提升了在 TPP 成员中的影响力。据《越共电子报》，越南方面的谈判团团长由工贸部副部长陈国庆担任，参加代表团的越南政府部门非常多，包括工贸部、外交部、财政部、计划投资部、农业与农村发展部、通信传媒部、科学技术部、文化体育与旅游部、司法部、资源环境部、越南国家银行、劳动荣军与社会部等多个部门②，足见越南对 TPP 谈判的重视。

表 5.12   越南现行关税平均水平及进口金额

项目	全部商品	农产品	非农产品
简单平均最终约束关税税率（%）	11.5	19.1	10.4
简单平均最惠国实际关税税率(%)(2013)	9.5	16.2	8.3
贸易加权平均（%）（2012）	5.4	7.7	5.2
进口（10 亿美元）（2012）	113.4	10.1	103.4

资料来源：WTO, Tariff Profile 2014.

然而，TPP 是一把双刃剑，加入这样一个高标准的区域贸易协定会给越南带来很多风险。首先，越南事实上很难享受到低关税的贸易促进效应。纺织品、鞋类、水产品和家具是越南出口至美国的主要商品，但这些商品

---

① 唐奇芳. 浅析东盟国家 TPP 政策. 和平与发展，2012 年第 4 期.
② 越南参加《跨太平洋经济伙伴关系协定》第五轮谈判. 中国驻越南大使馆经济商务参赞处，http://vn.mofcom.gov.cn/article/jmxw/201102/20110207401763.shtml.2011/02/16.

或者已经在美越商定的免税商品之列,或者被纳入高征税范围,并不在 TPP 免税清单之中。"原产地规则"也是越南享受到 TPP 优惠待遇的一大阻碍。例如,美国在纺织品进口中秉持"纱线优先"的原则,即要求进入美国市场的服装等纺织品,原料上从纱线到布料的生产、加工上从裁剪到缝制的流程都必须在参与 TPP 的经济体境内完工。[①] 然而,对于工业系统尚不成熟、进出口贸易失衡的越南来说,虽然纺织品出口量很大,但是其生产用的纱线、布料等原料却不得不从中国大量进口,因此越南无法获得 TPP 条款中的关税减免的待遇。其次,市场开放会对越南国内产业结构和经济制度产生巨大的冲击。比起其他 TPP 成员,越南经济的保护性更强,国有企业运营透明度低,而且能享受政府补贴,更容易拿到银行的低息贷款。一旦全面放开国内市场,国有企业将遭受巨大冲击,可能导致大量破产,进而危及国家经济根基。另外,美国在 TPP 谈判中也就人权问题向越南施压。在最近几次 TPP 谈判中,美国逐渐把人权状况作为迫使越南让步的筹码。尽管越南承认自身问题并承诺解决人权问题,但越南高层对美国隐藏在"人权"大旗之后的"颜色革命"阴谋也开始警觉。

在上述层层阻力之下,越南仍选择加入 TPP,它的主要动机有:

1. 进一步融入经济全球化,参与多边贸易自由化

作为 TPP 成员中最晚加入 WTO 的国家,越南享受多边贸易自由化带来的福利也不尽如人意。从 2007 年正式加入 WTO,越南国内生产总值年均增长率约为 6.5%,与入世之前的五年即 2002～2006 年相比,平均增长率下滑了 1.3%。其中,服务业增幅为 7.5%,与前五年增长率基本持平;工业和建筑业的增幅仅为 7%,比前五年下滑 3.2%;而社会总投资增幅为 8.3%,与前五年相比下滑严重,降低 5.1%。[②] 于是越南在转向双边 FTA 战略的同时,寄希望于 TPP 这一全新的多边贸易投资自由化框架,以期进

---

① 褚浩. TPP 扩容的"越南筹码". 中国经营报, 2012 年 7 月 16 日,第 A12 版.
② 越媒称越南入世五年未达预期目标. 中国商务部网站, 2012 年 8 月 8 日, www. Mofcom. gov. cn/aarticle/i/jyjl/j/201208/20120808274862.html.

一步融入经济全球化。另外，以美国为首的发达国家并不认为越南是市场经济国家，这促使越南通过签署 FTA 来争取协议方对其"市场经济"地位的认可，并且这也是越南加入 TPP 的重要目标。

2. 扩大出口，改善贸易收支失衡状况

虽然越南的出口贸易结构正在积极转型，但是其出口商品构成仍呈现失衡的态势。由于多年来倚重出口加工业和进口替代工业的发展，越南仍需进口大量的原材料，尤其是服装、鞋类的原材料以及相应的辅助材料。2011 年仅原材料、设备、机械进口值就达 876 亿美元，同比增长 22.5%。对于一直致力于改善其贸易收支平衡状况的越南来说，如果这种情况短期内得不到改观，贸易逆差缺口就不能得到有效弥合。

越南政府于 2012 年 1 月初正式批准《2011～2020 年货物出口定向及至 2030 年货物出口战略》[①]。该战略的总体目标为，到 2020 年时越南的商品出口总额要达到 2010 年出口总额的 3 倍以上，并保持进出口贸易收支的平衡。具体目标还指出，2011～2020 年年均出口增长率为 11%～12%；2011～2015 年年均增长 12%；2016～2020 年年均增长 11%；2020～2030 年力争保持 10%的增速，从而逐步使进口增长率低于出口增长率，以降低贸易逆差。该战略还提出，以后越南的出口模式要朝着合理、可持续增长、扩大出口、重视提高出口产品附加值的方向发展，并且提出了以燃料、矿产品、农林水产、加工制造产品和高新技术产品五类商品为主要出口发展方向。[②]

根据该商品进出口战略规划，为改善越南的贸易平衡状况，较好地控制贸易赤字，越南政府决定加入 TPP，促进出口结构优化和多元化，积极培育新的出口市场和新的出口贸易增长点。

---

① 2011～2020 年阶段越南商品进出口战略. 越南中央政府门户网站，http://cn.news.gov.vn/Home/.
② 吕余生. 越南国情报告（2012）. 社会科学文献出版社，2012 年.

3. 促进"革新开放"，利用 TPP 高标准倒逼国内经济制度改革

越南的经济环境颇受诟病，主要是国有企业占比过大的问题。据越南统计总局的统计，2012 年，越南共有 1039 家国有全资企业，占有 40% 的生产资金、30% 的信贷和 45% 的资产，使用国家财政资金达 350 亿美元，然而其总产值仅为 GDP 的 30%。① 据《越南新闻》报道，越南已在 2011~2013 年对 180 家国有企业进行了股份制改造，国有全资企业数量减少到 949家。按照《2011~2015 年国有企业重组计划》，到 2015 年，越南还有对 432家国有企业进行股份制改造的任务尚未完成。② 由于国内利益集团的抵触甚至阻挠以及有关法律法规及监管政策的不完善，越南国企改革的进度不尽如人意。在此背景下，冒着全面开放带来巨大挑战的风险，越南期望通过 TPP 这种高质量贸易协定的倒逼机制促进国内经济体制改革，完善投资环境，优化产业结构。不仅仅限于国企改革，改革领域也涵盖了知识产权保护、劳工权益、开放网络传输等领域，因而越南在 TPP 谈判进程中的基本目标是尽力争取到具有充分灵活性的条款，为自己争取尽可能多的改革时间。

4. 拉近与美国的合作关系以制衡中国

20 世纪 80 年代中期以来，"修复并深化与中国的关系""通过加深与美国的关系来平衡中国的影响"③成为越南始终贯彻的对外政策指导思想。面对中国的日益强大，尤其是 CAFTA 达成后中国在东南亚地区事务中影响力的日渐提升，以及在南海问题上中国给越南施加的压力，越南认为应拉近与美国的合作关系，强化美国在东南亚地区事务中的作用。

自 2001 年《美越双边贸易协定》（BTA）生效后，双方的经贸联系日

---

① 越南公共投资改革面临诸多困难. 中国商务部网站，2012 年 8 月 22 日，http://www. Mofcom. gov.cn/aarticle/i/jyjl/j/201208/2012080829982.html.

② 越南将加快国有企业股份制改革. 中国商务部网站，http://www.mofcom.gov.cn/article/i/ jyjl/j/201403/20140300505605.shtml.

③ Marvin Ott, "The Future of US-Vietnam Relations," quoted from "The Future of Relations between Vietnam and the United States", SAIS, Washington, D. C., October 2-3, 2003. 另外两个方面是"通过市场化改革优先发展经济"和"同东南亚国家建立并保持友好的经济伙伴关系与外交关系"。

益密切。根据越南《投资报》网站报道，美国驻越南大使馆于 2011 年 12 月 8 日在《美越双边贸易协定》生效 10 周年的纪念活动上宣称，BTA 的实施极大促进了美国同越南的经济伙伴关系，美越的贸易额在 10 年内翻了 10 多倍。① 两国间的贸易流量从 2001 年的 15 亿美元跃升至 200 多亿美元。2011 年美越贸易额为 214.6 亿美元，是 2001 年的 10 倍多；其中，越南自美国进口额为 45.3 亿美元，对美国出口额为 169.3 亿美元，贸易顺差 124 亿美元。

美越关系的回暖不仅体现在经济和贸易方面，还体现在政治、安全战略等方面。自美国 2009 年开始实施"重返亚太"战略以来，两国外交互动、军事交流与合作愈发频繁。美国逐步引导越南在 TPP 轨道中同美国做"完全的伙伴"，越南亦顺应这一趋势，企图借 TPP 之机配合美国"重返亚太"，来牵制日益崛起的中国。②

（四）马来西亚

马来西亚秉持出口导向的贸易立国战略，保持高开放度的对外贸易。从东南亚地区乃至整个东亚地区来看，马来西亚贸易的开放度居于第三位，居于中国香港和新加坡之后。

日本于 2011 年对外宣布其初具加入 TPP 的意向之后，马来西亚的态度变化有些微妙。马来西亚总理纳吉布在 APEC 夏威夷会议期间表示："原则上赞成，但不希望因此拖延谈判进度"，"不可能就已达成共识的事项重新磋商"。他还重点强调说："许多意见认为谈判应于明年（2012）7 月达成妥协。"③ 可以看出，马来西亚真正关注的不是 TPP 的扩容，而是协议达成的时间。实质上，尽快同美国达成一个双边 FTA 是马来西亚的最终目

---

① 美越贸易额十年增长了十多倍. 中国驻越南大使馆经济商务参赞处，http://vn.mofcom.gov.cn/article/jmxw/201112/20111207874113.shtml.2011/12/12.

② Mark E. Manyin, "U.S.-Vietnam Relations in 2011: Current Issues and Implications for U.S.Policy", Congressional Research Report, July 26, 2011.

③ 马来西亚总理希望避免因日本加入影响 TPP 谈判进度. 共同网，2011 年 11 月 13 日，http://china.kyodonews.jp/news/2011/11/19834.html.

的。由历史沿革可知，马来西亚由马哈蒂尔所提出的"东亚共同体"的忠实推进者转变为现今的 TPP 参与者，其动机主要有以下几方面：

1. 加入 TPP 以取得同美国达成 FTA 的效果，进一步扩大对外贸易

2008～2011 年间，马来西亚已经与其前五大贸易对象（中国、新加坡、日本、美国和泰国）中的四个缔结了双边自由贸易协定，唯独没有同美国签署任何区域贸易安排或自由贸易协定。马来西亚同美国的双边自由贸易协定谈判事实上从 2006 年就开始了，但是因在服务贸易、政府采购、竞争政策、劳工权益等一系列问题上一直存在分歧，在经过八轮艰难的谈判后双方止步于 2009 年底。于是，马来西亚希望借助加入 TPP 谈判的契机重启与美国的 FTA 谈判，以获取美国甚至更广阔市场的准入机会，进一步提振石油、可可产品、钟表、金属制品、纺织品、服装与鞋类等行业的对外出口。

2. 促进贸易政策转型，为本国经济转型提供动力

在包括东盟其他成员在内的几乎所有国家都掀起一股 FTA 热潮的时候，马来西亚采取了冷静观望的态度，也唯恐联盟成员以个体身份缔结双边 FTA 可能会给非成员留下打入联盟内部的"后门"。但目睹诸多 FTAs 给缔约方带来了福利效应，以及因落后于 FTA 的大势导致自身出口产品竞争力相对下降，马来西亚对其贸易政策做出了相应调整，开始参与到 FTA 中来。贸易政策的调整也伴随着本国经济模式的调整，1997 年以来，马来西亚经济增速大幅下降，除了受到金融危机及其导致的经济衰退的影响，马来西亚的经济发展模式对其经济增长起了很大的限制作用。因此，总理纳吉布在 2010 年 10 月推出了《新经济模式方案》，加大农产品、石油天然气能源等 12 个领域的开放，为马来西亚 2010～2020 年的经济发展做出了战略性规划，以实现经济模式优化升级这一终极目标。马来西亚加入 TPP，不仅可以刺激出口、引进外资和先进的管理经验及高端技术，还可通过高标准的协议拉近与位于地区产业链上游的发达国家的差距，优化经济环境，促进市场公平发展，加速管理制度模式的革新，充分调动私有部

门的积极性，为已有改革提供来自内部和外部的新能量，提升国家的总体竞争力，加速马来西亚经济与亚太地区乃至世界的接轨。

3. 摒弃反美路线，重塑同美国的双边关系

纳吉布 2009 年就任马来西亚总理后摒弃了马哈蒂尔时代的反美路线，着手同美国修复关系，双方高层互动愈发频繁：纳吉布上台后三次访美并会晤美国总统奥巴马，时任美国国务卿希拉里和国防部长盖茨于 2010 年 11 月访问马来西亚。并且，马来西亚在国际事务或区域争端问题上多次站在美国一边，对美国表达支持，并不断寻求同美国发展、深化全新的伙伴关系。因而，马来西亚在 TPP 问题上也选择加入谈判，配合美国的亚太战略。马来西亚配合美国"重返亚太"的行动以及不断同美国深化关系的动作得到了美方的肯定。在美国国防部 2010 年发布的《四年防务评估报告》中，美国表示将马来西亚视作"可预期的战略伙伴"，宣称美国有与马来西亚"发展新的战略关系"的意向。[①]

第四节　东盟主要成员因素对未来 TPP 谈判进展的影响

一、东盟主要成员对 TPP 谈判进程的阻力

TPP 作为高质量、严标准、宽领域的新世纪贸易自由化协议"模板"，借助美国的推手正在亚洲环太平洋地区稳步推进，它涉及领域十分广泛，不仅涵盖金融服务、电子商务、投资、环境和劳工标准等议题，还吸纳了国有企业、规制一致性、中小企业等其他 FTA 中一般鲜有涉及的较为深入

---

① 马来西亚总理希望避免因日本加入影响 TPP 谈判进度. 共同网, 2011 年 11 月 13 日, http://china. kyodonews.jp/news/2011/11/19834.html.

的领域。然而，由于东盟国家整体经济实力及贸易自由化进程相对 TPP 的高要求有一定差距，所以它们在参与 TPP 谈判的进程中不可避免地给谈判的顺利进行带来一定阻力。对于东盟整体来说，知识产权和国有经济是比较敏感的议题。

（一）知识产权

东盟国家与美国等发达国家在 TPP 谈判中的一个重要分歧点是知识产权问题。在自由贸易协议谈判进程中，美国将包括关于知识产权的规定称为 "TRIPS+"，因为它们在 WTO 的贸易有关的知识产权（TRIPS）协议的基础上具有更高的保护水平。在 TPP 谈判中，美国坚持的严苛的知识产权保护条款使曾经上过美国贸易代表办公室（Office of the United States Trade Representative，USTR）发布的《特别 301 报告》黑名单的越南、文莱、马来西亚、菲律宾等东盟成员感受到些许不安。侵权泛滥的越南清楚地认识到，TPP 空前严苛的知识产权条款会让本国不符合知识产权保护条款的企业受到致命打击。马来西亚槟城消费者协会主席伊德里斯曾经在《星报》（The Star）上公开指出："当政府补贴药品的能力受到财政赤字施压时，美国的提议可能会提高马来西亚的药品价格……让农民投入更昂贵的成本。"[①] 虽然有一些国家已经同美国签订含有 "TRIPS+" 的自由贸易协定，但是这些 "TRIPS+" 之间某些条款是冲突的，比如新加坡同美国的自由贸易协定中并没有对平行进口加以约束，但是美国倾向于在 TPP 协议中增加约束平行进口的有关条款，这也许会遇到来自新加坡等的阻力。可以预见，TPP 现阶段的谈判距离达成一个各方都满意的知识产权保护标准还有很长的一段路要走。

（二）国有经济

国有企业问题也是 TPP 谈判中的一个分歧焦点，它实质上是市场公平

---

① PIJIP: Legal Scholars Release Critical Analysis of U. S. Proposals for Intellectual Property and Pharmaceutical Chaptersof the Trans Pacific Partnership, http: //infojustice.org, 2012-10-13.

竞争问题。发达国家认为政府给国有企业提供补贴、低息贷款和优先进入政府采购的机会等一系列优惠待遇不符合市场经济精神，会使私有经济受到不同程度的冲击，使市场不能通过充分的竞争来进行有效的资源配置。美国在 TPP 协议中所倡导的针对国有企业的政策，主要是希望海外企业的进入能享受到国民待遇，本着非歧视、公平透明原则，与东道国的国有企业公平地竞争。

　　由表 5.13 可以看出，东盟四国国有经济对其国民经济都有重要影响，因而其与 TPP 的相关标准也就有较远的距离。对于新加坡来说，国有经济规模很大，而且国有企业在实际经营中受到政府的暗中支持和照顾，所以，新加坡在该议题谈判中会持审慎、保守态度；马来西亚国有经济在国民经济中地位重要，涉及领域广泛，受政府优惠较多但竞争能力不强，因此，马来西亚在谈判中必然持消极态度；而对于越南来说，国有经济主导经济命脉，且倚重于国有经济推进国家经济的发展转型和持续增长，未来有进一步加大国有经济比重的趋势，因此越南在谈判中必然要求进行例外处理，对部分高标准条款持较强的反对态度；文莱实际上完全依赖国有经济，但其国内体制特殊，而且谈判地位有限，因此在 TPP 谈判中会见机行事。

表 5.13　东盟成员中参与 TPP 的四国的国有经济情况

成员	国有经济规模	国有经济集中领域	国有企业发展概况	国有企业管理体制
新加坡	对 GDP 的实际贡献率超过 60%	电信、能源、供水供气、港口、住房和工业用地开发、广播电讯、建筑工程、部分重工业等	• 在新加坡经济中占主导地位 • 以营利性的市场化经营为主，在国内和国际上广泛开展业务 • 多数大型国有企业由财政部全资公司新加坡淡马锡控股有限公司持有并管理	• 国有企业的管理框架由法定机构、政府控股公司和国联公司三个层次构成，彼此的管理职能相分离 • 和非国有企业平等地参与市场竞争

成员	国有经济规模	国有经济集中领域	国有企业发展概况	国有企业管理体制
马来西亚		航空、机场、化工、建筑等工业领域，以及交通、能源、电信、金融等服务领域	• 国有经济在国民经济中地位重要 • 国有企业分为两类：一类是由财政部投资的国有企业（GOC），由 MOF INC 公司管理，政府对此类企业主要采取政策性控制。另一类是由代表联邦和州政府的各种基金管理投资机构投资的企业，亦称为官联企业（GLC）。目前，共 34 家官联企业由马来西亚国库控股公司（KHAZANAH）负责管理。此类企业以营利为目的，投资方式以资本运作为主，分布在石油、交通、港口、机场、通信、污水处理、高技术开发等领域，规模较大，投资收益较高 • 目前正在以促进国有经济生产力提高为核心实施国有企业转型计划	• 马来西亚的国有企业主要由财政部、行业部门或机构联合监管，重大问题提交内阁决定 • 国有企业享受教育、住房、劳务、商业许可、政府采购合同、政府授权、银行信贷等方面的优惠 • 针对国有企业采购的管理措施类似于针对政府机关的采购管理措施，鼓励采购国内产品
越南	国有企业的年产值约占越南国内生产总值的 40%～46%，占越南全国工业产值的 65%～70%，约占越南全国服务业产值的 50%	交通运输、邮电、长途通信、金融、银行和保险业等	• 国有企业普遍规模较小，且多数企业生产设备和工艺落后，产品质量差，在国内外市场上的竞争力弱 • 国有企业生产效益低下，只有约 40% 的国有企业是盈利的 • 越南国有经济的发展速度快于整个国民经济的发展	• 国有经济正在推进市场化、公司化和股份化改革，市场化改革基本完成 • 对国有企业分清是公益性企业还是经营性企业。对公益性企业，国家提供 100% 资金，制定

成员	国有经济规模	国有经济集中领域	国有企业发展概况	国有企业管理体制
越南	越南国家财政收入的55%来自国有企业（不算与外国联营的国有企业）			经营计划，健全企业财务制度，投资更新设备和技术；对于经营性企业，则进行股份制改造，国家只掌握一定比例的股份（国家保留支配股份或特别股份） • 继续革新国有企业的管理机制，鼓励发展国有大型公司
文莱	对 GDP 的实际贡献率应超过70%	石油、天然气、几乎所有的制造业领域	• 文莱经济几乎都由王室和政府掌控 • 政府在文莱壳牌石油公司和文莱液化天然气公司中都占有50%的股份，从而掌控国家经济命脉 • 文莱 Semaun 控股集团在几乎所有制造业领域都处于垄断地位	• 所有企业都是股份制公司形式，政府主要以控股形式掌控国有经济 • 政府部长直接担任公司董事会成员

二、RCEP 对 TPP 的竞争性

美国 2009 年高调宣布"重返亚太"并且以强力打造 TPP 这一高标准广域经济一体化协议为棋子推进其亚太战略，这掀起了亚太区域经济一体化的新浪潮。作为在亚太区域经济一体化的浪潮中争取"轴心"地位的东盟，当然不能坐视不理。2011 年 2 月，在内比都举行的第十八届东盟经济部长会议上，与会各方代表积极研讨了怎样同区域内经贸联系密切的经济体共同建立一个全面的 FTA，会议的最终结果是达成了关于构建 RCEP 的

一个草案。紧接着在 2011 年 11 月的第十九届东盟峰会上，东盟正式提出了广域一体化组织 RCEP 的概念，并且，在本次会议上，各方代表均明确表示愿意携手建立 RCEP 以推动东盟与对话经济体之间的广泛性 FTAs 协议。虽然利益相关各方均未明确表明 TPP 与 RCEP 的竞争关系，但参与方存在利益冲突、协议约束力和一体化标准不同、谈判推进的原动力和"主导"目标有差异等导致两者的竞争性是不可避免的。TPP 完全由美国主导，而美国强力推进 TPP 并非出于单纯的经济目的，更多是基于政治的考量；而 RCEP 则是单纯以推进区域经济一体化合作为目标，在协调中国所支持的"10+3"轨道与日本所支持的"10+6"轨道的同时，促进东亚地区 FTAs 网络的衔接与融合，力求降低"意大利面碗"现象的不利影响。所以，在 TPP 这样高标准的规则之下，对于经济发展参差不齐和国家开放水平较为有限的东盟地区来说，享受 TPP 带来的经济福利并非易事，反而要接受美国的主导，在大国博弈的夹缝中求得并不十分可观的经济利益，而且要承受相当的变革成本。从这个角度来说，RCEP 可以借助东盟整体的力量，利用周边各经济体间的互补型比较优势，联合包括中日韩在内的不同层次国家和地区，推动区域经贸合作，最终实现构建亚太自由贸易区的美好愿景。这一轨道无疑对发展中的中小型经济体具有更大的吸引力。

三、TPP 轨道下东盟区域经济一体化战略未来动作的预判

作为亚太经济一体化的重要推动力量，东盟已经而且正在依靠自身的力量在区域经济整合中扮演重要角色，在区域内以至于世界上占有十分重要的地位。可以判断，面对 TPP 在亚太地区的强势推行，东盟将坚持"大国平衡"的战略不动摇，抓住机遇，迎接挑战，以提高自身实力、增强内部凝聚力为着眼点，继续在亚太经济一体化中贡献自己的力量。

（一）继续贯彻"大国平衡"战略

已取得一定成效的"大国平衡"战略，作为东盟推动区域经济整合进

程中的一贯立场将会得到坚持。这有其深刻的政治经济原因。第一，作为发展中的中小国家联盟组织，东盟国家无法忘记曾经受到列强欺压的历史，因而它们的主权意识根深蒂固，竭力争取独立发展，从骨子里不希望受外部大国的主导与操控，对大国插手区域政治经济事务的霸权主义持有自然的抗拒态度。而且，东盟成员更乐于接受东方式的国家主导的经济发展模式作为自己的主流经济发展道路，所以对 TPP 框架所推行的西方式的完全自由资本主义道路心存疑虑，唯恐经济的过度开放会撼动国民经济的根基。而且，TPP 框架已经越过传统层面的贸易自由化、经济一体化合作，开始延伸至政府管理体制和价值观的层面。东盟国家坚决拥护东方价值观的态度是不可动摇的，所以在意识形态层面同以美国为首的西方发达经济体存在较大分歧。① 因此，即使越来越多的东盟国家对 TPP 表现出兴趣，甚至有四个国家已然加入 TPP，但东盟作为整体仍然坚持"大国平衡"战略不动摇，不与任何一个地区大国走得过近，坚持不沦为美国的附庸力量，在大国之间的博弈中谋求自身经济利益，保证联盟在区域和国际事务中稳占一席之地。

（二）坚持集体一致的行动方式，同时保持适当灵活性

在地区经济政治事务中用同一个声音说话、以集团姿态参与亚太地区事务已然是东盟的成功经验，也是东盟在大国政治经济利益分歧显著、冲突不断的形势下利用自身力量维护自身地位、争取成员利益的唯一途径，并且也会被东盟坚持贯彻下去。毋庸置疑，综合实力更强大的一方会在贸易自由化的进程中获益更多。所以，唯有保持集体行动的方式，东盟才可能在与大国的博弈中确保自己拥有相对平等的谈判机会，维护自身权利，争取自身经济政治利益。

然而，东盟在坚持集体行动时也保持了一定的灵活性，对于东盟部分成员以个体身份与非联盟成员经济体缔结双边或多边 FTA 采取了宽容的

---

① 盛斌，殷晓红. APEC 发展的政治经济分析. 南开大学出版社，2005 年，第 165 页.

态度。而对于部分成员以个体身份参与 TPP 谈判，东盟也秉承了"自主自愿原则与平等原则"。虽然东盟基本不可能以联盟整体的身份参与 TPP 谈判，但这也不表示所有的东盟成员都会在第一时间成为 TPP 谈判缔约方的机会面前无动于衷。东盟充分考虑和兼顾了联盟成员的内部差异性：经济发展水平较高且对市场开放的冲击具有一定抵御能力的成员可以积极参与到 TPP 之中，比如新加坡、文莱、越南、马来西亚四个加入 TPP 的"先行者"；而发展水平较低、对市场开放冲击较为敏感的成员，对 TPP 持有保守的态度。

（三）重视宽领域、全方位的区域经济一体化合作

涉及全方位、覆盖宽领域是高质量 FTAs 的显著特征，也是东盟推动区域经济合作的明确目标。作为一个发展中中小国家联盟，东盟却在着手构建高水平、宽领域的区域经济一体化合作框架的道路上前行甚远，已签订的自由贸易协定条款规制涉及多元领域，除商品、服务贸易自由化外，还涵盖了投资自由化、贸易投资便利化及边界内措施等议题。这与东盟希望借助推动区域经济合作来进一步加速内部产业结构的调整和经济制度的转型升级，进而全面提升自身经济实力的战略目标高度一致。在未来的区域经济合作中，东盟仍会继续在农业、金融、投资、交通、信息通信、人力资源开发、基础设施建设、旅游、次区域经济合作等领域拓展与其他国家和地区的合作，而技术合作是东盟在新的经济合作中的重要着眼点。东盟相信，科技水平的落后从根本上解释了东盟国家经济发展水平落后于发达国家这一事实，而缩小这一差距的根本途径是推动东盟与发达国家的技术合作，引进先进技术和管理经验。近年来，东盟致力于推动教育发展和科技进步，通过促进技术研发能力的提升来刺激经济进一步高质量增长，其中人力资源的开发和高新技术的研发利用是东盟推动经济技术合作的重要落脚点。

（四）兼顾自由贸易协定和非约束区域合作论坛两种模式

在享受了约三十年的经济高速发展福利后，虽然联盟的经济水平显著提高，但联盟内部国家之间在政治、社会、经济、文化等层面的差距依然十分显著。因此，东盟在融入区域经济整合进程中，应重视成员差异，强调平等互利，注重自由化进程的渐进性，坚持在理性定位自身经济实力的基础上选择制度约束化的 FTA 方式或 APEC 等非约束性论坛方式推进合作。这种渐进、多元化的模式可以逐步使内部成员经济平衡发展，尽量缩减差距，以求更好地适应竞争激烈的国际市场，增强自身凝聚力及经济实力。也就是说，在参与作为"21 世纪 FTA 模板"的 TPP 的同时，东盟绝不会放弃 APEC 这一赋予东盟极大自主性的亚太地区经济合作论坛，反而可能以更积极的姿态推动论坛的进一步发展。

机制化建设问题在 APEC 谈判中逐渐受到关注，东盟对于此问题在各个层次的 APEC 会议中曾多次表明自己的观点：坚持 APEC 的机制化建设要避免撼动 APEC"松散的、进行经济问题协商的区域性论坛组织"的本质，应坚持求同存异，尊重多样性，承认差异性，允许不同利益诉求，坚持平等互利、自主自愿原则。东盟始终认为这种一以贯之的"APEC 模式"是 APEC 生命得以延续的保证。据此我们可以认为，在将来 APEC 的推进过程中，东盟将依然坚持"APEC 方式"不动摇，坚决抵制其他国际组织所推行的投票制度的决策过程，坚持协商一致、非约束性的开放灵活的运行方式。

第六章 TPP其他成员参与谈判的政治经济分析

第一节 澳大利亚与TPP

澳大利亚作为亚太地区政治经济格局中的重要一环，发挥着连接太平洋两岸的桥梁和纽带作用。长久以来，澳大利亚致力于探索推进亚太地区合作的路径。在美国于2008年9月宣布加入TPP谈判进程之后，澳大利亚给予了积极回应，于2008年11月宣布加入TPP谈判。澳大利亚这一决定与其近年来所奉行的地区经济合作战略有着密切的联系，同时也反映了该国的政治经济利益诉求。

一、澳大利亚与TPP成员的经贸关系

澳大利亚推进TPP谈判的决定是建立在其与亚太各经济体长期密切的经贸合作关系基础之上的。亚太各经济体是澳大利亚对外经贸合作的战略重点。如表6.1所示，2013年，TPP谈判各方与澳大利亚的货物进出口贸易额约占澳货物贸易总额的28.57%。其中，日本、美国、新加坡、新西兰和马来西亚均为澳大利亚的重要货物贸易伙伴。澳大利亚在对外贸易中呈顺差状态，但在与TPP成员的贸易中则存在明显的贸易逆差。

表 6.1　2013 年澳大利亚与 TPP 成员货物贸易情况

单位：亿美元

贸易伙伴	进口	出口	进出口总额	贸易差额
世界	2324.81	2521.55	4846.36	196.74
TPP	792.78	591.84	1384.62	−200.95
TPP/世界（%）	34.10	23.47	28.57	—
文莱	8.26	0.47	8.72	−7.79
加拿大	19.21	10.44	29.66	−8.77
智利	9.68	3.40	13.07	−6.28
日本	179.46	312.52	491.98	133.06
马来西亚	88.46	44.58	133.04	−43.88
墨西哥	20.13	3.50	23.63	−16.63
新西兰	69.96	67.86	137.82	−2.11
秘鲁	1.32	0.50	1.82	−0.83
新加坡	121.44	52.27	173.71	−69.17
美国	238.20	76.03	314.23	−162.17
越南	36.66	20.27	56.93	−16.38

资料来源：UN Comtrade Database.

由于谈判各方的生产结构及比较优势不同，澳大利亚与各方的贸易结构也存在一定差异。如表 6.2 所示，澳大利亚与 TPP 成员的货物贸易主要集中于石油、煤炭及矿产品等资源性产品和肉类、小麦等农产品领域。此外，计算机、机械设备以及车辆等也在澳对外贸易中占有一定比重。

表 6.2　2011 年澳大利亚与 TPP 成员货物贸易主要类别

单位：百万澳元

TPP 成员	澳主要出口货物		澳主要进口货物	
	种类	金额	种类	金额
文莱	肉类（除牛肉）	6	原油	1271
	活动物（除海产品）	4		
	牛肉	4		
	特种机械及零部件	3		
加拿大	镍矿石及精矿	450	硫黄及黄铁矿	105
	酒精饮料	185	民用机械设备及零部件	103
	药品（包括兽医用药品）	58	药品（包括兽医用药品）	102
	肉类（不包括牛肉）	56	肉类（不包括牛肉）	90

续表

TPP 成员	澳主要出口货物		澳主要进口货物	
	种类	金额	种类	金额
智利	煤炭	185	铜	624
	牛肉	81	铅矿及其精矿	71
	未涂层平轧钢铁	36	粗加工木料	34
	民用机械设备及零部件	20	纸浆及废纸	28
马来西亚	原油	760	原油	3396
	铜	648	显示器、投影机及电视机	646
	煤炭	344	计算机	556
	小麦	303	精炼石油	378
墨西哥	煤炭	493	电信设备及零部件	210
	铝	274	肥料（除粗肥料）	207
	药品（包括兽医用药品）	80	铅矿及其精矿	173
	铅矿及其精矿	45	计算机	126
新西兰	计算机零件及配件	325	原油	1631
	药品（包括兽医用药品）	299	黄金	605
	乘用车辆	226	酒精饮料	335
	精炼石油	209	食品及其制品	251
秘鲁	货运车辆	11	铅矿及其精矿	23
	民用机械设备及零部件	9	动物油脂	14
	铜矿及其精矿	8	精炼石油	12
	旋转式电力装置及其零件	6	船及小艇（包括气垫船）	9
新加坡	原油	1786	精炼石油	8520
	黄金	1172	船及小艇（包括气垫船）	1104
	精炼石油	674	食品及其制品	546
	牛奶、奶油、乳清及酸奶	167	计算机	305
美国	牛肉	743	货运车辆	1619
	航空航天器及零部件	583	民用机械设备及零部件	1502
	酒精饮料	505	非电力引擎及发动机	1019
	肉类（除牛肉）	460	乘用车辆	965
越南	小麦	695	原油	1539
	黄金	393	电信设备及零部件	262
	铜	145	家具、床垫及坐垫	117
	有色金属废料及碎料	78	水果与坚果	94

资料来源：澳大利亚外交与贸易部, http://www.dfat.gov.au.

如表 6.3 所示，在 TPP 成员中，澳大利亚与美国、新加坡、新西兰、日本、马来西亚和加拿大的服务贸易规模相对较大，而与其他成员的服务贸易规模相对很小。澳大利亚在与 TPP 成员的服务贸易中总体上处于逆差状态，只在与新西兰、马来西亚和越南的服务贸易中表现为顺差。就服务贸易领域而言，旅游、运输、其他商业服务等是澳大利亚与 TPP 各成员的主要贸易部门（表 6.4）。

表 6.3　澳大利亚与 TPP 成员服务贸易状况

单位：百万澳元

TPP 成员	出口			进口			进出口			贸易差额		
	2011	2012	2013	2011	2012	2013	2011	2012	2013	2011	2012	2013
文莱	58	46	50	86	70	77	144	116	127	−28	−24	−27
加拿大	821	824	805	891	1008	1044	1712	1832	1849	−70	−184	−239
智利	195	170	169	239	234	218	434	404	387	−44	−64	−49
日本	2062	2192	1991	2178	2302	2307	4240	4494	4298	−116	−110	−316
马来西亚	1606	1642	1664	1334	1275	1464	2940	2917	3128	272	367	200
墨西哥	62	57	63	61	85	110	123	142	173	1	−28	−47
新西兰	3210	3457	3626	2988	2900	3131	6198	6357	6757	222	557	495
秘鲁	75	79	73	61	72	102	136	151	175	14	7	−29
新加坡	3275	3275	3549	3989	4295	4943	7264	7570	8492	−714	−1020	−1394
美国	5174	5247	5951	10610	10951	12430	15784	16198	18381	−5436	−5704	−6479
越南	911	914	1003	735	769	861	1646	1683	1864	176	145	142
总计	19460	19915	20957	25183	25973	28700	42632	43876	47644	−5723	−6058	−7743

资料来源：Trade in Services Australia 2013,Economic Diplomacy, Trade Advocacy and Statistics Section, http://www.dfat.gov.au/publications/stats-pubs/trade-in-services-australia-2013.pdf.

表 6.4　澳大利亚与部分 TPP 成员的服务贸易主要部门（按 2013 年贸易金额排序）

TPP 成员	澳服务出口主要部门	澳服务进口主要部门
加拿大	旅游、其他商业服务	旅游、运输、其他商业服务
日本	旅游、运输、其他商业服务	运输、旅游、其他商业服务、知识产权费用
马来西亚	旅游、运输、其他商业服务	运输、旅游、其他商业服务
新西兰	旅游、运输、其他商业服务	旅游、运输、其他商业服务
新加坡	其他商业服务、旅游、运输	运输、旅游、其他商业服务
美国	其他商业服务、旅游、运输	旅游、其他商业服务、知识产权费用
越南	旅游	旅游、运输

资料来源：Trade in Services Australia 2013, Economic Diplomacy, Trade Advocacy and Statistics Section, http://www.dfat.gov.au/publications/stats-pubs/trade-in-services-australia-2013.pdf.

如表 6.5 所示，在 TPP 各成员中，美国是澳大利亚最为重要的投资伙伴，美澳双边投资存量约占 2013 年澳双向投资存量总额的 27.6%。日本、新西兰、新加坡及加拿大也在澳大利亚双向投资存量中占有一定比重。而马来西亚、墨西哥及越南在澳双向投资存量中占比很小。

表 6.5　澳大利亚与部分 TPP 成员双向投资存量

单位：亿澳元

TPP 成员	2011 年	2012 年	2013 年	在 2013 年澳双向投资存量总额中占比（%）
加拿大	692.03	729.49	805.98	2
日本	1597.07	1666.57	1812.07	4.4
马来西亚	203.42	227.06	262.13	0.6
墨西哥	31.78	53.86	53.89	0.1
新西兰	1006.36	1034.88	1112.62	2.7
新加坡	708.41	837.79	959.53	2.3
美国	8826.16	9731.94	11295.6	27.6
越南	7.95	——	10.8	0

资料来源：Department of Foreign Affairs and Trade of Australia, International Investment Australia 2013.

如表 6.6 及表 6.7 所示，美国同时是澳大利亚主要投资来源国和目的国，但美国对澳投资存量明显大于澳对美投资存量。日本是澳大利亚另一个主要投资来源国。而澳大利亚在与新西兰、加拿大的投资活动中居于净流出国地位。

表 6.6　TPP 部分成员对澳投资存量

单位：亿澳元

TPP 成员	2011 年	2012 年	2013 年	在 2013 年在澳外资存量中占比（%）
加拿大	254.18	301.6	268.82	1.1
日本	1247.73	1278.07	1309.82	5.3
马来西亚	144.84	147.91	167.46	0.7
墨西哥	0.41	0.33	0.47	0
新西兰	273.07	266.7	301.24	1.2
新加坡	485.19	567.69	605.44	2.5
美国	5072.88	5753.85	6578.88	26.7
越南	1.84	2.61	4.14	0

资料来源：Department of Foreign Affairs and Trade of Australia, International Investment Australia 2013.

表 6.7　澳大利亚对部分 TPP 成员投资存量

单位：亿澳元

TPP 成员	2011 年	2012 年	2013 年	在 2013 年澳对外投资存量中占比（%）
加拿大	437.85	427.89	537.16	3.3
日本	349.34	388.5	502.25	3.1
马来西亚	58.58	79.15	94.67	0.6
墨西哥	31.37	53.53	53.42	0.3
新西兰	733.29	768.18	811.38	5
新加坡	223.22	270.1	354.09	2.2
美国	3753.28	3978.09	4716.72	28.9
越南	6.11	0	6.66	0

资料来源：Department of Foreign Affairs and Trade of Australia, International Investment Australia 2013.

如表 6.8 及表 6.9 所示，直接投资并非 TPP 成员与澳大利亚双边投资的主要形式。而在直接投资存量中，美国仍然是澳大利亚最为重要的投资伙伴。其中，美对澳直接投资存量约占 2013 年澳外国直接投资存量的23.7%及澳对外直接投资存量的 24.6%，澳在双边直接投资活动中居于净流入国地位。日本和新加坡也是对澳直接投资的重要来源国。而新西兰则表现为澳大利亚对外直接投资的重要目的国。马来西亚、墨西哥、越南与澳大利亚的双边直接投资规模相对较小。

表 6.8　部分 TPP 成员对澳直接投资存量

单位：亿澳元

TPP 成员	2011 年	2012 年	2013 年	在 2013 年外国对澳直接投资存量中占比（%）
加拿大	189.9	210.12	165.76	2.6
日本	541.15	620.43	632.57	10
马来西亚	0	56.52	76.93	—
墨西哥	0	0	0.01	0
新西兰	53.12	42.85	50.68	0.8
新加坡	199.78	239.08	251.77	4
美国	1177.62	1319.43	1494.79	23.7
越南	0.01	0.01	0	0

资料来源：Department of Foreign Affairs and Trade of Australia, International Investment Australia 2013.

表 6.9　澳大利亚对部分 TPP 成员直接投资存量

单位：亿澳元

TPP 成员	2011 年	2012 年	2013 年	在 2013 年澳对外直接投资存量中占比（%）
加拿大	—	—	288.14	5.8
日本	2.6	2.7	4.77	0.1
马来西亚	0	0	58.58	1.2
墨西哥	0	24.78	21.95	0.4
新西兰	404.75	442.68	458.71	9.3
新加坡	70.34	109.77	89.51	1.8
美国	985.33	1041.81	1216.91	24.6
越南	5.8	0	4.01	0.1

资料来源：Department of Foreign Affairs and Trade of Australia, International Investment Australia 2013.

二、澳大利亚贸易自由化状况

澳大利亚是货物贸易自由化水平较高的国家。根据 WTO 统计，2012

年澳大利亚的简单平均最惠国实际关税率为2.7%，其中农产品为1.2%，非农产品为2.9%。澳大利亚根据2011年贸易量加权平均的最惠国实际关税率为2.5%，其中农产品为2.7%，非农产品为2.5%。[①]

如表 6.10 所示，2012 年，在澳大利亚农产品进口贸易中，约 77%的税目实现了零关税进口，相当于 2011 年农产品进口总额的 49.6%，而绝大多数农产品税目的最惠国实际关税税率低于 5%。而在澳大利亚非农产品进口贸易中，全部税目的最惠国实际关税税率水平均低于 10%，其中 45.9%的非农产品税目实现了零关税进口，约占 2011 年澳大利亚非农产品进口总额的 53%。

表 6.10　2012 年澳大利亚关税分布情况

关税分布	0	0≤5	5≤10	10≤15	15≤25	25≤50	50≤100	>100	非从价税占比（%）
	税目及进口额占比（%）								
农产品									
最终约束关税	30.8	44.7	17.0	3.8	3.1	0.5	0	0	1.6
最惠国实际关税（2012）	77.0	22.5	0.1	0	0.3	0.1	0	0	0.9
进口额（2011）	49.6	46.9	0.2	0	3.4	0.0	0	0	3.6
非农产品									
最终约束关税	19.2	18.0	26.9	17.4	7.8	4.9	2.5	0	0.1
最惠国实际关税（2012）	45.9	49.5	4.6	0	0	0	0	0	0.0
进口额（2011）	53.0	44.3	2.7	0	0	0	0	0	0.1

资料来源：WTO, Tariff Profile 2012. http://www.wto.org.

如表 6.11 所示，2012 年澳大利亚各类别产品的最惠国实际关税普遍较低，除服装产品的简单平均最惠国实际关税税率达到 8.9%之外，其他产品的平均关税水平均低于 5%。就关税峰值而言，奶制品的关税峰值达到 28%，而其他产品的关税峰值均不超过 10%。而在澳大利亚进口总额中所占比重较高的产品包括矿产和金属、石油、化工产品、非电气机械和交通设备，

---

① WTO, Tariff Profile 2012, http://www.wto.org.

上述产品的进口平均关税税率均保持了较低水平。

表 6.11　2012 年澳大利亚主要产品类别关税状况

产品类别	最惠国实际关税			进口	
	平均（%）	零关税占比（%）	最高值（%）	占比（%）	零关税占比（%）
动物产品	0.4	92.8	5	0.3	93.3
奶制品	4.2	76.2	28	0.3	38.7
水果、蔬菜和植物	1.4	71.1	5	0.8	50.4
咖啡和茶	1.0	79.2	5	0.6	70.3
谷物及其制品	1.1	76.7	5	1.2	25.6
油籽、油脂	1.5	70.5	5	0.4	76.6
糖类及其制品	1.8	61.8	5	0.2	39.9
饮料和烟草	3.5	29.6	5	0.8	26.4
棉花	0.0	100.0	0	0.0	100.0
其他农产品	0.3	94.7	5	0.3	95.0
鱼及鱼类产品	0.0	99.6	5	0.6	85.6
矿产和金属	2.7	45.4	5	13.0	56.5
石油	0.0	100.0	0	16.0	100.0
化工产品	1.8	63.7	10	10.9	61.2
木材和纸等	3.3	33.4	10	3.6	18.9
纺织品	4.3	16.2	10	1.7	11.5
服装	8.9	8.1	10	2.4	2.7
皮革和鞋类等	4.2	17.0	10	2.6	2.7
非电气机械	2.9	42.9	5	15.1	47.9
电气机械	2.9	41.8	5	9.9	55.3
交通设备	3.3	34.0	5	12.9	11.4
其他未列明制成品	1.3	73.1	5	6.4	72.4

资料来源：WTO, Tariff Profile 2012. http://www.wto.org.

如表 6.12 所示，澳大利亚农产品的主要出口市场包括中国、日本、印度尼西亚、欧盟和韩国等。其中，日本是 TPP 谈判的参与方，澳大利亚农产品在日本市场面临的简单平均最惠国关税税率达到 30%，加权平均最惠国关税税率达到 22.8%，均处于较高水平。而在非农产品贸易上，澳大利亚的主要贸易伙伴包括中国、日本、韩国、欧盟和印度等。其中，仅日本为 TPP 谈判参与方。澳大利亚非农产品在日本所面临的简单平均最惠国关税税率为 2.4%，加权平均最惠国关税税率为 0.1%，65.5%的澳大利亚非农产品出口税目在日本可以享受零关税进口，相当于日本自澳大利亚进口非农产品贸易总额的 98%。因此，在 TPP 谈判中，澳大利亚将会高度关注日本的农产品关税问题。

表 6.12　2011 年澳大利亚主要出口市场及适用关税情况

主要市场	双边进口	贸易额 95%商品所分布的税目数量		按贸易发生税目计算的平均最惠国关税		零关税进口	
	百万美元	HS 2 位	HS 6 位	简单平均（%）	加权平均（%）	税目占比（%）	金额占比（%）
农产品							
1. 中国	6344	11	20	16.4	18.8	4.2	2.4
2. 日本	4985	22	54	30.0	22.8	28.9	38.2
3. 印度尼西亚	2829	10	21	7.2	4.3	6.0	22.4
4. 欧盟	2736	22	60	15.4	10.2	16.4	51.4
5. 韩国	2705	14	32	55.8	32.8	1.6	1.2
非农产品							
1. 中国	74838	10	26	8.6	0.2	12.3	96.3
2. 日本	51526	7	17	2.4	0.1	65.5	98.0
3. 韩国	23596	11	23	6.9	1.8	16.8	2.0
4. 欧盟	16742	34	183	4.2	0.2	23.7	94.3
5. 印度	14377	10	18	8.9	3.2	4.9	54.6

资料来源：WTO, Tariff Profile 2012, http://www.wto.org.

三、澳大利亚的区域经济合作战略特征及其与 TPP 的内在关联

除了顾及经济与贸易领域业已存在的密切关联，澳大利亚决定推进 TPP 谈判还有着更深层次的战略考虑，即将 TPP 作为其亚太经济合作战略

的有机组成部分，推动该地区逐步走向经济一体化。以拓展海外市场、拉动经济及就业增长为主要目的，澳大利亚将推进亚太经济一体化置于其对外经济合作战略的重要位置。自 20 世纪 80 年代以来，澳大利亚先后提出了亚太经济合作会议（1993 年更名为亚太经济合作组织，即 APEC）、亚太共同体等合作概念，并广泛介入东亚合作进程。此外，澳大利亚致力于从双边渠道加强与亚太各经济体的联系，积极构建自由贸易协定网络。TPP 与澳大利亚所一贯遵循的亚太经济合作战略在总体目标上是相符的，因此，TPP 谈判自开展以来即受到澳大利亚的支持与推动。

　　坚持推进地区经济合作，并主张以地区经济一体化为长远目标，是澳大利亚推进亚太经济合作战略的重要特征。APEC 的提出和建立是澳大利亚践行其亚太经济合作战略的重要表现之一。1989 年 1 月，时任澳大利亚总理霍克首次提议召开亚太地区部长级会议，讨论加强经济合作问题。1989 年 11 月 5 日至 7 日，澳大利亚、美国、加拿大、日本、韩国、新西兰和东盟六国在澳大利亚首都堪培拉举行首届亚太经济合作部长级会议，并于 1993 年 6 月更名为"亚太经济合作组织"。APEC 建立至今，澳大利亚在推进各成员合作、提高贸易投资自由化水平等领域做出了卓有成效的贡献。受制于亚太各成员多元化的政治经济文化发展特征，APEC 建立后采取了一种软约束的论坛性合作机制，其运行效果在近年来受到了一些质疑。澳大利亚积极倡导 APEC 的改革，并对亚太自由贸易区（FTAAP）等 APEC 改革过程中所出现的新理念给予高度重视和支持。2009 年，时任澳大利亚总理陆克文在 APEC 领导人会议前夕提议建立"亚太共同体"（Asia Pacific Community），并强调该共同体应全方位关注亚太地区的政治、安全及经济合作。积极主张扩大东亚合作的立场反映了澳大利亚推进和实施亚太经济合作战略的又一特征，即同时重视发展与太平洋两岸的合作关系，尽量避免东亚地区单独建设只包含少数成员的一体化模式。东亚峰会是澳大利亚借以参与东亚事务、融入东亚经济合作的重要桥梁和纽带。澳大利亚对东亚地区始终给予高度关注，并强调应扩大东亚合作范畴。2005 年之前的东亚合作以三个"10+1"协定和"10+3"合作为主要模式。随着 2005 年首届东亚峰会的举行，东亚合作扩展至东盟和中国、日本、韩国、印度、澳大利亚、新西兰等太平洋两岸的 16 个成员。2011 年，随着美国与俄罗斯的加入，东亚峰会成员进一步扩展至 18 个。

澳大利亚推进亚太经济合作战略的另一基本特征表现为寻求从区域和双边等多渠道发展与亚太国家的经济合作，为地区合作夯实基础。截至 2014 年 11 月，澳大利亚已生效的自由贸易协定数量为七个，即东盟—澳大利亚—新西兰 FTA、澳大利亚—智利 FTA、澳大利亚—新西兰紧密经济关系协定、澳大利亚—美国 FTA、澳大利亚—马来西亚 FTA、澳大利亚—新加坡 FTA 和澳大利亚—泰国 FTA；已签署的 FTA 有两个，即韩国—澳大利亚 FTA 和日本—澳大利亚经济伙伴关系协定；已完成谈判的 FTA 有一个，即中国—澳大利亚 FTA；另外还有 6 个 FTA 正在谈判之中，包括澳大利亚—海湾合作委员会 FTA、澳大利亚—印度 FTA、澳大利亚—印度尼西亚 FTA、太平洋紧密经济关系协定（PACER）、区域全面经济伙伴关系协定（RCEP）以及 TPP。[①] 这些协定多数集中于亚太地区，涉及澳大利亚的主要贸易伙伴中国、日本、美国以及东盟的主要成员。地区及双边自由贸易协定的签署为澳大利亚与亚太各国进一步商谈推进地区经济一体化奠定了良好的合作基础。TPP 谈判与澳大利亚的亚太经济合作战略有着深刻的内在联系。首先，TPP 谈判所追求的长期目标与澳大利亚的亚太经济合作战略相一致，即建立包括太平洋两岸诸多成员的地区经济一体化合作模式。根据美国的解释，TPP 的主要目标是为建立未来的跨越太平洋两岸的 FTAAP 创造条件，这与澳大利亚多年来的努力方向基本一致。其次，TPP 可以对东亚经济一体化进程造成一定程度的干扰和抑制，与澳大利亚的基本立场相一致。第三，TPP 力争建成高质量的多边自由贸易协定，其基础

---

① 澳大利亚外交贸易部网站，http://www.dfat.gov.au/fta/.

为各成员间现已存在的各种双边 FTA，这与澳大利亚目前的 FTA 政策并不矛盾，并可适当整合 FTA 网络，降低管理成本。TPP 为澳大利亚提供了另一个推进亚太地区经济一体化进程、平衡地区经济格局、整合地区市场的可行途径，因而得到澳大利亚的认可和支持，成为其亚太地区经济合作战略的重要组成部分。

四、澳大利亚推进 TPP 谈判的战略立场及利益要求

目前的 TPP 谈判仍以美国为主导，澳大利亚在多数情况下以美国的忠实盟友自居，表现出跟随与合作的态度。但 TPP 谈判仍然被澳方视为其推进亚太区域经济合作战略的重要组成部分，并有其自身的立场及利益要求。

第一，寻求打破多边贸易谈判的僵局，整合 FTA 网络，在地区经济合作中取得突破性进展。澳大利亚是多边贸易谈判的积极支持者，其贸易政策的基本原则始终强调多边贸易协定能够提供最大利益，地区及双边协定不应弱化多边体系。2003 年之前，澳大利亚仅签署了一项双边贸易协定。但是多哈回合谈判启动以来，由于各成员在农产品、非农产品贸易以及部分新议题上的立场存在差异，导致谈判长期陷于停顿状态。澳大利亚开始致力于推进双边或区域性自由贸易谈判。然而，纷繁的 FTA 网络带来了复杂的原产地规则、多重的关税标准以及较高的政府管理费用。未来的 TPP 可以重新整合亚太地区的各种 FTA，弱化"意大利面碗"效应，并突破目前 APEC 合作的非机制化状态，促使亚太地区经济一体化取得新的进展。这一合作前景预期正是澳大利亚的区域经济合作战略所追求的长期目标。

第二，与美国维系盟友关系，共同推进亚太地区合作战略。出于维护国家安全及经济利益的考虑，澳大利亚在对外合作战略中与美国保持了高度一致，是美国的传统盟友。奥巴马政府宣布启动"重返亚太"战略，重新加入 TPP 谈判后，澳大利亚迅速地做出了反应和支持。[①]在军事上，澳

---

① 刘晨阳."跨太平洋战略经济伙伴协定"发展及影响的政治经济分析. 亚太经济，2010 年第 3 期.

政府对美国加强军事合作的要求表现出了迎合态度，同意增加美澳之间联合军演的次数。在经济上，澳大利亚在 TPP 问题上所持的立场与观点正是其与美国保持联盟关系的一贯立场的延续和深化。

第三，改革和调整以 APEC 为主要平台的合作模式，将亚太合作向更加具有约束力的方向推进。APEC 长期以来以一种非机制化的方式推进亚太地区经济合作。在合作早期，这一方式有助于弥合或搁置成员间的各种差异或矛盾，在合作中快速取得共识。但随着 APEC 合作的不断深入以及合作领域的日益扩大，APEC 运行机制上存在的缺陷使其越来越难以完全承担起推进亚太经济合作的重任。澳大利亚曾多次寻求在 APEC 机制的基础上取得亚太合作方式的突破，无论是倡导 APEC 改革，支持 FTAAP 的建设，还是主张建立集政治与经济合作于一体的亚太共同体，其目的都在于追求建立更加具有效率和约束力的新合作机制，进一步推进亚太经济合作走向深化，同时保持澳大利亚在其中的影响力，维护本国政治经济利益。美国所倡导的 TPP 谈判在长远目标上与澳大利亚的立场是相符的，即推进和落实 FTAAP 的建设，因此澳方在 TPP 的谈判上表现出了积极的态度。

第四，将 TPP 作为其整体亚太合作战略的一部分，同时兼顾东亚合作及双边合作，从多种途径深化与亚太地区主要经贸伙伴的经济联系。澳大利亚将 TPP 视为其亚太经济合作战略中的一个有机组成部分，期望通过该协定的谈判与太平洋两岸各国各地区建立密切的经贸联系。与此同时，澳大利亚不会轻易放松其他途径的合作。澳仍然坚持积极参与东亚峰会及 RCEP 谈判，以维护其在东亚地区的影响力。此外，澳坚持与其他亚太经济体推进双边 FTA 谈判，作为 TPP 协定的补充，借以巩固与其他非 TPP 谈判参与方如中国等的经济联系。可见，澳在推进亚太地区经济合作的过程中采取了多管齐下的策略，TPP 是实现其目标的重要途径之一。TPP 在澳大利亚亚太经济合作战略中的地位将取决于其谈判的进展速度以及未来协定的质量。

第五，在具体谈判议题上坚持自己的利益要求。在从地区合作战略高度考虑 TPP 谈判意义的同时，澳大利亚在具体的谈判议题上坚持维护本国的利益要求。在货物贸易领域，澳坚持应进一步促进贸易自由化，提高市场准入水平，同时强调应将农产品等全部产品贸易纳入到 TPP 谈判中来，以提高该协定的质量和效果。在服务贸易领域，澳大利亚也持较为积极的态度。但是，在投资领域，澳大利亚有所保留，反对给予外资公司超越本国企业的超国民待遇。在诸多下一代贸易议题上，澳大利亚也并未完全听从于美国，而是倾向于根据国内利益集团的要求和态度做出政策选择。

五、澳大利亚推进 TPP 谈判可能面临的挑战

尽管出于平衡地区政治经济合作格局以及提升国家经济福利等多重因素的考虑，澳大利亚在 TPP 谈判中采取了较为积极的立场，但由于 TPP 谈判具有不同于传统地区贸易协定谈判的新特征，澳大利亚在未来的谈判中依然可能面临各种问题与挑战。

（一）如何处理在谈判目标上的矛盾

以美国为主导的 TPP 谈判订立了高标准的谈判目标，希望在亚太地区确立 21 世纪综合自由贸易协定的"样本"，并在劳工标准、环境条款以及知识产权保护等诸多贸易问题上取得突破，为建立未来的"亚太自由贸易区"奠定良好的基础。[1] 目前，TPP 谈判共包括了 29 个章节的内容，其中多数为所谓"新贸易问题"。[2] 谈判中的部分发展中成员对这一谈判目标实际上仍存有疑虑，特别是在劳工标准、知识产权保护等新贸易问题的谈判中。澳大利亚在总体上支持这一谈判目标，但其更加强调

---

[1] Claude Barfield, "The TPP: A Model for 21st Century Trade Agreements?" http://www.eastasiaforum.org/2011/07/25/the-tpp-a-model-for-21st-century-trade-agreements.

[2] Trans-Pacific Partnership Trade Ministers' Report to Leaders, http://www.ustr.gov/about-us/press-office/press-releases/2012/september/tpp-trade-ministers-report-to-leaders.

在货物及服务贸易中实现完全自由化的目标，而在知识产权保护、卫生与健康以及与贸易有关的投资等部分贸易问题上有所保留。因此，澳大利亚关于 TPP 谈判范围与目标的立场与美国及发展中成员均有一定的差异。在未来的谈判中如何协调和解决这些矛盾和差异，是澳大利亚必须面对的问题。

（二）如何处理具体谈判议题中的冲突和矛盾

尽管澳大利亚政府对 TPP 能给本国带来的经济利益做出了积极评价，但澳国内不同党派及利益集团对于 TPP 在某些谈判领域的具体影响仍然存在争议和疑虑，主要集中于投资条款、农产品贸易以及知识产权保护措施等方面。这些争议和疑虑可能对澳大利亚在未来 TPP 谈判及建设中的立场和态度造成影响。澳大利亚国内对 TPP 投资条款谈判普遍持保留态度，特别是在与投资有关的争端解决问题上。在 2012 年举行的 TPP 第十一轮谈判期间，澳大利亚吉拉德政府已明确表示反对所谓 ISDS 条款，即美国所倡导和推进的"投资者与国家争端解决"（Investor State Dispute Settlement）条款。根据该条款，外资企业能够以东道国法律损害企业权益为由，援引国际法相关规定对东道国政府提起诉讼，谋求国际仲裁。这一条款一旦实施，将会为大型跨国企业提供比本国企业更多的法律权利，形成超国民待遇，这与澳大利亚国内立法是矛盾的。

作为亚太地区农产品的重要贸易国，澳大利亚始终坚持应实行农产品贸易自由化，这一立场可能在未来的 TPP 谈判中遇到一定的阻力。首先，农产品贸易是 WTO 多边贸易机制中的例外产品，在世界范围内存在广泛的贸易壁垒。由于多哈回合多边贸易谈判的停顿，各经济体缺少进一步开放农产品贸易的动力。其次，澳大利亚与部分 TPP 谈判参与方的农产品贸易存在竞争关系，谈判的阻力相对较大。例如，澳大利亚对加拿大的猪肉贸易补贴政策存有较大的不满，并主张将这一问题列入 TPP 谈判的范畴。第三，TPP 能否在农产品问题上取得实质性进展，不仅取决于经济利益的考虑，还与地区政治博弈息息相关。日本加入 TPP 谈判已经使 TPP 农产品贸易自由化进程受到一定阻碍。此时，澳大利亚所主张和期许的农产品贸易自由化可能难以充分实现，澳国内农业部门对 TPP 经济福利增长效应的预期会进一步下降，届时有可能会影响澳大利亚政府在 TPP 谈判中的立场。

知识产权保护问题是澳大利亚国内关注的一个重要问题。美国在此问题上持积极态度，极力主张将其纳入 TPP 谈判之中，并且提出了较高的要求，希望打造所谓"铂金"标准的条款。澳大利亚国内部分党派和利益集团认为，澳大利亚国内关于知识产权的立法已经较为完善和严格，不应因 TPP 而对国内法做出更多的修改。此外，严格的知识产权保护措施有可能对本国的创新和生产造成一定的冲击。特别是在医药卫生等领域，严格的知识产权保护可能影响仿制药品的应用，增加医疗成本，降低医疗卫生福利水平。之前生效的澳美自由贸易协定（AUSFTA）中订立了详细的知识产权保护条款。澳国内普遍认为，TPP 谈判中的知识产权协定不应超过澳美自由贸易协定的范畴和水准。

总之，推进 TPP 谈判是澳大利亚兼顾政治和经济利益，为推进国家亚太区域经济合作战略而做出的重要选择，同时也是其多年以来所奉行的亚太合作战略的延续与发展。澳大利亚倾向于通过 TPP 战略的实施在亚太地区建立跨越太平洋两岸的区域经济一体化组织，避免亚太合作的分裂，在平衡地区经济合作格局的同时促进贸易的自由化。由于 TPP 谈判涉及成员众多，议题超越了传统贸易谈判范畴，贸易博弈更加复杂，其进展和效果仍然很难预料。未来澳大利亚如何在 TPP 与其他地区合作形式之间进行权衡和选择，将受制于 TPP 能否尽快达成其所宣称的高质量协定以及澳大利亚国内利益集团的态度和反应。

第二节　新西兰与 TPP

作为亚太合作的积极参与者，新西兰既是 APEC 的重要成员，又是 TPP 的前身 P4 的成员之一，全面参与了 P4 的谈判和实施以及 TPP 谈判的全过程，其立场和政策对于 TPP 谈判的进展具有一定的影响。新西兰与 TPP 各成员保持了紧密的经济贸易往来，TPP 谈判成果预计将会为新西兰带来一定的经济福利。此外，新西兰的贸易投资自由化已达到较高水平，TPP 谈判的外部压力较为有限。因此，新西兰积极参与 TPP 谈判，并将其作为国家区域经济合作战略的重要组成部分。

一、TPP 与新西兰的亚太区域合作战略

新西兰是较早开展亚太自由贸易区（FTAAP）相关研究的国家之一，并曾对推进 FTAAP 的落实做出过积极贡献。早在 2003 年，新西兰 APEC 研究中心主任罗伯特·斯克利（Robert Scollay）就曾受 ABAC（APEC 工商咨询理事会）委托完成了 FTAAP 可行性研究报告，对建设 FTAAP 可能为亚太地区带来的经济福利影响做了深入分析。新西兰同时又与澳大利亚和东盟共同签有自由贸易协定，并积极参与了从"10+6"合作到 RCEP 谈判等一系列东亚合作模式。此外，新西兰与澳大利亚、新加坡、泰国、中国、中国香港、马来西亚等亚太经济体签署了双边 FTA。目前，新西兰正在与韩国就建立 FTA 问题进行谈判。因此，新西兰对于加强太平洋两岸国家和地区间的联系和沟通具有重要的纽带作用，其对亚太地区合作的看法和立场也会在一定程度上影响亚太地区经济一体化的未来走向。上述情况显示，新西兰对亚太区域经济一体化进程采取了较为积极的态度，并对目前该进程中所出现的"亚太轨道"和"东亚轨道"均持支持和参与的立场，

其目的在于更加广泛地参与国际和地区合作，开拓海外市场，寻求开放公平的贸易投资环境，突破本国市场规模的限制，促进本国经济的发展。

二、新西兰贸易自由化进展

表 6.13 2012 年新西兰关税分布情况

关税分布	0	0≤5	5≤10	10≤15	15≤25	25≤50	50≤100	>100	非从价税占比（%）
	税目及进口额占比（%）								
农产品									
最终约束关税	54.8	2.8	12.5	16.7	10.9	2.3	0	0	0.2
最惠国实际关税（2012）	72.4	27.6	0.0	0	0	0	0	0	0.1
进口额（2011）	53.2	46.7	0.1	0	0	0	0	0	0.1
非农产品									
最终约束关税	46.4	7.6	8.5	3.1	21.0	12.4	0.4	0.1	3.8
最惠国实际关税（2012）	62.5	31.3	5.7	0	0	0.0	0	0	0.5
进口额（2011）	69.4	26.4	4.2	0	0	0.0	0	0	0.3

资料来源：WTO, Tariff Profile 2012, http://www.wto.org.

根据 WTO 的统计，新西兰的贸易自由化水平较高，2012 年简单平均最惠国实际关税仅为 2%，其中农产品简单平均实际关税为 1.4%，非农产品简单平均实际关税为 2.2%。按 2011 年贸易规模加权平均计算的实际关税为 2%，其中农产品和非农产品加权平均实际关税均为 2%。[①] 如表 6.13

---

① WTO, Tariff Profile 2012. http://www.wto.org.

所示，全部农产品税目的 72.4%（相当于 2011 年农产品进口额的 53.2%）
按照最惠国实际关税实行零关税进口，全部农产品进口税目的实际最惠国
税率均未超过 5%。全部非农产品税目的 62.5%（相当于 2011 年非农产品
进口额的 69.4%）按照最惠国实际关税实行零关税进口，全部非农产品进
口税目的实际最惠国税率均未超过 10%。

如表 6.14 所示，新西兰各主要产品类别的平均关税水平普遍较低，除
服装类产品最惠国实际平均关税达到 9.7%外，其他产品的最惠国实际平均
关税水平均低于 5%。因此，新西兰的货物贸易自由化水平较高，除少数产
品的关税峰值较高外，大部分产品的进口关税壁垒较低。

表 6.14   2012 年新西兰主要产品类别关税状况

产品类别	最惠国实际关税			进口	
	平均 （%）	零关税占比 （%）	最高值 （%）	占比 （%）	零关税占比 （%）
动物产品	1.5	69.4	5	0.5	45.9
奶制品	1.3	73.0	5	0.3	56.3
水果、蔬菜和植物	1.1	77.3	5	1.4	85.8
咖啡和茶	2.3	54.2	5	0.9	32.5
谷物及其制品	2.4	51.9	5	2.8	26.6
油籽、油脂	0.6	88.5	5	1.5	92.8
糖类及其制品	1.4	72.1	5	1.0	77.2
饮料和烟草	3.1	38.3	6	1.3	36.6
棉花	0.0	100.0	0	0.0	100.0
其他农产品	0.7	85.5	5	0.8	37.8
鱼及鱼类产品	0.4	92.6	5	0.4	80.4
矿产和金属	1.8	64.4	10	9.3	56.2
石油	0.5	90.2	5	16.9	99.6
化工产品	0.8	84.3	10	11.5	64.0

产品类别	最惠国实际关税			进口	
	平均（%）	零关税占比（%）	最高值（%）	占比（%）	零关税占比（%）
木材和纸等	1.3	74.6	10	4.5	74.2
纺织品	1.9	66.7	45	2.3	31.4
服装	9.7	1.2	10	2.8	0.1
皮革和鞋类等	3.1	47.8	10	2.1	26.7
非电气机械	3.0	39.8	5	12.3	56.4
电气机械	2.6	46.6	10	8.0	61.7
交通设备	3.2	43.1	10	13.4	89.2
其他未列明制成品	1.7	64.9	10	5.9	61.5

资料来源：WTO, Tariff Profile 2012, http://www.wto.org.

如表 6.15 所示，新西兰的农产品和非农产品的主要出口市场均为欧盟、澳大利亚、中国、美国和日本。其中，澳大利亚、美国和日本同时也是 TPP 谈判的参与方。根据已经签署的双边自由贸易协定，新西兰对澳大利亚的出口可以享受完全免税待遇，但是对日本和美国的出口则仍面临一定的关税壁垒。特别是对日本的农产品出口，由于没有签署相关自由贸易协定，新西兰农产品不得不面对简单平均为 24.5%的最惠国实际关税壁垒。

三、新西兰与 TPP 成员的经济贸易关系

新西兰与 TPP 各成员保持了较为密切的经济贸易关系。如表 6.16 所示，新西兰与 TPP 成员的进出口贸易额约占其贸易总额的 41%，其中，澳大利亚、美国、日本、新加坡和马来西亚均为新西兰重要的进出口贸易伙伴。如表 6.17 所示，新西兰对 TPP 成员的出口以奶制品、动物制品等农产品为主，而进口产品种类则相对较为丰富，涉及农产品、石油产品以及各种工业制成品，并与进口来源国的要素禀赋状况密切相关。

表 6.15　2011 年新西兰主要出口市场及适用关税情况

主要市场	双边进口	贸易额 95%商品所分布的税目数量		按贸易发生税目计算的平均最惠国关税		零关税进口	
	百万美元	HS 2 位	HS 6 位	简单平均（%）	加权平均（%）	税目占比（%）	金额占比（%）
农产品							
1. 欧盟	3131	14	38	18.9	31.3	15.5	15.2
2. 中国	2795	11	22	15.2	12.7	14.5	14.3
3. 澳大利亚	2039	19	81	2.0	4.6	100.0	100.0
4. 美国	1990	12	36	5.6	4.5	34.4	18.9
5. 日本	1465	16	52	24.5	27.3	29.3	21.3
非农产品							
1. 澳大利亚	5525	51	388	3.9	2.3	100.0	100.0
2. 中国	2192	20	51	8.7	1.8	25.2	81.5
3. 日本	1626	19	45	3.4	1.1	59.7	74.9
4. 欧盟	1007	56	407	4.4	2.5	22.3	54.8
5. 美国	1007	49	286	3.1	0.5	51.7	85.9

资料来源：WTO, Tariff Profile 2012, http://www.wto.org.

表 6.16　2013 年新西兰与 TPP 成员货物贸易情况

单位：亿美元

贸易伙伴	进口	出口	进出口总额	贸易差额
世界	392.22	392.06	784.28	-0.15
TPP	161.14	159.57	320.73	-1.57
TPP/世界（%）	41.08	40.70	40.89	—
澳大利亚	52.13	74.62	126.75	22.50
文莱	4.85	0.06	4.91	-4.79
加拿大	4.51	4.29	8.80	-0.23
智利	0.46	1.24	1.70	0.78
日本	25.06	23.30	48.36	-1.76
马来西亚	15.91	7.38	23.29	-8.52
墨西哥	2.13	2.43	4.57	0.30
秘鲁	0.26	0.88	1.13	0.62
新加坡	15.14	8.29	23.43	-6.86
越南	3.76	3.91	7.68	0.15
美国	36.93	33.17	70.11	-3.76

资料来源：UN Comtrade Database.

表 6.17 2013 年新西兰与 TPP 成员货物贸易主要产品（HS 4 位编号货值前 5 位）

贸易伙伴	出口	进口
澳大利亚	2709 原油，7108 黄金，2204 葡萄酒，0406 奶酪，7106 银	8703 汽车，2818 氧化铝，3004 零售药品，1001 小麦，1806 巧克力
文莱	0405 奶油及乳酱，9031 未列名的测量及检验仪器，0401 鲜奶及奶油，0303 冻鱼，0808 苹果、梨和柑橘	2709 原油，8703 汽车，6109 针织或钩编的 T 恤和衬衫，8431 滑轮、起重机、升降机、叉车及推土机零件，8536 电子开关、保险丝及不超过 1000 伏断路器
加拿大	0204 羊肉，2204 葡萄酒，0202 冻牛肉，8436 农业、园艺及林业机械，0404 乳清及牛奶成分	3104 钾肥，8419 机械、工厂或实验室加热设备，4407 锯开或切割的木材，厚度在 6 毫米或以上，8411 涡轮喷气机及涡轮螺旋桨，0203 猪肉
智利	0406 奶酪，0405 黄油及乳酱，0402 奶粉，8433 收割机，1209 播种用种子、果实及孢子	4412 胶合板，0811 冻水果及坚果，0806 葡萄，2204 葡萄酒，4409 拼接地板木材
日本	7601 未锻造铝，0406 奶酪，0810 其他未列名水果，4411 纤维板，0202 冻牛肉	8703 汽车，8704 卡车和货车，2710 非原油、废油和生物柴油，8429 自动式推土机、平地机和挖掘机，8443 打印复印及传真机
马来西亚	0402 奶粉，1901 麦精，0405 黄油及乳酱，0204 羊肉，0406 奶酪	2709 原油，2306 其他未列名豆饼，8528 电视，2710 非原油、废油和生物柴油，8471 计算机
墨西哥	3501 酪蛋白，0405 黄油及乳酱，0402 奶粉，0204 羊肉，0406 奶酪	8703 汽车，8517 电话及蜂窝式无线电话，2203 啤酒，9018 医学、牙科或兽医医疗器械，8422 洗碗机
秘鲁	—	
新加坡	0402 奶粉，2709 原油，1502 牛羊脂肪，0405 黄油及乳酱，0404 乳清及牛奶成分	2710 非原油、废油和生物柴油,8905 轻型船舶及浮动码头，2106 其他未列名食物制品，3901 聚乙烯，8471 计算机
美国	0202 冻牛肉，3501 酪蛋白，2204 葡萄酒，0404 乳清及牛奶成分，0204 羊肉	8411 涡轮喷气机及涡轮螺旋桨，8703 汽车，9018 医学、牙科或兽医医疗器械，8803 飞机部件，1702 其他未列名糖类
越南	0402 奶粉，0405 黄油及乳酱，4407 锯开或切割的木材，厚度在 6 毫米或以上，4302 鞣制或加工的毛皮，7204 废铁，1901 麦精	8517 电话及蜂窝式无线电话，8471 计算机，9403 办公室、厨房及卧室家具，0801 椰子、巴西果及腰果，2510 天然磷酸钙

资料来源：Global New Zealand, International Trade, Investment, and Travel Profile Year Ended December 2013, Statistics New Zealand.

如表 6.18 所示，澳大利亚、美国和日本是新西兰服务出口主要目的地，其中，对澳大利亚的服务出口约占新西兰服务出口总额的 27.48%，对美国服务出口约占新西兰服务出口总额的 12.19%，对日本出口约占新西兰服务出口总额的 4.49%。在各服务出口部门中，旅游、运输和其他商业服务是规模较大的部门。其中，旅游业是新西兰最为重要的服务出口部门。如表 6.18 及表 6.19 所示，2012~2013 年，新西兰在与澳大利亚、马来西亚、新加坡的服务贸易中居于逆差地位，而在与加拿大、日本、美国的服务贸易中居于顺差地位。

表 6.18　新西兰对部分 TPP 成员服务出口（2012 年 7 月至 2013 年 6 月）

单位：百万新元

服务种类	澳大利亚	加拿大	日本	马来西亚	新加坡	美国
运输	750	67	196	14	47	370
旅游	2301	143	460	119	105	517
通信服务	56	4	—	—	4	56
建筑服务	7	—	—	—	—	—
保险服务	6	1	1	—	—	—
金融服务	89	1	3	1	3	18
计算机及信息服务	202	7	3	3	5	165
许可费用	128	7	6	—	1	87
其他商业服务	758	14	34	11	124	306
个人、娱乐和文化服务	77	1	—	—	—	412
政府服务	28	4	5	3	2	8
合计	4402	250	719	152	299	1952
在服务出口总额中占比（%）	27.48	1.56	4.49	0.95	1.87	12.19

资料来源：Statistics New Zealand.

如表 6.19 所示，新西兰自 TPP 成员的服务进口主要来自澳大利亚、美国和新加坡。其中，来自澳大利亚的服务进口规模最大，约占新西兰服务进口总额的 33.85%，其进口部门构成也最为完整，主要包括旅游、其他商业服务、运输、计算机及信息服务等。新西兰自美国进口服务的部门主要集中于其他商业服务、许可费用、旅游等部门。而来自新加坡的服务进口则以运输、其他商业服务和保险服务为主。

表 6.19 新西兰自部分 TPP 成员服务进口（2012 年 7 月至 2013 年 6 月）

单位：百万新元

服务种类	澳大利亚	加拿大	日本	马来西亚	新加坡	美国
运输	788	20	63	183	616	63
旅游	1788	46	47	38	40	382
通信服务	87	5	C	—	1	36
建筑服务	4	1	C	C	C	3
保险服务	238	—	1	2	163	132
金融服务	117	C	C	—	1	43
计算机及信息服务	421	4	5	2	11	123
许可费用	305	1	C	C	39	383
其他商业服务	1253	19	28	12	176	547
个人、娱乐和文化服务	55	—	—	—	—	38
政府服务	6	3	1	1	1	4
合计	5056	100	156	240	1049	1753
在服务进口总额中占比（%）	33.85	0.67	1.04	1.61	7.02	11.74

资料来源：Statistics New Zealand.

表 6.20 至表 6.23 显示了新西兰与部分 TPP 成员的直接投资关系。澳大利亚、美国和新加坡是新西兰主要的直接投资来源国和目的国。新西兰在与上述三国的直接投资关系中主要表现为直接投资的净流入国。此外，日本和加拿大对新西兰的直接投资存量规模也相对较高。

表 6.20 新西兰对主要 TPP 成员直接投资存量

单位：百万新元

TPP 主要成员	2012 年	2013 年
澳大利亚	13404	12462
美国	3721	3585
新加坡	1707	1619
马来西亚	508	—
加拿大	61	72

资料来源：Statistics New Zealand.

表 6.21　主要 TPP 成员对新西兰直接投资存量

单位：百万新元

TPP 主要成员	2012 年	2013 年
澳大利亚	61755	63584
美国	11838	10352
新加坡	2032	3876
日本	3194	3152
加拿大	1129	2057

资料来源：Statistics New Zealand.

表 6.22　新西兰对主要 TPP 成员直接投资流量

单位：百万新元

TPP 主要成员	2012 年	2013 年
澳大利亚	−154	69
加拿大	−16	12
日本	8	−23
新加坡	C	C
美国	−374	−13

资料来源：Statistics New Zealand.

表 6.23　主要 TPP 成员对新西兰直接投资流量

单位：百万新元

TPP 主要成员	2012 年	2013 年
澳大利亚	3255	1160
加拿大	120	C
日本	204	−80
新加坡	−39	1270
美国	−247	−992

资料来源：Statistics New Zealand.

四、新西兰参与 TPP 谈判的利益分析

新西兰是 P4 的成员之一，是亚太地区区域经济一体化进程的参与者和推动者，因此始终对 TPP 谈判持积极态度。受到国内市场规模的制约，新西兰在对外贸易谈判中十分重视对海外市场的拓展，以期为本国经济发展寻求更为广阔和稳定的空间，实现规模经济效应。同时，新西兰在农产品等部门拥有丰富的自然资源禀赋，是 TPP 成员中重要的农产品出口国，对其他成员的农产品贸易壁垒有着较高的自由化要求。此外，新西兰为了促进开放经济的发展，实行自由化的贸易政策，在 TPP 谈判中面临的外部压力和自由化成本相对较低。基于上述特征，新西兰在 TPP 谈判中采取了较为积极的立场和态度。TPP 可以降低亚太成员间因复杂交错的 FTA 关系而引致的管理成本，同时加快推进亚太经济一体化进程，为包括新西兰在内的所有成员带来经济福利提升效应。除上述原因外，新西兰推进 TPP 谈判也出于其对本国经济结构特征及发展需求的特殊考虑。

首先，参与 TPP 谈判与新西兰的总体对外战略相吻合。新西兰的对外经济政策向来以拓展海外市场、增加就业和促进经济增长等为主要目标，显示出较为明显的市场驱动特征。因此，新西兰非常重视与主要贸易伙伴签署各种形式的自由贸易协定，并推动各类区域性经济合作模式的发展。同时，新西兰十分重视同亚太国家和地区建立良好的合作关系。为了强化与主要国际伙伴的经济、政治和安全关系，新西兰确立了"NZ Inc"战略，挑选重要的贸易伙伴作为战略对象，设定未来 10～15 年的发展目标，以提高双边贸易投资规模，实现更加富有成效的增长。目前，新西兰已经选取中国、印度、东盟、海合会和澳大利亚作为战略对象，设定了双边经贸发展的长期目标，并督促政府采取措施以逐步实现上述目标。① 这一战略显

---

① http://www.mfat.govt.nz/NZ-Inc/1-About/index.php.

示了新西兰对海外市场，特别是亚太市场的高度关注，以及从政府层面增强贸易投资联系的决心。参与 TPP 谈判的效果与上述战略目标相契合。

其次，新西兰在区域经济一体化中没有单纯强调 TPP 谈判的重要性，而是对各种形式的亚太合作均表现出积极参与的态度。新西兰同时参加了 TPP 和 RCEP 谈判，同时又是 FTAAP 倡议的支持者。此外，新西兰已经与多个亚太成员签订了自由贸易协定，并成为第一个与中国签署自由贸易协定的发达国家。由此可见，不同于美国的 TPP 战略，新西兰参与 TPP 谈判更多是出于扩大海外市场、促进贸易投资发展的考虑，而无意与东亚或中国相抗衡。

第三，作为 TPP 成员中重要的农产品出口国，新西兰十分关注农产品关税减让可能带来的利益。受益于天然的要素禀赋及先进的生产管理技术，新西兰的农牧业、奶业等产业具有非常显著的出口优势。而农产品正是 TPP 各成员贸易保护程度普遍较高的部门。TPP 谈判无疑将显著降低各成员的农产品关税水平，并有可能取消部分针对新西兰农产品的非关税壁垒，从而为新西兰国内的农业集团带来较大的贸易利益。因此，新西兰可能会对农产品贸易谈判给予较多的关注。

第四，新西兰参与 TPP 谈判的经济利益取决于 TPP 能否真正意义上大幅度提高贸易自由化水平。由于新西兰已经通过各种形式的贸易合作与多数 TPP 成员达成了市场准入的优惠安排，因此，TPP 协定如果不能从实质上大幅度提升贸易自由化水平，那么新西兰将会逐渐降低对其的关注程度。此外，日本作为 TPP 新成员，尚未与新西兰达成自由贸易协定，新西兰农产品进入日本市场依然面临较高的关税壁垒。如果日本农产品不能纳入 TPP 贸易自由化范围，新西兰也可能对 TPP 失去必要的信心。因此，新西兰在未来 TPP 谈判及建设中的立场和态度与 TPP 所追求的贸易自由化水准有着紧密的关系。

第三节　加拿大与 TPP

2012 年 6 月，加拿大宣布加入 TPP 谈判。同年 10 月 8 日，TPP 谈判各参与方完成了对加拿大加入谈判的审批程序，加拿大正式成为 TPP 谈判参与方。

根据加拿大外交、贸易和发展部 2014 年 4 月发布的《TPP 初始环境评估报告》，亚太地区是世界经济发展最快的地区，同时也是加拿大发展对外关系的重要地区，在很多部门和领域为加拿大的出口商和投资者创造了重要机遇。2013 年 7 月日本加入后，TPP 市场的人口规模达到 7.92 亿，GDP 总量达到 28.1 万亿美元，相当于世界经济总规模的 40%。对加拿大而言，TPP 既为其拓展亚洲市场提供了重要机遇，又有利于其维持和发展与美洲国家的传统贸易关系。同时，TPP 将有助于加拿大通过促进贸易投资的多样化来提升其全球竞争力，并维护经济的持久繁荣。加入 TPP 符合加拿大正在实施的大规模贸易促进计划，该计划是加拿大"全球市场行动计划"的重要组成部分。①

一、加拿大的区域经济合作政策

加入 TPP 谈判是加拿大贯彻和实施其区域经济合作政策的重要决策之一。加拿大政府十分重视对外贸易和投资对经济增长的影响。加拿大政府强调，该国贸易对 GDP 的贡献率已达 60%，1/5 的就业与出口相关，对外贸易与投资的发展对该国具有重要贡献，应通过制定各种国家战略促进对外贸易投资的发展。早在 2007 年加拿大政府便启动了一项名为"全球商务

---

① 加拿大外交贸易发展部，Trans-Pacific Partnership (TPP) Free Trade Negotiations, Initial Environmental Assessment, April 2014, http://www.international.gc.ca/trade-agreements-accords-commerciaux/ agr-acc/tpp-ptp/env-ea.asp.

战略"的综合性贸易网络扩张战略计划,以强化其在传统贸易市场中的竞争地位,并实现向新兴市场的扩张。这一战略取得了显著成效,战略实施期间,加拿大先后与至少 37 个国家和地区签署了 7 项不同类别的自由贸易协定。2013 年,为了继续巩固对外贸易投资的发展成果,在与工商界进行了充分沟通和咨询后,加拿大政府推出了新的"全球市场行动计划",强调根据加拿大企业及投资者拓展海外市场的需要制定和协调相关外交及经济政策,开展经济外交,以加拿大的经济利益作为对外政策的核心目标。[①]

根据"全球市场行动计划",加拿大政府通过以下步骤确定优先发展的海外市场:在加拿大产业生产率和竞争优势一定的条件下,利用经济模型确定具有高成长潜力的市场;分析资本、技术及资源的潜在状况;重要的地区性贸易中心及加拿大的自由贸易协定伙伴;全球价值链的核心环节;参考加拿大主要产业部门的建议。根据上述步骤,加拿大将亚太地区市场作为其优先发展的市场之一。同时,加拿大将签署自由贸易协定作为鼓励对外贸易及投资的重要政策工具之一。

加拿大是较早商签自由贸易协定的国家之一。如表 6.24 所示,1989 年 1 月 1 日,美加自由贸易协定即已生效,该协定于 1994 年发展成为 NAFTA,并成为其后签署的很多新自由贸易协定的范例。目前,加拿大已生效的自由贸易协定达到 10 个,已签署待生效的协定为 2 个,已完成谈判的协定有 1 个,另有 11 项自由贸易协定正在谈判之中。此外,加拿大正在分别与土耳其、泰国及南方共同市场(MERCOSUR)就建立 FTA 开展探索性研究,以求尽快启动双边自由贸易协定谈判。因此,加拿大始终对通过区域或双边 FTA 推动贸易自由化进程抱有积极的态度,其自由贸易协定伙伴遍及欧洲、亚洲、美洲,涵盖了世界主要经济体及加拿大的重要贸易和投资伙伴。

---

① Global Markets Action Plan, The Blueprint for Creating Jobs and Opportunities for Canadians Through Trade, http://international.gc.ca/global-markets-marches-mondiaux/index.aspx?lang=eng.

表 6.24 加拿大参与 FTA 概况（截至 2014 年 9 月）

已生效	名称	生效日期
1	加拿大—巴拿马	2013.4.1
2	加拿大—约旦	2012.10.1
3	加拿大—哥伦比亚	2011.8.15
4	加拿大—秘鲁	2009.8.1
5	加拿大—EFTA	2009.7.1
6	加拿大—哥斯达黎加	2002.11.1
7	加拿大—智利	1997.7.5
8	加拿大—以色列	1997.1.1
9	北美自由贸易协定（NAFTA）	1994.1.1
10	加拿大—美国	1989.1.1
已签署	名称	签署时间
1	加拿大—洪都拉斯	2013.11.5
2	加拿大—韩国	2014.9.22
已完成谈判	名称	完成谈判时间
1	加拿大—欧盟：全面经济贸易协定（CETA）	2014.8.5
正在谈判	名称	
1	加拿大—加勒比共同体（CARICOM）	
2	加拿大—中美洲四国	
3	加拿大—多米尼加共和国	
4	加拿大—印度	
5	加拿大—以色列 FTA 的改进	
6	加拿大—日本	
7	加拿大—摩洛哥	
8	加拿大—新加坡	
9	TPP	
10	加拿大—乌克兰	
11	加拿大—哥斯达黎加 FTA 的改进谈判	

资料来源：作者根据加拿大外交贸易发展部网站相关信息整理，参见 http://www.international. gc.ca/ trade-agreements-accords-commerciaux/agr-acc/fta-ale.aspx?lang=eng。

由此可见，参与 TPP 谈判符合加拿大"全球市场行动计划"所确定的开发海外市场、促进贸易与就业的总体目标，同时也是该行动计划的具体内容之一，反映了加拿大的国家利益要求，是其"经济外交政策"的重要内容。

二、加拿大贸易自由化状况

根据 WTO 的统计，加拿大简单平均最终约束关税税率为 6.9%，其中农产品为 17.5%，非农产品为 5.3%。2012 年，加拿大简单平均最惠国关税税率为 4.3%，其中，农产品的平均关税为 16.2%，非农产品为 2.4%。加拿大按 2011 年贸易规模加权平均计算的关税为 2.9%，其中，农产品为 13.6%，非农产品为 2.1%。[①]

如表 6.25 所示，加拿大的非农产品最惠国实际关税分布较为理想，2012 年全部税目的关税税率均低于 25%，零关税进口税目数量占全部非农产品关税税目的 73.9%，2011 年零关税进口额占进口总额的 69.6%，显示出加拿大已在非农产品贸易领域达到了较高的自由化水平。但是，加拿大的农产品贸易仍然存在较大的自由化空间。尽管已有 59.8% 的农产品税目（约占 2011 年农产品进口额的 53.5%）实现了零关税进口，但仍有少数农产品适用关税税率超过了 100%，并且有 12% 的农产品税目（约占 2011 年农产品进口额的 13.3%）实行非从价税。

表 6.25　加拿大关税分布情况

关税分布	0	0≤5	5≤10	10≤15	15≤25	25≤50	50≤100	>100	非从价税占比（%）
	税目及进口额占比（%）								
农产品									
最终约束关税	47.8	15.3	19.7	7.3	1.6	1.8	1.1	5.3	19.4
最惠国实际关税（2012）	59.8	9.3	16.2	5.8	1.2	1.4	0.9	5.1	12.0
进口额（2011）	53.5	16.0	15.7	9.9	0.4	2.4	0.1	2.1	13.3

---

① WTO, Tariff Profile 2012, http://www.wto.org.

关税分布	0	0≤5	5≤10	10≤15	15≤25	25≤50	50≤100	>100	非从价税占比（%）
	税目及进口额占比（%）								
非农产品									
最终约束关税	36.1	8.1	40.1	8.2	7.1	0.0	0	0	0.3
最惠国实际关税（2012）	73.9	6.2	12.0	1.3	6.5	0	0	0	0
进口额（2011）	69.6	3.2	23.5	0.6	3.1	0	0	0	0

资料来源：WTO, Tariff Profile 2012, http://www.wto.org.

如表 6.26 所示，加拿大的农产品中，水果、蔬菜和植物，油籽、油脂，糖类及其制品，饮料和烟草，棉花等的平均最惠国实际关税水平均低于 5%，其中棉花更实现了 100% 零关税进口。但动物产品、奶制品、谷物及其制品的平均最惠国实际关税水平则普遍较高，特别是奶制品的平均关税高达228.5%。此外，加拿大农产品关税的峰值较高，除水果、蔬菜和植物，糖类及其制品以及棉花外，其他类别农产品的关税峰值均超过 200%，其中动物产品的关税峰值高达551%。因此，在降低部分种类农产品平均关税水平的基础上，加拿大在农产品贸易自由化领域所面临的主要困难将是如何有效削减农产品贸易的关税峰值。而在非农产品贸易领域，加拿大各产品类别的贸易自由化水平普遍较高，除服装外，其他类别产品的最惠国平均关税均保持较低水平。需要注意的是，加拿大在交通设备进口中存在 25% 的关税峰值，可能在 TPP 谈判中面临较大的自由化压力。

表 6.26　2012 年加拿大主要产品类别最惠国实际关税及进口状况

产品类别	最惠国实际关税			进口	
	平均（%）	零关税占比（%）	最高值（%）	占比（%）	零关税占比（%）
动物产品	24.0	68.9	551	0.7	57.4
奶制品	228.5	0	314	0.1	0
水果、蔬菜和植物	3.3	60.0	19	1.9	81.9

续表

产品类别	最惠国实际关税			进口	
	平均（%）	零关税占比（%）	最高值（%）	占比（%）	零关税占比（%）
咖啡和茶	7.7	76.0	265	0.7	71.1
谷物及其制品	23.8	36.8	299	1.2	19.0
油籽、油脂	4.1	61.9	218	0.4	65.9
糖类及其制品	4.5	29.4	25	0.3	5.2
饮料和烟草	3.8	47.9	256	1.3	31.7
棉花	0.0	100.0	0	0.0	100.0
其他农产品	6.8	79.2	538	0.5	60.9
鱼及鱼类产品	0.9	81.0	11	0.6	77.3
矿产和金属	1.0	84.9	16	14.8	88.3
石油	0.9	82.8	5	10.3	97.8
化工产品	0.9	84.9	16	11.1	71.8
木材和纸等	1.0	85.6	18	4.3	78.0
纺织品	3.3	58.0	18	1.6	25.2
服装	17.0	2.6	18	2.0	0.3
皮革和鞋类等	4.0	65.3	20	2.3	33.7
非电气机械	0.5	92.7	9	14.6	95.9
电气机械	1.1	83.1	9	9.6	84.4
交通设备	5.9	40.7	25	16.1	14.1
其他未列明制成品	2.8	58.2	18	5.6	73.7

资料来源：WTO, Tariff Profile 2012, http://www.wto.org.

如表 6.27 所示，加拿大农产品及非农产品的主要出口市场均为美国、日本、欧盟、中国和墨西哥。其中，美国、墨西哥与加拿大均为 NAFTA 成员，加拿大对上述两国出口中，100%的非农产品以及98%以上的农产品可享受零关税，基本实现了自由贸易。日本作为 TPP 谈判成员，对来自加拿大的进口农产品仍然征收 23%的平均关税（按税目简单平均最惠国关税），因此，双方在 TPP 谈判中可能会在农产品贸易方面存有较大的矛盾与冲突。

表 6.27　2011 年加拿大主要出口市场及适用关税情况

主要市场	双边进口	贸易额 95%商品所分布的税目数量		按贸易发生税目计算的平均最惠国关税		零关税进口	
	百万美元	HS 2 位	HS 6 位	简单平均 (%)	加权平均 (%)	税目占比 (%)	金额占比 (%)
农产品							
1. 美国	19445	24	173	6.4	5.0	93.3	99.3
2. 日本	4529	16	30	23.0	11.2	31.5	58.3
3. 欧盟	3018	21	54	15.5	3.9	18.2	75.3
4. 中国	2832	8	14	15.0	9.5	7.4	0.6
5. 墨西哥	2070	15	35	23.4	13.9	95.3	98.7
非农产品							
1. 美国	286144	57	732	3.2	0.8	100.0	100.0
2. 欧盟	34800	49	474	4.4	0.7	23.7	85.2
3. 中国	18773	36	180	8.5	2.1	12.6	69.2
4. 日本	8354	32	143	2.7	0.8	62.2	81.2
5. 墨西哥	7357	54	593	9.0	9.1	100.0	100.0

资料来源：WTO, Tariff Profile 2012, http://www.wto.org.

三、加拿大与 TPP 其他成员的贸易关系

表 6.28 为加拿大 GDP、人口及贸易等基本状况统计。在 TPP 的 12 个成员中，加拿大的 GDP 及进口和出口规模均位列第三（前两位均为美国和日本）。如表 6.29 所示，2012 年，加拿大对 TPP 成员的总出口为 3604.8 亿美元，自 TPP 成员的总进口为 2877.9 亿美元。同年，TPP 的 12 个成员间出口贸易总额为 19867.1 亿美元，进口贸易总额为 19391.4 亿美元。加拿大与 TPP 各成员的贸易规模仅次于美国，位列 12 国中的第二位。[①]

———————

① 资料来源：Global Trade Atlas, 2012.

表 6.28　加拿大 GDP、人口及贸易概况

项　　目	GDP（十亿美元）	人口（百万）	对世界出口（百万美元）	自世界进口（百万美元）
加拿大	1781.1	34.5	454690.9	462351.6
TPP 十二国总计	26686.6	789.1	4302201.6	5057678.8
加拿大在 TPP 总额中占比（%）	6.67	4.37	10.57	9.14
世界	70220.6	6965.9	16603271.6	15742662.1
加拿大在世界总额中占比（%）	2.54	0.50	2.74	2.94

资料来源：GDP，参见 IMF World Economic Outlook Database, 2011；人口，参见 World Bank Developmental Indicators, 2011；进口及出口，参见 Global Trade Atlas, 2012。

如表 6.29 所示，加拿大对 TPP 成员出口主要以制造业为主，约占加对 TPP 成员出口总额的 65.3%；其次为油气产业，约占 22.9%；第三为农业，约占 7.9%。加拿大自 TPP 成员进口的则主要为制造业产品，约占加自 TPP 成员进口总额的 88%；其次为农业产品，约占 7.4%。加拿大在与 TPP 成员的贸易中处于总体顺差地位，但制造业则处于逆差地位，贸易顺差的主要来源为油气、农业、木材和林业部门。因此，在与其他 TPP 成员的贸易中，加拿大在资源类产品及农产品出口上具有一定的竞争优势。

表 6.29　2012 年加拿大与 TPP 成员分产业贸易统计

单位：百万美元

产业	加拿大对 TPP 成员出口	加拿大自 TPP 成员进口
农业	28346.2	21243.6
木材和林业	7726.0	2179.3
渔业及海产品	1316.6	503.6
矿业	5270.4	4446.8
油气	82483.6	5998.8
制造业	235337.5	253414.8
合计	360480.3	287786.9

资料来源：加拿大外交贸易发展部，Trans-Pacific Partnership (TPP) Free Trade Negotiations, Initial Environmental Assessment, April 2014, http://www.international.gc.ca/trade-agreements-accords-commerciaux/agr-acc/tpp-ptp/env-ea.aspx?lang=eng#a01.

美国：加拿大和美国已经全面履行 NAFTA 的关税自由化承诺。2012年，美国自加拿大的货物进口达到 3237 亿加元，美方进口产品主要包括矿物燃料及原油、汽车及零部件、机械设备和塑料等。同年，加拿大自美国的货物进口为 2339 亿加元，进口产品主要包括汽车及其零部件、机械设备、矿物燃料及原油和塑料等。

墨西哥：加拿大和墨西哥已经全面履行 NAFTA 的关税自由化承诺。2012 年，墨西哥自加拿大的货物进口为 99 亿加元，进口产品主要包括汽车及其零部件、油籽、电子电气设备、钢铁等。同年，加拿大自墨西哥的货物进口为 255 亿加元，进口产品主要包括汽车及其零部件、电子电气设备、机械设备、矿物燃料及原油和家具等。

智利：加拿大和智利已经全面履行了 1997 年所签署的双边 FTA 中关于关税自由化的承诺。2012 年，智利自加拿大进口额为 10 亿加元，进口产品主要为矿物燃料和原油、机器和设备、矿石、汽车及其零部件。同年度，加拿大自智利进口额为 17 亿加元，进口产品主要包括宝石和金属、水果和坚果、铜、鱼类及海产品、饮料等。

秘鲁：加拿大和秘鲁 2009 年签署双边自由贸易协定。2012 年秘鲁自加拿大进口额为 5.89 亿加元，进口产品主要为谷物、机械和设备、电子电气设备、蔬菜、纸和纸板等。同年，加拿大自秘鲁进口额为 37 亿加元，进口产品主要为宝石和金属、矿石、油脂、咖啡、水果和坚果等。

澳大利亚：2011 年，澳大利亚的简单平均最惠国实际关税税率为 2.8%，在此基础上，加拿大与澳大利亚订有长期双边贸易协定，相互给予市场准入优惠。2012 年，澳大利亚自加拿大进口额为 24 亿加元，进口产品主要包括机械及设备、汽车及其零部件、电子电气设备、药品及硫黄等。澳大利亚仅对来自加拿大进口产品中的 16.1% 征收关税。2012 年，加拿大自澳大利亚进口金额达到 21 亿加元，进口产品主要包括矿石、无机化学品、饮料、机械和设备以及宝石与金属等。

新西兰：2012 年，新西兰自加拿大进口金额达到 4.39 亿加元，进口产品主要包括机械和设备、化肥、硫黄和印刷材料。2012 年，加拿大自新西兰进口金额达到 5.34 亿加元，主要进口品包括特定肉类、饮料、机械和设备等。加拿大与新西兰之间多数产品贸易已实现自由化。双方均已开放市场，2011 年，新西兰的简单平均最惠国实际关税税率仅为 2%。此外，根据一项长期有效的双边贸易协定，两国相互给予市场准入优惠待遇。

越南：2012 年，越南自加拿大进口金额达到 4.56 亿加元，进口产品主要包括化肥、油籽、机械和设备、油脂加工品、谷物、鱼类及海鲜等。2012 年，加拿大自越南进口金额为 16 亿加元，进口产品主要包括服装、家具、鞋类以及电子电气设备等。由于越南平均实际关税税率达到 9.8%，TPP 可帮助加拿大获得可观的市场准入机会，特别是在目前关税较高的部门（如鱼类及海鲜）。

马来西亚：2012 年，马来西亚自加拿大进口金额达到 9.31 亿加元，进口产品主要包括化肥、电子及电气设备、机械及设备、飞机和谷物等。2012 年，加拿大自马来西亚进口金额达到 22 亿加元，进口产品主要包括电子电气设备、机械及设备、科学及精密仪器、油脂和橡胶等。2010 年，马来西亚平均实际关税税率达到 6.5%，因而加拿大可以借 TPP 获得更多的出口市场准入空间。

文莱：文莱货物进口规模相对较小，2012 年仅为 1230 万加元，主要为机械和设备。同样，加拿大自文莱进口额仅为 670 万加元，主要为有机化学品。由于双边进出口规模较小，因此关税减让的影响将十分有限。

新加坡：2012 年，新加坡自加拿大进口金额达到 12 亿加元，进口产品主要包括机械和设备、电子电气机械、汽车及其零部件、科学和精密仪器以及飞机等。除极少数例外产品，新加坡对绝大多数进口产品实行免税。2012 年，加拿大自新加坡进口金额达到 14 亿加元，其中，只有 2% 的产品征收了关税。加拿大自新加坡进口的产品主要包括电子电气设备、机械和设备、多重化学品、矿物燃料及石油、药品等。

日本：2012 年，日本是加拿大第五大贸易伙伴。当年日本自加拿大货物进口金额达到 127 亿加元，进口产品主要包括矿物燃料及石油、油籽、肉类、矿石及木材等。加拿大自日本进口金额达到 150 亿加元，进口产品主要包括汽车机械设备等。[①]

四、参与 TPP 谈判对加拿大的潜在影响及加方政策分析

加拿大政府决定加入 TPP 谈判的过程较长，其间国内各部门及利益集团进行了争论和政策博弈。从加拿大及 TPP 各成员的经贸关系及贸易投资自由化状况分析，一方面，加入 TPP 总体上可能给加拿大经济带来积极的福利效应，但另一方面，加拿大部分国内部门将面临一定的市场开放压力。并且，加拿大与日本等成员尚未签署自由贸易协定，新的自由化安排将会给各方带来较大的国内压力，因此，加拿大可能会在这些敏感部门的谈判中持审慎态度。

（一）TPP 对加拿大可能产生的经济影响

加拿大很重视 TPP 的经济福利效应，因此在经过慎重评估后选择了参与 TPP 谈判。根据加拿大政府的评估结果，加入 TPP 将给加拿大的国内生产总值带来 65 亿美元的收益（2012 年价格），或者使 GDP 增长 0.36 个百分点。在贸易方面，加拿大与其他 TPP 成员的双边货物及服务贸易额将有望增加 78 亿美元（2012 年价格），相当于增长 1.17%；其中，货物贸易增长 61 亿美元，服务贸易增长 17 亿美元。加拿大对其他 TPP 成员的总出口将在参与协定谈判前的 3588 亿美元的基础上增长 0.93%（相当于 33 亿美元）；而加拿大自其他 TPP 成员的进口将在参与谈判前的 3098 亿美元的基

---

① 加拿大外交贸易发展部，Trans-Pacific Partnership (TPP) Free Trade Negotiations, Initial Environmental Assessment, April 2014, http://www.international.gc.ca/trade-agreements-accords- commerciaux/ agr-acc/tpp- ptp/ env-ea.aspx?lang=eng#a01.

础上增长 1.44%（相当于 45 亿美元）。[①]

在货物贸易方面，加拿大加入 TPP 的贸易自由化福利效应与 TPP 生效后其他成员的关税削减状况有着密切关系。首先，由于加拿大已经与 TPP 成员中的美国、墨西哥、智利和秘鲁签署自由贸易协定，并与澳大利亚和新西兰订有长期贸易优惠协定。因此，加拿大与上述成员间的双边贸易福利能否因 TPP 而有所提高，取决于 TPP 协定的自由化水平能否在原有双边协定水平的基础上继续提高。第二，新加坡长期实行自由贸易政策，因此，TPP 中它给加拿大带来的货物贸易自由化效果有限。第三，日本、越南、马来西亚及文莱是目前 TPP 成员中尚未与加拿大签署任何形式贸易协定的成员。日本 2011 年的简单平均实际关税水平为 5.3%，其中，农产品为 23.3%，非农产品为 2.6%；越南 2010 年简单平均最惠国实际关税为 9.8%，其中，农产品为 17%，非农产品为 8.7%；马来西亚 2010 年简单平均最惠国实际关税为 6.5%，其中，农产品为 10.8%，非农产品为 5.8%。[②]上述三国中，越南的总体关税水平及农产品关税水平都比较高，而日本的农产品关税水平较高。三国在 TPP 生效后的关税减让将会对加拿大的贸易产生重要影响。加拿大可能在谈判中集中关注上述三国的关税，特别是农产品的关税减让情况，并提出较高的自由化要求。

此外，TPP 对加拿大的服务和投资领域也会产生重要影响。在服务领域，加拿大的环境评估报告对 TPP 的影响做出了肯定。TPP 将有利于进一步加强加拿大与各成员间的供应链联系，改善服务贸易的市场准入环境，从而促进服务与投资活动的开展。加拿大很重视服务对经济的影响，其服务业对 GDP 的贡献率约为 70%，如果 TPP 协定能够提高服务业的自由化水平，加拿大将会从中受益。在投资领域，加拿大已经与智利、秘鲁、美国

---

① 加拿大外交贸易发展部, Trans-Pacific Partnership (TPP) Free Trade Negotiations, Initial Environmental Assessment, April 2014, http://www.international.gc.ca/trade-agreements-accords- commerciaux/ agr-acc/tpp-ptp/env-ea.aspx?lang=eng#a01.

② 资料来源：WTO, Tariff Profile 2012, http://www.wto.org.

和墨西哥签署了相关投资协定，TPP 对加方与上述成员之间的投资活动影响有限。但加方与其他 TPP 成员之间的投资活动可能会受到 TPP 协定投资条款的影响。

　　基于对上述经济福利提升效应的认可，加拿大对 TPP 谈判总体上采取了较为积极的态度。同时，由于加拿大已经与多数重要的 TPP 成员达成了自由贸易协定，并且国内制度透明度及贸易投资自由化水平相对较高，所以，加拿大会积极推动 TPP 谈判尽快取得进展。但同时，由于加拿大经济中存在部分敏感产品，加方可能在此类部门的开放条件上提出较为苛刻的要求，以保护本国产业部门利益。

　　（二）加拿大在 TPP 谈判中面临的主要压力

　　目前，加拿大国内的市场开放阻力主要来自农产品部门。加拿大的农产品部门实际关税水平普遍较高，其中，奶制品 2012 年的平均最惠国实际关税水平达到 228.5%，动物产品、谷物及其制品的平均最惠国实际关税水平也超过了 20%。此外，多数品种农产品的关税峰值较高，动物产品的最惠国实际关税峰值达到 551%，其他农产品为 538%，奶制品为 314%，而咖啡和茶、谷物及其制品、油籽油脂、饮料和烟草等产品的关税峰值也超过了 200%。[①] 因此，加拿大的部分农产品部门将会在 TPP 谈判中面临较大的自由化压力。受到国内农业利益集团的影响，加拿大可能会在 TPP 农产品谈判中采取一定的保守态度。

　　此外，在部分制成品部门贸易中，加拿大也面临着关税减让的压力。在汽车产品上，美国和日本等成员已明确表态要求加拿大降低其关税水平。根据 WTO 的统计，2012 年加拿大交通设备的简单平均最惠国实际关税为 5.9%，部分交通设备的最惠国实际关税峰值达到 25%，在其非农产品关税中处于较高水平。在服装部门，加拿大的平均关税水平达到 17%，处于较高水平。而 TPP 成员中，越南的服装产业具有一定的出口优势，对服装出

---

① 资料来源：WTO, Tariff Profile 2012, http://www.wto.org.

口的自由化要求相对较高；加越两国之间又缺少双边贸易自由化协定或机制。因此，越南可能会在服装贸易上对加拿大提出一定的自由化要求。加拿大可能会在上述敏感制成品部门采取较为保守和强硬的态度，以维护本国相关群体的利益，但具体的谈判结果仍将取决于各方的谈判博弈情况。

第七章 TPP谈判的最新进展及
中国的应对策略

自2008年初美国主导TPP谈判以来，越来越多的亚太重要经济体加入谈判，使其成为亚太区域经贸合作的重要推进路径之一。但其完成最终谈判和协议文本拟定的时间表数次推迟，也表明TPP谈判必将经历一条复杂艰难的曲折之路。

2015年6月，奥巴马政府得到美国国会给予的总统贸易促进授权（Trade Promotion Authority，TPA），进展迟滞的TPP谈判再现曙光。作为迄今美国"重返亚太"战略中最具实效性的举措，同时又有可能成为下一代全球经贸规则制定的示范"模板"，TPP协定的实施生效必将成为新一轮亚太地缘政治经济博弈的"扳机"。

本章将首先回顾和评估TPP谈判的发展历程与最新进展，分析其进程长久拖延的客观原因以及谈判各方的政治经济考量。在此基础上，将结合对TPP谈判未来走势的预判，提出中国在国内外两个层面上的应对策略选择。

第一节 TPP谈判的最新进展

自2010年3月正式启动以来，参与TPP谈判的12个成员已经举行了二十六轮谈判，在初步设定的24个具体谈判领域都取得了显著进展。

　　总体来说，TPP 谈判在日本加入后进入了真正的攻坚阶段，即基本上所有成员已经对协定的主体内容和绝大多数文本描述达成了一致意见，但个别成员之间针对个别条款和个别产品仍持有原则性对立的态度，尤其在一些敏感谈判议题上不愿退让，希望保有更多的守方利益。

　　2014 年 11 月 10 日，TPP 谈判成员的部长们向领导人提交了最新的TPP 谈判进展报告，详细介绍了各谈判议题的已有成果和未来推进方向。[①]

一、全面的市场准入领域

　　TPP 谈判成员仍在基于高标准、全覆盖的原则，推进市场准入领域的谈判。

　　（一）货物贸易自由化

　　TPP 谈判成员正在努力结束各自双边之间的最终关税减让谈判，以使各成员的企业、农民、工人和消费者早日获益。但部分成员在特定商品的关税减让方面仍未达成一致，还在积极进行磋商。

　　据媒体报道，美日两国计划实施零关税的产品比例将超过 95%，且双方已经就美国产牛肉、猪肉的降税目标达成原则性一致[②]，但汽车与大米仍旧是双方争执的焦点。在日本对美国出口的汽车零部件关税（目前为 2.5%）方面，日本要求美国在 10 年之内取消大部分品目的关税，但美国政府在 TPA 法案（Trade Promotion Authority Bill）出台之前无法做出承诺。关于大米，日本已经承诺针对美国产的主食大米在每年 77 万吨总配额框架内给予一定无税配额，但双方尚未就配额规模达成一致意见。美国要求日

---

　　① 作者根据新西兰外交与贸易部网站资料整理，参见 http://www.mfat.govt.nz/Trade-and-Economic-Relations/2-Trade-Relationships-and-Agreements/Trans-Pacific/1-TPP-Talk/1-TPP-talk.php.

　　② 据日本 NHK 电视台 2015 年 2 月 2 日报道，美日政府在 TPP 谈判框架下达成妥协，日本先将牛肉进口关税率由目前的 38.5% 降至 28% 后，再分阶段下降到 9% 左右。同时规定，一旦日本进口激增可启动紧急进口限制措施（Safeguard），将关税提高至 20%。关税最终在协定生效 15 年后降至 9%。关于猪肉问题，日本决定将低价肉每公斤最高 482 日元的关税利用 10 年以上时间阶段性降至 50 日元左右。且一旦启动紧急进口限制，仍实施阶段性降税，最终降到 100 日元左右。

本每年进口 17.5 万吨无税大米，而日本则仅承诺数万吨以内。①

（二）跨境服务市场开放

跨境服务的核心文本内容已经在 TPP 成员之间形成了共识，以确保形成一个公平、开放、透明的区域性服务贸易大市场。TPP 协定同时也为各成员政府维护公共利益保留了适当权利。

（三）消除投资壁垒

TPP 成员已经在投资的非歧视原则、国民待遇原则、征收与征用规则、禁止指定性经营要求（Specified Performance Requirements）等方面达成共识，但投资条款的产品覆盖范围尚未确定。

（四）投资争端解决方式的选择

除了投资壁垒的选择，TPP 成员在投资争端解决方式选择的相关条款上也矛盾重重。澳大利亚、加拿大、新西兰、新加坡、越南等成员都曾明确表示，将坚持使用国家间争端解决方式处理投资领域的可能冲突，不愿意面对其他国家投资者直接向国际仲裁机构起诉自己国家的尴尬与困难。而美国为了最大限度保护美国公司的利益，倾向于选择"投资者—国家"争端解决模式。

二、区域贸易规制领域

（一）统一原产地规则

TPP 成员已经在大多数商品的原产地规则（Rules of Origin, ROO）协调方面取得显著进展。但由于 TPP 成员在各自已经签署的不同 FTA 中使用了差异极大的原产地规则标准，该议题的谈判极为艰难。美国等发达成员要求设定较为严格的原产地规则，而 TPP 发展中成员（越南、马来西亚、墨西哥等）大部分依赖加工贸易，倾向于较弱的原产地规则。例

---

① 日本国内的大米产量达到每年 750 万吨以上，因此扩大进口美国大米对大米市场整体价格影响有限，但澳大利亚等国也可能要求日本同意进口本国大米。

如，对于纺织品来说，美国有意要求纺织品原产地的规则适用 NAFTA 中的"纺纱前沿"原则，这将对越南的纺织品产生不利影响。因为越南纺织品原料大部分来自中国，不符合"纺布、织布、剪裁和加工"都必须在美国和越南两地完成的要求，所以有可能无法得到 TPP 协定下的特惠待遇。

（二）消除非关税壁垒

TPP 成员普遍意识到，非关税壁垒现在已经替代了传统的关税壁垒，成为最关键的贸易自由化障碍。因此，各成员确认将在履行 WTO 承诺和义务的基础上，加强透明度和贸易救济程序执行的合理性。同时，TPP 协定也给予政府在健康、安全和环境保护等领域保护公众权益的资格。[①]

三、"下一代贸易与投资议题"领域

TPP 成员为保持经济发展的持续动力和竞争能力，共同承诺采取一系列措施解决下一代贸易与投资新议题。目前，已经基本形成共识的领域包括：

（一）增强数字经济活力

TPP 成员认识到互联网经济的巨大发展潜力，包括其有助于中小企业找到并进入新的市场。近年来，互联网用户数量更是爆发式增加并持续递增。目前，谈判在数字产品的关税问题、电子交易的认证问题、数码环境以及消费者权益保护问题等方面已经有所进展，而有关跨境数据流和数字产品界定的附加文案仍在讨论之中。与此同时，TPP 协定也会充分考虑政府需要对公共利益加以维护，例如对于私密性信息的有效保护等。

（二）促进公平竞争

TPP 谈判致力于建立一系列规则以确保国有企业和私人部门能够公平

---

① 由于日本、澳大利亚、越南等大多数谈判成员的坚决反对，美国可能不会将汇率操纵问题纳入谈判框架之内。

竞争。为了促进经济效率和提升竞争力，TPP 成员已经在竞争法令的制定和施行、竞争政策实施阶段的程序公平、透明度、消费者权益保护以及经济技术合作等方面做出了先驱性的贡献。

针对国有企业待遇问题，美国要求任何国有企业都不能享受特别优惠待遇和补贴，任何外资企业都要享受与国有企业相同的待遇。这对于澳大利亚的矿产品、加拿大的农产品、新加坡的服务业、越南几乎所有产业都是极大的挑战。这些成员也正在努力使部分产业进入例外清单。

（三）加强知识产权保护

TPP 成员特别强调创新对于经济规模扩张和国民经济福利提高的重要性。科技创新也是一国竞争优势的重要起源。因此，TPP 协定致力于加强知识产权保护，并平衡地保护和分享创新利益，这个领域也是最为复杂和极有挑战性的谈判领域之一。

该议题的核心是，美国希望加大对药品的专利权保护（将保护期延长到十年），从而保证自己的制药企业的全球利益，防止其他国家仿制药品。而除美国外的所有成员几乎都无法接受这么严格的标准。为了不提高药品价格，防止整体医疗水平下降，保护国内制药企业，澳大利亚、新西兰、加拿大提出了强烈的反对意见。澳大利亚贸易部长已经决定，在 TPP 谈判中不讨论改变澳大利亚药品福利计划，也不准备提高该领域的知识产权保护力度。

TPP 谈判成员正在寻找适当的方式，使普通民众能够得到必要的药品和互联网资源，同时也体现出 TPP 谈判成员之间的差异性。

（四）促进环境保护

TPP 协定在环境保护领域的谈判取得了非常有意义的成果，致力于解决扩大贸易与环境保护之间的挑战问题，实现贸易与环境的相互支持。TPP 成员都认为协定文本应包括与贸易有关的环境保护章节，并制定一种有效的制度安排框架，以监督其实施和提供能力建设。TPP 谈判讨论的新的环境问题还包括：海洋渔业生产和保护问题、生物的多样性、外来物种入侵、气候变化以及环境产品和服务等。

（五）纳入严格的劳工标准

TPP 成员为了确保贸易利益能够得到广泛的分享，已经就劳工标准、劳动者权利保护、劳工议题对话合作机制等议题基本达成协定，涵盖了国际劳工组织（International Labour Organization，ILO）规定的诸多关键劳动者权利。

在该领域，美国要求其他成员强制性采取严格的劳工标准，确保高成本的美国企业不会失去竞争优势。而毫无疑问，越南、马来西亚、智利、秘鲁等发展中成员在该领域压力较大，它们希望该条款仅作为指导性规定出现，或者给予发展中经济体特别待遇。

四、跨领域议题

在跨领域议题方面，12 个谈判成员已经基本完成了相关协定文本的草拟工作。

第一，在改进各成员内部规制实践并加强规制一致性方面，TPP 成员共同承诺将努力提高政策透明度，并改善贸易便利化。

第二，以增加就业为目标的深化区域生产和供应链合作谈判已经基本结束。

第三，考虑到中小企业对于创造就业的重要性，现有协定将便利它们更充分地利用各项 TPP 条款，以支持经济增长。

五、鼓励经济增长包容性

TPP 协定特别关注经济增长的包容性问题，致力于将贸易和投资扩大带来的收益分享给各经济体及其人民，并已经在确保透明度、实施良好的政府治理、加强反腐等方面做出承诺。

六、促进社会发展，提供能力建设

能力建设和其他形式的经济技术合作是 TPP 谈判成功并最终得以实施的关键因素。TPP 成员将帮助其发展中缔约伙伴提高经济转型和实施高标准市场开放承诺的必要能力，鼓励女性和低收入人群更好地融入经济社会，激励各成员发展良好的公私伙伴关系。

七、TPP 协定的扩员问题

TPP 谈判成员的部长们与那些希望在未来加入 TPP 谈判的经济体仍保持接触。换言之，现有成员已经对 TPP 协定的开放性达成了一致意见，并基本确立了未来扩员的制度框架和具体程序。与此同时，各成员还制定了某些灵活性细则，以使 TPP 协定能够针对将来出现的贸易、投资、科技创新等新议题做出适当调整和反应。

第二节　TPP 谈判进程久拖未决的政治经济动因

自 2008 年美国宣布重返跨太平洋战略经济伙伴关系协定（P4）的投资与金融服务业谈判以来，扩容后的 TPP 谈判已经拖延了七八年的时间而仍未达成最终协定。在此期间，TPP 谈判成员的首脑和部长多次发表声明，宣布了数个期待结束谈判的时间表，但最终都不了了之。即使美国政府已经得到国会的 TPA 授权，但 TPP 谈判能否通过各自国会审议并付诸实施，其不确定性仍然存在。由此可见，作为未来亚太区域经济一体化重要支持路径之一的 TPP 谈判，其进程是非常艰难曲折的。TPP 谈判进程长久拖延，一方面是受到了某些客观因素和客观条件的制约，另一方面也与主要谈判方基于各自的政治经济考量而有意拖延有关。

一、TPP 协定难以迅速完成谈判的客观因素和客观条件

迄今，TPP 谈判是在 12 个经济发展水平和市场开放程度差距悬殊的成员之间展开的。从 FTAs/RTAs 缔约谈判的一般经验来看，经济发展水平较高且相近、产业结构布局合理、国内产业部门承受市场开放冲击能力较强的发达经济体之间较为容易缔结自由贸易协定。而当前的 TPP 谈判成员不仅包括世界上经济总量最大的美国和排名第三的日本，同时也包括在发展中经济体中仍处于相对落后位置的墨西哥、秘鲁和越南等。2015 年 4 月，国际货币基金组织发布的《世界经济展望》显示，TPP 谈判成员的人均 GDP 水平（按国际汇率计算）差异显著。其中，2014 年澳大利亚人均国内生产总值为 61219 美元，在世界范围内排名第五；而美国的这一指标为 54597 美元，全球排名第十；越南的人均 GDP 仅仅为 2052 美元，排名全球 135 位。澳大利亚和美国的人均国内生产总值几乎都是越南的 30 倍左右（表 7.1）。

另一方面，从市场开放度来看，各谈判成员之间的差异也非常明显。从各经济体提交的 APEC 年度单边行动计划中可以看出，越南关税水平显著高于 TPP 其他成员，尤其是农产品平均关税率在 18.9%以上，而汽车及其零部件的关税高达 83%。日本农产品的关税峰更为明显，如大米的实际关税率为 778%，小麦为 252%，牛奶及乳制品为 360%，砂糖为 328%等。而新加坡几乎 100%的进口品关税已经削减至零关税水平。

某种程度上，经济发展水平和产业结构体系的差异将直接导致各谈判成员在未来的自由化承诺水平和谈判利益关注点上立场迥异。例如，美国、日本、加拿大等发达成员较为关注规制融合领域的谈判；而越南、马来西亚、墨西哥等发展中成员，以及澳大利亚、新西兰这样的单一产业结构成员仍将关注点放在市场准入壁垒的减让方面。可以预测，在如此悬殊的发展水平和自由化现状差异下，缔约成员之间开展相互妥协的谈判，并最终实现高标准

的完全自由化，必然要经历非常艰苦的博弈和长久的过程。

表 7.1　TPP 谈判 12 个成员人均 GDP 及世界排名统计表

成员	2014 年		2013 年	
	人均 GDP（美元）	排名	人均 GDP（美元）	排名
澳大利亚	61219	5	64429	5
新加坡	56319	9	55980	9
美国	54597	10	52939	10
加拿大	50398	15	52393	11
新西兰	43837	21	41490	23
文莱	36607	26	39659	24
日本	36332	27	38633	25
智利	14477	52	15687	48
马来西亚	10804	65	10457	68
墨西哥	10715	66	10661	65
秘鲁	6458	88	6540	88
越南	2052	135	1902	135

资料来源：作者根据 2015 年 4 月发布的《世界经济展望》相关数据整理，参见 http://bbs.tianya.cn/post-333-652842-1.shtml。

　　另一个导致 TPP 谈判拖延的原因是 TPP 进展迟滞与不断扩员之间形成了恶性循环。从某种角度来说，TPP 成员数次放弃自己预设的谈判完成时间表，其目的就在于确保 TPP 谈判最终能够按计划达成高质量自贸协定。也就是说，在美国的主导下，大多数谈判成员在速度与质量之争的问题上达成了质量优先的一致意见。但是，随着 TPP 谈判的假想制约目标——中国——在地区政治经济事务中的崛起趋势日益明显，同时以 RCEP 为代表的"东亚轨道"迅速启动并快速推进，为了保持 TPP 的影响力和热度不会消退，美国不得不主导了 TPP 谈判的数次扩员进程。但是，扩员带来的直接后果就是谈判成员达成妥协的难度进一步增加，刻意迟滞谈判进程的部分成员也找到了新的理由。进展迟滞需要不断扩员来造势，不断扩员又导致进一步的谈判停滞，两者之间形成了恶性循环。这一现象的典型案例就是,美国为了确保TPP谈判包容足够多的关键经济体而批准日本加入谈判,但在农产品领域坚决不让步的日本凭借其实力又致使TPP谈判愈加艰难。

二、美国尽力主导 TPP 谈判进程的政治经济动因

从各成员谈判代表的公开声明中可以清晰看出,TPP 谈判的进展步伐始终是由美国紧紧掌控的,其他成员只能起到部分的推动或延缓作用[①]。从小范围的 P4 渐渐扩展至如今的 TPP,不论是四个影响力相对有限的初始成员新加坡、新西兰、智利和文莱,还是马来西亚、越南、加拿大、日本等新加入的成员,都是因为其政治、经济、安全等领域的利益与美国密切相关才投入 TPP 谈判的怀抱,整个谈判进程被实力睥睨群雄的美国紧紧控制也就不足为奇了。

美国尽全力掌控 TPP 谈判进程的主导权是基于强烈的政治经济动机。TPP 谈判进程的或快或慢,早已成为美国政府根据其自身利益诉求和区域政治经济环境变化而灵活采用的一种战术手段。

（一）以巩固自身对亚太政治经济事务的主导权为基本方针

21 世纪被称作"亚太世纪"。亚太地区地域辽阔,经济增长潜力巨大,传统势力与新兴势力之间交替更迭频繁,由此也导致该地区的政治、经济环境极为复杂,美、日、中、俄、东盟等大国或利益集团展开了全方位的、持续不断的博弈。

奉行"大国平衡"战略的东盟积极构建东盟共同体,并以此为基础构筑了"10+1""10+3""东亚峰会"等东亚区域合作轨道。此外,中国、日本、韩国三国领导人峰会逐年举办,而制度化的中日韩自由贸易区（CJK-FTA）谈判也正式启动。以中国和俄罗斯为核心的"上海合作组织"发展势头强劲。这些影响力巨大的区域政治经济合作框架都将美国排除在

[①] 即便在日本加入谈判之后,美国略显失控也无妨,其仍旧是 TPP 谈判真正的主导者。

外，是针对美国衰落后的地区性制度真空产生的自然反应。①

在此背景下，如何以全新的区域经济一体化制度安排打破冉冉升起的"东亚经济合作轨道"，维护自身在亚太地区的政治经济主导权，迅速升级为美国亚太战略和 FTA 战略实施的首要问题。为此，美国毅然选择了 TPP 谈判作为其在经济合作领域贯彻"重返亚太"战略的重要抓手，在 2009 年正式宣布加入 TPP 谈判进程之后倾尽全力快速推进 TPP 的谈判扩员（澳大利亚、秘鲁、马来西亚、越南等）和谈判进程（在谈判领域选择、谈判模式、社会条款设计等方面强力推动达成妥协），使 TPP 迅速成为亚太区域经济一体化的主要平台之一。② 而在加拿大和墨西哥于 2012 年以及日本于 2013 年陆续加入 TPP 的谈判进程之后，TPP 谈判在地区影响力和自贸规则制定方面的主导趋势已经确立，与之相竞争的 RCEP 谈判的进展则慢于预期。在此背景下，美国政府也因国内贸易保护主义利益集团的压力而逐步放慢了 TPP 谈判步伐，两次放弃了 TPP 谈判最终达成协定的时间表。2014 年，随着中国政府"一带一路"战略的逐步展开，以及世界上 50 多个经济体加入中国主导的亚洲基础设施开发银行（AIIB），美国又感觉到其地区规制制定主导权正在遭到威胁，于是再次加快了 TPP 谈判的进程，奥巴马政府投入大量精力推动国内 TPA 立法程序，为 2015 年底之前结束 TPP 谈判扫清障碍。

毋庸置疑，美国始终是以确保其亚太地区政治经济主导权为基本方针控制 TPP 谈判进展的。

（二）摸索"下一代全球经贸规则"需要深度磨合

除了努力巩固在亚太地区的政治经济主导权之外，美国还通过 TPP 谈判去尝试和摸索如何制定能够最大限度发挥和保持自身竞争优势的"下一

---

① 盛斌. 美国视角下的亚太区域一体化新战略与中国的对策选择——透视"泛太平洋战略经济伙伴关系协议"的发展//中国 APEC 研究院（南开大学）. 亚太经济发展报告 2010. 南开大学出版社, 2010 年.

② 美国 2009 年总统经济报告中特别强调了美国参加 TPP 谈判的这一显著动机，即参与和领导 TPP 可以使美国重新取得在亚太地区一体化中的主导权，保持美国的主导地位。

代全球经贸规则"。在现有的 WTO 自由贸易规则下，发展中经济体充分利用后发优势和发达经济体市场更为开放的有利条件，经济保持高速增长，全球经济格局正面临重新洗牌的局面。发达经济体则意识到，被追赶甚至可能被超越的危机感正在转变为现实。

因此，美国从谈判之初就将 TPP 协定解读为"未来自由贸易体系建设的模板"，不仅要求各成员做出更全面、更高质量的自由化承诺，更强行推进劳工标准、环境保护、透明度、知识产权保护、竞争政策、国有企业待遇和私有化等规制领域的"一致化"与"国际化"——即 TPP 缔约方必须大力推进国内经济管理模式的改革，使之与 TPP 制定的"国际规制"接轨。但考虑到各谈判成员在经济实力和经贸规则制定能力上的显著差异，未来的"TPP 国际规制"必然是以确保美国最大限度地发挥技术创新能力和资本运作能力的优势为目标，并最终向美国的现行经济管理体系看齐。

同时也应看到，美国在主导 TPP "制度建设"的过程中也不会是顺风顺水的。目前，所有的经济体及其领导人都已经认识到，在价格竞争、质量竞争、服务竞争、标准竞争轮番登台之后，谁能在下一代贸易与投资问题的管理和运作规则方面的竞争中掌握主导权，谁才真正拥有未来博弈的先机和优势。因此，无论是美国的传统盟友加拿大、澳大利亚等国，还是希望紧紧跟随美国的发展中经济体越南、马来西亚、智利等国，在涉及国内规制改革的 TPP 社会条款谈判中都据理力争，寸土不让，美国更不会放弃自身利益而迁就其他各方。这就必然导致 TPP 谈判异常艰辛，陷入久拖不决的泥沼。

（三）美国国内的政治力量博弈加大了 TPP 谈判的难度

美国主导和推进 TPP 谈判的另一个重要目的是借助于打开海外市场，扭转国内经济增长缓慢的趋势。奥巴马政府为了解决次贷危机的遗留问题并拉动经济复苏，在 2009 年 3 月公布的《2010 年贸易政策议程》（2010 Trade Policy Agenda）中，制定了未来五年美国出口增长两倍并借此

促进新增 200 万个就业岗位的宏伟战略。美国贸易代表办公室在 TPP 谈判
进展公告中多次表示，亚太地区在贯彻美国新的"国家出口战略"（National
Export Strategy, NES）中具有极其重要的商业利益，TPP 协定将成为美国
企业进入全球经济一体化体系的保障机制，创造出更大的出口市场①，进
而成为弥补贸易逆差、维持高就业率和巩固经济增长良好态势的最佳政策
选择。

　　但 TPP 谈判不是一厢情愿的事情，它也成为其他谈判成员将自己的优
势产品打入美国市场的"攻城锤"。一旦 TPP 协定生效，可以预期，越南
的纺织品和轻工制品、日本的电子电器设备、澳大利亚和新西兰的农产品、
加拿大的乳制品等在美国市场上将获得比目前更为优惠的市场条件。因此，
TPP 谈判也必然会遭遇到美国国内来自劳工组织、农产品生产者等反对贸
易自由化的利益集团的巨大阻力。

　　美国联邦竞选委员会于 2015 年 3 月 9 日公布的 2013 年至 2014 年竞选
周期内政治献金的流向数据显示，美国国会的共和党议员因较多地得到工
商企业和出口贸易利益集团的资金支持（表 7.3）而相应地鼓励美国采取自
由贸易政策。但是，共和党中代表极端保守利益集团的"茶党"占比较高，
影响力可观。这些议员明确反对 TPP 谈判。此外，据《华盛顿邮报》2015
年 1 月 6 日的报道，当届国会中的 173 名被称为"犀牛"的共和党议员仅
仅算是名义上的共和党人，他们的政治立场业已反转。

　　而更多依靠劳工组织、环保组织、受进口冲击较严重的产业选票支持的
国会民主党议员（表 7.2、表 7.3），则从根本上赞成实施贸易保护措施或者
要求在更大程度上实施贸易利益的再平衡政策。表 7.2 是抵制自由贸易的环
保组织和劳工组织近年来的捐款流向统计，可见其主要是资助了民主党议
员。"美国劳工联合会—产业工会联合会"（The American Federation of Labor

----

① 墨西哥、加拿大、日本参与 TPP 谈判后，TPP 集团已成为美国最大的出口目的地市场。未来 TPP
协定生效后，美国企业面对的市场开放程度和营商环境将进一步提升。

and Congress of Industrial Organizations，AFL-CIO，中文简称"劳联—产联"）作为美国最大的劳工组织，在 2015 年 5 月 21 日美国参议院投票通过授予奥巴马政府 TPA（总统贸易促进授权）之后，就直接点名批评了投支持票的 13 名民主党议员。鉴于距离 2016 年美国大选愈来愈近，那些谋求连任的议员恐怕没办法不考量这些重要票仓对 TPP 谈判的反对意见。这就导致了美国政府在 TPP 谈判中变得束手束脚：无法获得其他谈判方的更多市场开放承诺，则美国国会不能满意①；而让渡美国利益换取其他谈判方的妥协，同样无法得到国会的认可。这种态势在 2015 年 5 月至 6 月期间奥巴马政府申请美国国会批准 TPA 的过程中就已经非常明显了。作为主导方的美国的情况尚且如此，TPP 谈判进展迟滞也就不足为奇了。

表 7.2　环保组织和劳工组织捐款的数额和流向

单位：万美元

年度	环保组织捐款		劳工组织捐款	
	给民主党（比例）	给共和党（比例）	给民主党（比例）	给共和党（比例）
2006～2007	43（84%）	8（15%）	5765（87%）	821（12%）
2004～2005	56（83%）	11（17%）	5367（87%）	771（13%）
2002～2003	67（86%）	11（14%）	8996（93%）	647（7%）
2000～2001	51（93%）	4（7%）	8491（94%）	507（6%）
1998～1999	37（93%）	2（6%）	5586（92%）	483（8%）

资料来源：MoneyinPolitics，OpenSecrets.Org,www.crp.org.

表 7.3　2013～2014 年选举周期内美国政治捐款流向统计

排名	行业部门	捐款数量（美元）	捐至民主党（比例）	捐至共和党（比例）
1	金融\保险\房地产 Finance/Insur/Real Est	344462927	37.4%	62.4%
2	意识形态 Ideology/Single-Issue	234117472	50.1%	49.7%

———————
① 美国—韩国自贸区协定第一次申请美国国会批准就曾经被否决，直至韩国政府在牛肉市场开放问题上进一步退让才予以批准。

排名	行业部门	捐款数量 （美元）	捐至民主党 （比例）	捐至共和党 （比例）
3	其他 Other	233142184	53.3%	46.3%
4	跨行业集团 Misc Business	181637580	38.2%	61.5%
5	律师\游说集团 Lawyers & Lobbyists	140347046	65.2%	34.6%
6	健康 Health	131294451	43.0%	56.8%
7	劳工 Labor	60569731	88.9%	10.9%
8	电信电子 Communication\Electronics	90669840	59.9%	39.8%
9	能源 Energy\Nat Resources	88722472	21.0%	79.0%
10	农业 Agribusiness	64138661	24.9%	74.7%
11	建筑 Construction	59761486	28.4%	71.4%
12	交通 Transportation	56552762	28.3%	71.6%
13	防务 Defensc	25228585	40.1%	59.8%

资料来源：http://www.opensecrets.org/industries/.

三、其他成员希望延长 TPP 谈判周期的政治经济动机

在 TPP 谈判成员中，除了新加坡、新西兰等部分经济体之外，大部分的谈判方都出于各自的政治经济考量而希望适度延长 TPP 的谈判周期。据媒体报道，部分成员至今仍寻找各种借口迟迟不提交最终的市场准入出价单。例如，时任日本经济财政与再生大臣甘利明就明确表示，美国政府获得其国会的总统贸易促进授权是日本提出大米等农产品关税减让最后出价的必要条件。而另外一些谈判成员则坚持在某一关键领域

不做出最后妥协而拖延整个谈判进程。例如，澳大利亚以及越南等发展中经济体坚决反对在延长医药企业对专利药物的价格控制权和知识产权保护问题上做出妥协。[①]

部分成员反对 TPP 谈判快速推进的政治经济动机包括以下几点：

（一）拖延谈判以换取对国内敏感部门和产品的更大保护

在美国的主导下，TPP 谈判在货物贸易、服务贸易、投资等领域的市场准入和国民待遇方面，始终坚持覆盖范围和自由化程度都达到"黄金标准"。无论是对于经济发展仍处于较落后水平、国内市场承受开放冲击能力较弱的发展中成员来说，还是对于自身产业结构发展不均衡的部分发达成员来说，如此高标准的 TPP 自由化承诺都意味着国内民族产业将遭受来自其他竞争优势显著的外国商品和服务供应商的冲击[②]，越早实施和执行"黄金标准"的市场开放政策，国内敏感行业的生产者遭受的冲击就越严重，甚至可能伤及国家经济命脉。

另外，TPP 谈判的发展中成员资源禀赋雷同，产业结构相近，轻工业和电子工业、装配业是大部分发展中经济体的支柱产业，出口商品大多以橡胶、石油及石油产品、纺织品和电子电器为主。相似的经济结构造成各谈判成员之间竞争性超过互补性，导致了尖锐的利益冲突。[③]

因此，在涉及国内敏感部门和产品的市场开放谈判中，各谈判成员都谨守谈判底线，宁肯拖延 TPP 整体谈判进程也不肯轻易让步，直至能够在自己的"攻方利益"部门获取更大收益，或者其他谈判成员因希望尽早结束谈判而放弃对自己特定领域保护政策的过高减让要求。

[①] 据日媒报道，跨太平洋经济合作协定（TPP）谈判已进入最终阶段. 中新网，2015 年 6 月 25 日，http://news.jxnews.com.cn/system/2015/06/25/013988079.shtml.

[②] 根据 TPP 谈判成员的国际产品竞争力分析，美国在汽车及其零配件领域，日本在电子设备制造领域，澳大利亚和新西兰在农产品出口领域，越南和马来西亚在纺织和轻工产品等领域竞争优势明显。

[③] 尹宗华，李文韬. 东盟 FTAAP 战略构想的政治经济分析. 国际经济合作，2008 年第 11 期（总第 275 期）.

表 7.4 TPP 谈判部分成员国不愿妥协的敏感领域及谈判立场

成员	敏感领域及谈判立场
新加坡	• 在金融服务、环境保护、国有企业待遇和劳工标准等领域需要进行制度微调 • 在原产地规则、标准与一致化、争端解决机制、竞争政策等领域需要解决"意大利面碗"问题 • 淡马锡等国有企业改革问题的解决方案可能是：继续由新加坡政府持股拥有，但企业引入职业经理人按现代企业制度管理
澳大利亚 新西兰	• 澳新都反对将牛肉、乳制品和糖产品的市场准入谈判在 TPP 协定内容中作为例外商品排除，认为存在例外商品的情况下，TPP 协定带给各成员的经济效益将大打折扣 • 澳大利亚反对在 TPP 谈判中承诺比美国—澳大利亚 FTA 中更高水平的知识产权保护，其贸易部长曾表示，在谈判中不准备讨论改变澳大利亚药品福利计划；新西兰则主张知识产权保护不应高于 TRIPS • 澳大利亚反对将投资者与国家争端解决方式列入 TPP 协定文本 • 澳大利亚和新西兰都表示，如果 TPP 考虑有关遏制中国的特别政策，它们将退出谈判
越南	• 越南最为敏感的谈判领域是市场经济地位问题和国有企业待遇问题，在某种程度上也被认为是 TPP 未来如何针对中国的政策谈判尝试 • 在农产品和纺织品的贸易救济措施上，美国提出进口纺织品的一系列技术标准，包括原产地规则、环境标准等；纺织品原产地的规则适用 NAFTA 中的"纺纱前沿"原则，将对越南的纺织品产生不利影响，因越南纺织品原料大部分来自中国，不符合"纺布、织布、剪裁和加工"都必须在美国和越南两地完成的要求[①] • TRIPS+的知识产权保护标准将使越南的企业成本上升，关系到药品的知识产权保护还会影响到医疗与生命健康 • 工会组织、在互联网上信息的自由流动、国有企业改革、农产品的市场准入、金融服务、电信服务、分销服务、政府采购和知识产权保护等领域，越南也面临巨大压力 • 政府与外国私营企业贸易争端案件的司法介入也会使越南政府面临巨大负担和束缚 • 人权和民主问题是多年来困扰越南和西方国家之间关系的障碍，TPP 的开放可能导致西方文化和意识形态在越南的深度渗透

---

① 蔡鹏鸿. TPP 谈判的最新发展、挑战及其前景. 中国太平洋经济合作全国委员会"TPP 与亚太区域一体化"研讨会，2011 年 8 月.

续表

成员	敏感领域及谈判立场
马来西亚	• 马来西亚的市场准入谈判难度小于越南 • 马来西亚的国有企业改革和私有化、政府采购和金融服务自由化等问题，是其在 TPP 谈判中公认的难关
文莱	• 以农矿产品出口为主，金融业等现代服务业、知识产权等发展较为落后，经济结构单一 • 在环境保护、渔业补贴、劳工、知识产权、市场准入、国有与私营企业等问题方面面临挑战。美国政府和商界一直不满文莱电影、音乐和软件盗版现象，国际知识产权联盟近年也将文莱列入被观察成员国名单 • 文莱已经得到发达经济体承诺，在 TPP 实施后得到更多的能力建设支持
智利	• 反对在知识产权领域的过高要求。美国年度评估报告将智利列为知识产权"重点监控国家" • 因农矿产品出口为主，在环境保护等领域也面临困难 • 其国内对非关税领域可能要求的规则修改也存在异议
加拿大	• 在乳制品、禽肉、禽蛋等供应链管理政策等方面需要巨大改革
墨西哥	• 对于药品的知识产权保护超高标准强烈质疑 • 反对互联网及其数据自由传输领域的过高要求
日本	• 加入 TPP 意味着日本要进行部分法律法规的改革，包括农业、渔业、知识产权、医药、金融和投资等 • 日本农业是日本经济的软肋，长期依赖财政补贴和贸易保护。日本农林省预测，TPP 将严重破坏日本的农业及整个经济，包括 GDP、就业机会的减少，以及粮食自给率的大幅降低，渔业补贴也会受到挑战 • 美国提出的私营公司进入医院管理的请求、药品行业知识产权的高度保护可能导致日本医药产品的成本高企，可能会损害日本社会安全体系，特别是日本的全民健康及医疗保险制度 • 邮政储蓄、保险服务业及合作信用社将受到影响，未来将不得不与国际私营竞争者享受同等待遇

资料来源：作者根据可获得的 TPP 谈判进展相关新闻报道整理。

（二）拖延谈判以争取更长久的国内经济体制调整过渡期

TPP 谈判另一个引人瞩目的特征是涵盖了大量的下一代贸易与投资议题和社会条款谈判，未来将在"边境内"问题诸如国内竞争政策、政府采购制度、知识产权保护、国有企业待遇、环境保护、劳工标准、投资者—国家争端解决方式、跨境数据流等领域要求各成员进行制度改革，并与 TPP 达成的国际范例逐步接轨。这也导致相关成员除了不得不面对贸易和投资自由化对自身产业的冲击之外，还要忍受对内部经济体制做出较大变革的改革阵痛。

为了履行即将在 TPP 谈判中做出的严格承诺，各成员实际上已经开始启动部分领域的制度调整和结构改革，或已着手推进市场开放后的行业部门利益补偿机制建设，例如美国国会正在修改和审批贸易调整法案（Trade Adjustment Act，TAA）。因此，谈判周期越长，则应对体制调整的过渡期和适应期越长，对于各谈判成员消化 TPP 高质量的社会条款、维持经济稳定发展越为有利。

（三）拖延谈判为"东亚轨道"的快速跟进换取时间

东盟是亚太区域经济一体化合作中"东亚轨道"的主导者和"轴心"。在地区政治经济事务中坚持"用一个声音说话"和"大国平衡"战略是东盟维系自身地位和影响力的一贯原则。

目前，东盟成员中的新加坡、文莱、马来西亚和越南四个经济体已经成为了 TPP 成员。而泰国和菲律宾在认真考虑之后明确宣布暂不加入谈判，东盟经济实力最强的印度尼西亚始终未明确表态，各方面发展水平难以满足入门条件的柬埔寨、老挝、缅甸三国更不具备加入 TPP 谈判的可能性。不论是从成员结构和区位因素，还是从政治经济影响力角度来考虑，"亚太轨道"的代表体系——TPP 协定一旦生效实施，将直接打破以东盟为"轴心"、以五个"10+1"FTA（中国、日本、韩国、印度、澳新分别同东盟签署了自贸协定）为"辐条"的东亚 FTA 网络。[①] 东盟成员将不得不面对利益集团归属和战略诉求迥异的挑战，这也将导致东盟协调内部各成员政治经济立场一致性的难度加大，坚持集体行动原则、贯彻"大国平衡"战略的效果会被削弱，其在亚太地区乃至国际范围内的话语权和影响力也将相

① 李文韬. TPP 扩员的复杂性及中国战略选择. 天津社会科学，2014 年第 3 期，第 73 页.

应地弱化。

因此，为了避免仍在努力推进的 RCEP 流于形式，继而维持中、日、韩、印、俄等亚洲地区大国对"东亚轨道"的信心，TPP 谈判中的东盟成员也倾向于减缓 TPP 谈判的推进速度，为东盟引导的"ASEAN++"模式继续保持东亚区域经济合作主导地位争取更多时间。

第三节　中国应对 TPP 谈判最新进展的策略选择

2015 年 5 月和 6 月，在经历了美国参众两院看似"生死时速"实则"有惊无险"的一场政治秀后，奥巴马政府最终得到了美国国会的总统贸易促进授权（又称"快速通道"授权或 TPA 授权），横亘在 TPP 谈判顺利结束前的最后一道障碍也终于突破。TPP 谈判成员随后将在最后的关键领域纷纷亮出底牌，有可能在短期内完成全部章节的谈判和文本拟定。2015 年底之前，各成员签署 TPP 协定并经各自国会批准生效，已经成为可预期的大概率事件。[①] TPP 协定的生效，将成为引致亚太经济一体化格局新一轮巨变的"扳机"，中国不仅将承受更紧迫的地缘政治压力，遭受的经济福利损失也将日益显现出来。在此背景下，中国必须在对外和对内两个层面积极调整自身战略，主动实施一系列对冲方案，争取在本地区的地缘政治经济博弈中占据优势地位。

一、放弃申请加入 TPP 的备选方案，密切跟踪研究其条款内容

前文对 TPP 谈判内容及各成员战略立场的综合分析表明，无论是美国还是日本、越南等重要谈判方，都已经将 TPP 协定作为平衡中国在亚太地

---

① 根据新闻报道，日本官房长官菅义伟在 2015 年 6 月 25 日表示，希望 TPP 谈判成员能够在 2015 年 7 月举行早前延期的部长级会议，并努力尽早完成 TPP 谈判。

区崛起趋势的重要手段。因此，如果中国未来申请加入 TPP 的扩员谈判，也必将在市场开放程度、国内规制改革、"下一代贸易与投资议题"等领域面对非常高的要价。另一方面，深入考察最新签署的《中国—澳大利亚自由贸易协定》(China-Australia Free Trade Agreement，ChAFTA) 和《中国—韩国自由贸易协定》(China-Korea Free Trade Agreement，CKFTA) 也可以发现，中国大部分产业部门的市场开放意愿和承受外部冲击能力仍较低，这就意味着在短期内达到 TPP 协定的条款要求也不具现实可能性。

最新完成的 TPP 经济福利效果实证研究显示，即使 TPP 协定（已有的12 个谈判成员）按照最高自由化标准生效实施，中国因其带来的贸易转移效应（Trade Diversion）而产生的福利损失也是比较有限的。① 因此，针对 TPP 协定即将生效的总体应对原则是保持沉着冷静的态度和开放包容的心态，在体现中国大国气度的同时，坚持以自身利益为主，放弃加入 TPP谈判的备选方案。

虽然现阶段中国尚不具备申请加入 TPP 谈判的内外部条件，但 TPP协定的任何新进展和新动向对亚太地区政治经济环境都将产生深刻影响。因此，TPP 最终条款内容及其实施后对各成员乃至我国造成的经济福利影响，是我们必须持续跟踪研究的。其原因在于：

首先，在美国国会审批总统贸易促进授权的关键时期，美国总统奥巴马、国务卿克里、国防部长卡特纷纷发表言论，强调 TPP 是美国在"重返亚太"的大旗下重新掌控亚太地区政治经济航行之舵的重要抓手，借此才能压制和约束经济快速增长、地区规则制定能力日益增强的中国。因此，可以预期，TPP 条款中必然包含诸多特别针对中国经济特征的"靶向条款"②，甚至在未来会结合中国的经济发展趋势与政治反应，随时再提出

① 孟猛，郑昭阳. 亚太地区经济一体化的可计算一般均衡分析//刘晨阳. 亚太区域经济合作发展报告 2015. 高等教育出版社，2015 年.
② 美国《华尔街日报》中文网 2015 年 6 月 24 日报道称，美国 TPP 谈判代表要求越南大幅降低对中国纺织品的依赖度，并用美国纺织品填补需求，希望借此提振美国出口 (http://www.guancha.cn/america/2015_06_24_324526.shtml?key=1)。

新的升级条款或补充条款。放弃跟踪研究和影响预测分析，"习惯性地被动应对"可能导致我国的战略被动和国际地位弱化。

其次，美国政府在 TPP 谈判各阶段曾多次强调，TPP 协定最终达成的市场准入标准、"下一代贸易与投资议题"、社会条款等内容，都将成为未来美国主导的全球贸易规则的基础和范本。美国凭借其强大的政治经济综合实力和影响力，通过实施"跨太平洋伙伴关系协定"（TPP）和"跨大西洋贸易投资伙伴协定"（TTIP）的"两翼齐飞"战术，是完全有可能在全球多边贸易谈判之中实现其战略构想的。因此，对于日益融入国际生产消费网络的中国企业和消费者来说，对 TPP 条款内容和潜在影响提早进行分析和预判，将大大降低我国利益攸关方因不熟悉下一代贸易规则而导致利益损失的风险。

最后，根据已经流出的谈判文本分析，TPP 谈判通过对"边界后措施"的严格约束，要求各缔约方全面推进结构改革，政府采购、国有企业、竞争政策、知识产权保护、劳工标准等领域都需要大量的国内经济管理体制与 TPP 新规范接轨。这就意味着越南、马来西亚、秘鲁等发展中缔约方，乃至澳大利亚、加拿大、新加坡等较发达成员在实施 TPP 协定的过程中也会承担沉重的规制改革成本。对上述国家的观察与研究，可以为我国将来进一步对外开放并推进"以外促内"的政策倒逼改革提供宝贵的经验和教训。

二、加快推进 FTAAP 进程，弱化 TPP 的负面影响

面对 TPP 协定即将实施生效的挑战，我国应充分利用在 2014 年 APEC 领导人会议上达成的"共同推进亚太自由贸易区（Free Trade Area of Asia Pacific，FTAAP）建设"的共识，争取形成只有中美共同主导的 FTAAP 进程才是亚太经济一体化主渠道的社会舆论，最大程度地化解 TPP 协定刻意排除中国和限制中国的负面影响。

在 TPP 协定生效的背景下，我国引导和推进 FTAAP 进程的基本原则应包括：

（一）兼顾高标准和适度性的谈判原则，提升 FTAAP 的吸引力

无论 TPP 协定能否按时生效，在未来推进 FTAAP 谈判的进程中，12个 TPP 现有成员都有可能自发地（或在美国主导下）组成一个重要的谈判集团，共同要求以 TPP 制定的自由化标准为基础来设计 FTAAP 的谈判体系与架构。换言之，FTAAP 谈判必须考虑到 TPP 协定对于未来亚太各层次自由贸易谈判的示范效应和基准效应。这也导致 FTAAP 谈判如果仅设定较低水平的自由化条款和不甚完善的社会条款是无法产生吸引力的。

因此，中国应从 FTAAP 综合战略研究的启动阶段开始，就立足于创建高质量亚太经济一体化体系的战略高度，呼吁 FTAAP 谈判必须涵盖高标准的货物和服务自由化条款，同时亦需逐步深入、循序渐进地列入有关投资开放、知识产权、政府采购、劳动力流动、中小企业、标准认证以及企业经营责任（包括国有企业）等社会条款内容。只有这样，才能充分体现中国对亚太经贸规则制定的影响力和国际号召力，才能有效对冲 TPP 协定的制约效果。

与此同时，为了使 FTAAP 谈判能够涵盖更多的亚太经济体，中国还应强调：真正的自由贸易谈判"好标准"不是一味的"高标准"，而是充分考虑各谈判成员内部产业承受能力、经济发展现状和对外开放诉求的"适度标准"。中国在推进未来的 FTAAP 谈判过程中，要积极做好现有 TPP 谈判成员的思想工作，使其了解过高标准只能导致谈判进程的无休止停滞，兼顾包容性和适度性才是成功建设 FTAAP 这种多成员、大范围、极具复杂性的自由贸易区的必备条件。以此为基础的 FTAAP 谈判，对于那些无法接受TPP协定标准,但又不想被亚太区域经济合作边缘化的经济体来说，吸引力会大大增加。

（二）实现合作模式的灵活机动，保证 FTAAP 进程持续推进

面对 TPP 协定即将生效实施的冲击，FTAAP 进程不得不加快速度并争取获得阶段性成果，这样才能体现出其作为亚太自由贸易谈判主渠道的作用和中国的影响力。因此，为了加快 FTAAP 的谈判进程，中国在当前的可行性研究阶段就可以呼吁，未来的 FTAAP 谈判不宜采取"单一协定"模式——即所有成员签署统一的、全体强制实施的关税减让协定，可以尝试选择更为机动灵活的路径——即在部分共识议题上用唯一的高标准FTAAP 协定条款取代已存在的 FTAs/RTAs 安排，而在其他敏感议题上则允许各成员之间保留或谈判新的双边自由化协定。对于参与成员众多，美、日、中、俄等大国角逐现象又可能较为突出的 FTAAP 谈判来说，这种灵活的谈判模式既可以最大限度地解决困扰亚太经济体的"意大利面碗"效应，又有助于各谈判成员之间迅速达成妥协，防止出现类似 TPP 谈判中仅因为美日两个成员之间的部分产品（例如大米、牛肉）无法达成一致而耽误整个自贸谈判进程的情况。

（三）坚持平等互利的方针，依照实情选择谈判领域

中国在 FTAAP 谈判议题和谈判领域的确定上，可以突出"全球价值链"概念和"包容性发展"概念，更多地为发展中谈判成员的利益诉求代言，强调 FTAAP 谈判应考虑到不同发展程度的经济体在亚太和全球生产网络中的位置差异，不仅需要解决市场准入壁垒的削减和"边界后措施"的完善改革问题，也要解决全方位的经济与技术合作问题，真正能够使后发经济体也从亚太区域经济一体化进程中得到发展机会和实际经济利益。尤其是在较为敏感的劳工标准、国企改革、知识产权保护、政府采购、竞争政策、环境利用与保护等领域，应通过平等商议而有选择、有条件地纳入到谈判之中，而非以强迫的形式要求全面执行过高标准。换言之，在 FTAAP框架下，各谈判方通过平等磋商的方式重塑亚太经贸规则是可以接受的。但通过削弱其他经济体的竞争优势来维护自身利益的规制建设，是无法确保

FTAAP 能够真正有助于亚太所有经济体的共同发展与共同繁荣的。

（四）与 FTAAP 谈判成员加强协调与沟通

迄今，FTAAP 进程仍然充满变数，亚太地区不同的经济力量在路径选择、谈判安排、谈判内容等方面必然存在诸多矛盾和冲突。这些矛盾只能通过积极的协调与创新性的框架设计来化解。为此，中国应着手做好以下两点：

首先，中国应主动做好关于积极推进 FTAAP 谈判的解释与宣传工作。作为曾经的 FTAAP 谈判的反对者之一，我国更有必要通过双边及多边渠道向外界传达出中国愿意承担起与自身经济实力相匹配的地区责任，真心希望通过引导 FTAAP 建设促进亚太经济一体化，在"本地区制度性公共物品"的供给方面贡献自己的力量。同时，中国也应表明 FTAAP 进程不会影响 TPP 谈判、RCEP 谈判以及其他 FTAs/RTAs 建设，更不是中国借以制衡 TPP 谈判的手段。

其次，我国应就 FTAAP 建设中的核心问题做好重点成员的沟通与协调工作。美、日、澳、新、韩、东盟、拉美各国的态度对 FTAAP 能否从概念走向实践具有重要的决定作用。可以预测，在 TPP 协定实施生效之后，美国在 FTAAP 进程中很有可能改变目前的拖延和保守立场，以更积极的态度要求 FTAAP 谈判以 TPP 协定为基础推进。其他各方也必然因其身份不同和条件不同而对未来的 FTAAP 如何推进持迥然不同的立场。中国与美国共同领导的 APEC 贸易投资委员会下设的"FTAAP 主席之友小组"的工作，必然面临更大的协调与沟通压力。但也只有进一步加强与亚太主要成员的双边协商与沟通，争取获得它们（尤其是发展中成员）的理解和支持，中国才能平衡美国力量而确保 FTAAP 走在正确的轨道上。

三、积极拓展同美方更高层次的经济合作

针对 TPP 协定影响力日趋扩大的现状，消极应对的态度必将使我国再

次陷入 2001 年前被排除在 WTO 框架之外的不利境地，敢于积极应对、直面挑战才是我国的最佳选择。我们必须清楚地认识到，我国的产业发展状况仍无法承受全方位和深层次的市场开放，不能同美国在贸易、投资等领域进行完全对等的市场准入谈判。但是，积极争取同美方在更宽领域、更大范围开展经贸合作，可能是中国面对 TPP 协定生效带来巨大压力的解决之道，而且亦可作为我国同美方在未来进行贸易投资领域自由化谈判的先行尝试。

我们必须认识到，"先入为主，互相猜测"进而"避而不见，战略对抗"的典型冷战思维早已过时。这种思维方式对于我国应对 TPP 带来的地缘政治压力不仅没有帮助，反而耽误了进行有力"反击"的最佳时机。我们也应当认识到，美国的最终战略并非针对中国，而是美国自身的全球利益最大化，中美两国之间并不一定非要争个你死我活。美国以自身经济实力和政治影响力主导全球经济回暖进程，在这个过程中离不开中国保持自身经济增速、市场开放和政治环境的稳定；而中国目前亦没有能力颠覆美国在全球范围内建立起来的一整套持续已久的秩序框架。两国应当以发展的眼光积极妥善处理新型大国关系，通过加强沟通协作不断增进互信，共同维持亚太地区乃至全球经济的稳定增长。

拓展中美之间深层次的经贸合作，应当坚持以下几点：

第一，进一步开通和拓展对话渠道。中美"经贸管道"是目前为止利用率最高、渠道最为顺畅的对话方式，其中，中美商贸联委会（China-US Joint Commission on Commerce and Trade，JCCT，1983 年启动）和中美战略与经济对话（US-China Strategic and Economic Dialogue，2009 年启动）对于双方增进互信、破除偏见起到了重要的沟通通道作用。然而，未来不应止步于此，此类对话机制应突破观点交换和立场辩护的基本功能，进一步承担起搭建深入的实质性双边经贸合作平台的重任。

第二，我国无须畏惧同美国的贸易投资自由化谈判。正如上文提到的，中美两国立即开展全方位的货物、服务以及投资自由化谈判是不现实的，然而我们可以沿用中国—东盟自由贸易区（China ASEAN Free Trade Area, CAFTA）的"早期收获计划"（China-ASEAN Early Harvest Program）的思路，首先试探性地推进某些部门的提前自由化进程，两方提出利益冲突不太严重的产业部门进行利益互换谈判。比如我国可以选择自己具有"攻方利益"的纺织、机电、轻工、太阳能等产业部门有序开展自由化谈判。与此同时，双方也应探求非敏感领域的便利化磋商及经济技术合作，比如投资促进与保护、海关程序、互联网经济、双边互认协议、粮食安全、信息技术、海洋经济、清洁能源等领域。

第三，不应忽视学界的交流，双方智库和研究机构应强化"一轨半"交流机制。美国的学术界因"旋转门"机制较为成熟而在美国对华政策决策中影响颇大，因而有许多美国智库也被视作"影子政府"和"影子内阁"。这就意味着两方政府的沟通机制之外，中美智库以及学者之间的交流也会起到重要的推动作用。学术交流处于一个相对自由的氛围中，不必受政府政策和意识形态的束缚，但又因其同官方有千丝万缕的联系而不至于脱离政策制定过远，因此具有"半官方"的性质。当政府之间的关系因误判和政治分歧出现一定裂缝的时候，为了避免信息交流渠道阻塞，学术界的持续交流对于打消双方疑虑具有关键作用。

四、注重练好内功，加快推进我国内部经济管理体制改革

加快推进国内的经济体制改革，为进一步深度参与亚太和全球经济一体化进程创造国内条件，也是中国应对 TPP 协定生效后各种消极影响的必要举措。毋庸置疑，尽管目前 TPP 谈判尚未结束，但其所倡导的高质量 FTA 战略不可避免地会对未来亚太地区 FTA 建设产生重要的示范效应。其中所涉及的以各种"边界后措施"改革为核心的"下一代贸易与投资议题"，也必将会逐步成为今后 FTA 谈判中的"规定动作"。反观中国国内情况，

各产业的政府主管部门对 TPP 谈判的重视程度仍有不足，更多是将 TPP 视为美国在地缘政治上的一场"秀"。这就导致国内始终未能针对如何应对 TPP 带来的挑战问题制定明确的指导方针和具体措施。为此，中国应在以下几方面苦练内功：

首先，中国有必要结合 TPP 谈判的最新趋势及国内改革开放的宏观战略，形成自己成熟的大国意识和大国战略，尽快规划、制定"中国参与未来区域经济一体化合作的指导方针"，并使之成为指导国内所有相关部门参与 FTAs/RTAs 谈判的主导战略和基本方针。作为顶层设计，上述方针应明确规划出中国参与区域经济合作的战略定位和根本利益诉求，在 FTA 谈判与国内改革战略的协调、相关管理机制和专业人才培养等方面都有长远考虑，用先进的理论、合理的制度安排指导参与区域经济合作的实践。它将指导国内所有产业主管部门在具体领域的政策制定和项目规划执行。同时，该战略还应保持一定的灵活性，可以及时根据瞬息万变的区域合作形势进行调整。

其次，中国应借助"上海自贸区"等四个自由贸易园区（Free Trade Zone，FTZ）建设的试点项目，对国内的相关法规制度进行适当的清理和改革，提高对外经贸管理的透明度，减少不必要的行政干预和束缚，为适应新的区域经济一体化规则做好准备。

再次，除了制定统筹全局的国家方针，中国还应完善参与区域经济合作和 FTA 谈判的国内利益协调机制，以更好地贯彻国家战略。第一，中国应加强 FTA 谈判分管部委之间的协调机制。为了在谈判中形成合力，中国应以部际联席会议制度为基础，建立较高层次的跨部委综合协作系统，进一步加强各部门的信息沟通和立场协调。各部委则应结合"中国参与未来区域经济一体化合作的指导方针"，制定各具体领域的参与方针。通过跨部委综合协作系统，国内各主管部门可以了解其他部门所在领域的进展、合作重点以及其他成员诉求的立场。这不仅可以共同推进我国既定的整体战略执行，也可以结合对其他成员谈判立场的全面解读而及时调整自身谈判策略。第二，中国应借鉴美国、韩国、澳大利亚等国的经验，尽早启动自贸协定签署后实施行业利益补偿和调整的机制建设。自由贸易协定的签署和实施，必然导致一经济体内部出现"利损集团"和"利得集团"。合理的税收补偿机制、收入调整机制、就业辅导机制和产业规划机制等的实施，可以大大提升我国参与 FTA 谈判的效率，避免出现因个别"钉子户"型的国内利益集团阻挠而制约整体谈判进程的情况。

最后，中国也应进一步鼓励更多的省份和地区参与到区域经济合作进程中来，借助其改革开放的经验，发挥其国内经济发展龙头和区域自主创新增长极的作用。尤其是对于上海、广东、山东等经济强省强市，以及海南、福建、香港等东南沿海省区，应鼓励这些资金优势、技术优势、政策优势都更为突出的省区参与区域经济合作和自由贸易谈判。这有利于创造出更大的合作空间，与其他经济体之间形成完整的区域生产网络梯级结构，打造更齐全、更合理、更高附加值的区域生产价值链。

参考文献

1. Bryan Mercurio. The Trans-Pacific Partnership: Suddenly a "Game Changer" [J]. The World Economy, 37(11), 2014.

2. C. F. Bergsten. Embedding Pacific Asia in the Asia Pacific: The Global Impact of an East Asian Community[C]. Speech at the Japan National Press Club, Tokyo, 2005-9.

3. C. Fred Bergsten. Toward a Free Trade Area of the Asia Pacific [R]. Policy Brief 07-2, Peterson Institute for International Economics, Washington, D. C.

4. C. Fred Bergsten. Pacific Asia and the Asia Pacific: The Choices for APEC[R]. Policy Brief 09-16, Peterson Institute for International Economics, Washington, D. C.

5. C. Fred Bergsten and Jeffrey J. Schott. Submission to the USTR in Support of a Trans-Pacific Partnership Agreement[R]. Peterson Institute for International Economics, Washington, D. C. , 2010-1.

6. C. Van Grasstek. US Plan for a New WTO Round: Negotiating More Agreements with Less Athority[J]. World Economy, 2000(9).

7. Claude Barfield. Politics of Trade in the USA and in the Obama Administration: Implications for Asian Regionalism[J]. Asian Economic Policy Review, 2009(9).

8. Congress. Administration Trade Deal：A New Trade Policy for

America[J]. Inside U.S. Trade, 2007(11).

9. Deborah Elms. From the TPP4 to the TPP: Explaining Expansion Interests in the Asia-Pacific[C]. Paper Prepared for the Asia-Pacific Trade Economists' Conference ARTNeT, UNESCAP and UNDP, Bangkok , 2009-11.

10. Deborah Elms. The Trans-Pacific Partnership: The Challenges of Unraveling the Noodle Bowl[J]. International Negotiation, 2013(2).

11. Deborah Elms. From the P4 to the TPP: Explaining Expansion Interests in the Asia-Pacific[R]. Paper Presented in UN ESCAP Conference on Trade-Led Growth in Times of Crisis, Bangkok, Thailand, 2009-11-02.

12. Donghyun Park and Kwanho Shin. Can Trade with the People's Republic of China Be an Engine of Growth for Developing Asia?[J]. ADB Economics Working Paper Series, 2009(172).

13. Hadi Soesastro. Architectural Moment in Asia and the Pacific[J]. East Asia Forum, 2009(6).

14. Henry Gao. The Trans-Pacific Strategic Economic Partnership Agreement: High Standard or Missed Opportunity?[C]. UNESCAP Asia-Pacific Trade Economists Conference on "Trade-led Growth in Times of Crisis". http://www.ustr.gov/about-us/press-office/press-releases/2013/april/joint-statement-tpp-ministers.

15. I. F. Fergusson, W. H. Cooper, R. Jurenas, and B. R. Williams. The Trans-Pacific Partnership Negotiations and Issues for Congress[R]. Congressional Research Service Reports, R42694, 2012 .

16. I. F. Fergusson, Mark A. McMinimy, Brock R. Williams. The Trans-Pacific Partnership (TPP) Negotiations and Issues for Congress[R]. Congressional Research Service Reports, 2015-3.

17. I. F. Fergusson and Bruce Vaugh. The Trans-Pacific Strategic

Economic Partnership Agreement[R]. Congressional Research Service Reports, 2009.

18. I. F. Fergusson, William Cooper, Remy Jurenas and Brock Williams. The Trans-Pacific Partnershnp Negotiations and Issues for Congress[R]. Congressional Research Service Reports, 2013.

19. Jeffrey J. Schott, Barbara Kotschwar, Julia Muir. Understanding the Trans-Pacific Partnership[R]. Policy Analyses in International Economics 99, Peterson Institute for International Economics, 2013-01.

20. John Dyck, Shawn S. Arita. Japan's Agri-Food Sector and the Trans-Pacific Partnership[J]. Economic Information Bulletin, 2014(10).

21. Johnson, H. G. The Economic Theory of Customs Unions[J]. Pakistan Economic Journal, 1962(10).

22. Larry Cata Backer. The Trans-Pacific Partnership: Japan, China, The U.S., and the Emerging Shape of a New World Trade Regulatory Order[J]. Washington University Global Studies Law Review, 2014.

23. Mary E. Burfisher, John Dyck, Birgit Meade, Lorraine Mitchell, John Wainio, Steven Zahniser, Shawn Arita, and Jayson Beckman. TPP Agriculture in the Trans-Pacific Partnership[J]. Economic Research Report, 2014(10).

24. Matthias Bauer, Fredrik Erixon, Martina Ferracane, Hosuk Lee-Maki-yama. Trans-Pacific Partnership: A Challenge to Europe[J]. ECIPE Policy Briefs, 2014(9).

25. Meredith K. Lewis. The Trans-Pacific Partnership: New Paradigm or Wolf in Sheep's Clothing[J]. Victoria University of Wellington legal Research Papers, 2011(8).

26. Mona Haddad and Ben Shepherd. Managing Trade Openness[M]. Washington D.C.: World Bank Publications, 2011.

27. Peter A. Petri and Michael G. Plummer. The Trans-Pacific Partnership and Asia-Pacific Integration: Policy Implications[R]. Policy Brief 12-16, Peterson Institute for International Economics, 2012-10.

28. Peter A. Petri, Michael G. Plummer and Fan Zhai. The Trans-Pacific Partnership and Asia-Pacific Integration: A Quantitative Assessment[R]. East-West Center Working Paper No. 119, 2011-10-24.

29. Peter Drysdale. China, Economic Containment and the TPP[C]. East Asia Forum, 2011-12.

30. Press Release: NZ to Join WTO's Government Procurement Agreement [N]. 2012-8, http://www.beehive.govt.nz/release.

31. Ronald Tammen, et al. Power Transitions: Strategies for the 21st Century[M]. New York: Chatham House Publishers, 2000.

32. Sean Flynn, et al. Public Interest Analysis of the U.S. TPP Proposal for an IP Chapter[R]. Draft Version 1.3, 2011-12.

33. Shambough, David. China Engages Asia: Reshaping the Regional Order[J]. International Security, 2004/2005(29).

34. Shawn S. Arita, John Dyck. Vietnam's Agri-Food Sector and the Trans-Pacific Partnership[J]. Economic Information Bulletin, 2014(10).

35. Shintaro Hamanaka. Trans-Pacific Partnership Versus Comprehensive Economic Partnership: Control of Membership and Agenda Setting [R]. ADB Working Paper, 2014-12.

36. Snitwongse, Kusuma. A New World Order in East Asia? [J]. Asia- Pacific Review, 2003 (10).

37. Steven Chan. China, the U.S., and the Power-transition Theory: Critique[M]. Abingdon: Routledge, 2008.

38. Trans-Pacific Partnership (TPP) Trade Ministers' Report to Leaders [N].

2011, http://www. ustr.gov/about-us/press-office/press-releases/2011/november/ trans-pacific-partnership-tpp-tradeministers.

39. U. S. Seeks Delay in Addressing Sub-Central Procurement in TPP Talks [N]. World Trade Online, 2012-5.

40. USTR White Paper[R]. http://www.ustr.gov/webfm_send/3059.

41. USTR. Enhancing Trade and Investment, Supporting Jobs, Economic Growth and Development: Outlines of the Trans-Pacific Partnership Agreement [N]. November12, 2011. http://www.ustr.gov.

42. USTR. Trans-Pacific Partnership Ministers Chart Path Forward on Key Issues and Confirm Next Steps on Japan's Entry[EB/OL]. Joint Statement of TPP Ministers, 2013-04-20.

43. William, B. R. Trans-Pacific Partnership (TPP) Countries: Comparative Trade and Economic Analysis[R]. Congressional Research Service, R42344, 2012.

44. WTO Secretariat. Factual Presentation. Trans Pacific Strategic Economic Partnership Agreement Between Brunei Darussalam, Chile, New Zealand and Singapore (Goods and Services)[R]. WT/REG229/1, 2008-5.

45. WTO 网站, home > trade topics > regional trade agreements > RTA database.

46. 巴格瓦蒂. 现代自由贸易[M]. 北京：中信出版社，2003.

47. 白树强，郭明英，程健. TPP 对中国纺织服装贸易竞争力的影响及对策研究[J]. 管理现代化，2015(2).

48. 蔡鹏鸿. TPP 横向议题与下一代贸易规则及其对中国的影响[J]. 世界经济研究，2013(7).

49. 宫占奎，陈建国，佟家栋. 区域经济组织研究[M]. 北京：经济科学出版社，2000.

50. 宫占奎. 2011 年 APEC 进程评估及其趋势分析[A]//孟夏. 亚太区域经济合作发展报告 2012[C]. 北京：高等教育出版社，2012.

51. 江川晚夫. 加入 TPP 为日本贸易谈判增加筹码[J]. 国际经济评论，2014(2).

52. 姜跃春. TPP 新特征与日本加入谈判的影响[J]. 亚太经济，2014(2).

53. 克劳德·巴菲尔德. TPP 到了关键时刻[J]. 国际经济评论，2014(3).

54. 李荣林. APEC 内部 FTA 的发展及其对 APEC 的影响[M]. 天津：天津大学出版社，2011.

55. 李荣林. 亚太区域一体化与 APEC 的未来发展[A]//宫占奎. 亚太区域经济合作发展报告 2011[C]. 北京：高等教育出版社，2011.

56. 李巍. 东亚经济地区主义的终结？——制度过剩与经济整合的困境[J]. 当代亚太，2011(4).

57. 李文韬. 东盟参与"TPP 轨道"合作面临的机遇、挑战及其战略选择[J]. 亚太经济，2012(4).

58. 李文韬. 东盟区域经济一体化战略及其对 APEC 合作影响分析[J]. 南开大学学报（哲学社会科学版），2012(4).

59. 李向阳. 国际经济规则的形成机制[J]. 世界经济与政治，2006(9).

60. 李向阳. 跨太平洋伙伴关系协定：中国崛起过程中的重大挑战[J]. 国际经济评论，2012(2).

61. 李向阳. 区域经济合作中的小国战略[J]. 当代亚太，2008(3).

62. 李向阳. 新区域主义与大国战略[J]. 国际经济评论，2003(7-8).

63. 李杨，黄宁. 东盟四国加入 TPP 的动因及中国的策略选择[J]. 当代亚太，2013(1).

64. 梁炳猛，龚维玲，谢珺莎. 从 TPP 与 RCEP 看中美在东盟的经贸博弈[J]. 南宁职业技术学院学报，2015(3).

65. 刘晨阳，宫占奎. 亚太区域经济一体化发展及其对 APEC 的影响[J].

亚太经济，2008(5).

66. 刘晨阳，于晓燕. 亚太区域经济一体化问题研究[M]. 天津：南开大学出版社，2009.

67. 刘晨阳. 日本 TPP 战略的政治经济分析[A]//孟夏. 亚太区域经济合作发展报告 2012[C]. 北京：高等教育出版社，2012.

68. 刘晨阳. "跨太平洋战略经济伙伴协定"发展及影响的政治经济分析[A]//中国 APEC 研究院（南开大学）. 亚太经济发展报告 2010[C]. 天津：南开大学出版社，2010.

69. 刘军，孙婧. 俄罗斯的亚太区域经济合作战略分析[M]//孟夏. 亚太区域经济合作发展报告 2012[C]. 北京：高等教育出版社，2012.

70. 刘凌旗，刘海潮. 日本 TPP 战略的决策特征与中美因素[J]. 南京政治学院学报，2015(2).

71. 刘羽. TPP 医药专利谈判最新发展及争议初探——以知识产权章节为中心[J]. 国际经贸探索，2014(12).

72. 刘中伟，沈家文. 跨太平洋伙伴关系协议（TPP）：研究前沿与架构[J]. 当代亚太，2012(1).

73. 毛志远. 美国 TPP 国企条款提案对投资国民待遇的减损[J]. 国际经贸探索，2014(1).

74. 梅新育. TPP 谈判因何步履维艰[J]. 中国党政干部论坛，2014(6).

75. 美国贸易代表办公室网站，http://www.ustr.gov/.

76. 孟猛，郑昭阳. "跨太平洋战略经济伙伴协定"的经济影响——基于可计算一般均衡的分析[A]//中国 APEC 研究院（南开大学）. 亚太经济发展报告 2010[C]. 天津：南开大学出版社，2010.

77. 孟夏，宋丽丽. 美国 TPP 战略解析：经济视角的分析[J]. 当代亚太，2012(6).

78. 孟夏，王霞. 美国 FTA 的进展及 TPP 战略的政治经济分析[A]//

孟夏. 亚太区域经济合作发展报告 2012[C]. 北京：高等教育出版社，2012.

79. 倪月菊. 日本的自由贸易区战略选择：中日韩 FTA 还是 TPP？[J]. 当代亚太，2013(1).

80. 强之恒. 人本化对 TPP 谈判中国际投资仲裁机制设计的影响[J]. 国际经贸探索，2015(9).

81. 沈铭辉. 经济收益与政治博弈：跨太平洋伙伴关系协定的广谱视角[J]. 中国社会科学院研究生院学报，2014(6).

82. 沈铭辉. 跨太平洋伙伴关系协定（TPP）的成本收益分析：中国视角[J]. 当代亚太，2012(1).

83. 沈铭辉. 自由贸易协定与多边贸易体系——基于美国贸易战略的洞察[J]. 天津社会科学，2014(6).

84. 盛斌. TPP 谈判新进展及对亚太区域经济一体化进程的影响[A]// 宫占奎. 亚太区域经济合作发展报告 2011[C]. 北京：高等教育出版社，2011.

85. 盛斌. 美国视角下的亚太区域一体化新战略与中国的对策选择——透视"泛太平洋战略经济伙伴关系协议"的发展[A] //中国 APEC 研究院（南开大学）. 亚太经济发展报告 2010[C]. 天津：南开大学出版社，2010.

86. 石川幸一. 環太平洋戦略の経済連携協定（TPP）の概要と意義[J]. 国際貿易と投資，2010(81).

87. 宋玉华. 开放的地区主义与亚太经济合作组织[M]. 北京：商务印书馆，2001.

88. 孙溯源. 美国 TPP 战略的三重效应[J]. 当代亚太，2013(3).

89. 唐奇芳. 东盟国家 TPP 政策探析[J]. 和平与发展，2012(4).

90. 田海. TPP 背景下中国的选择策略思考[J]. 亚太经济，2012(4).

91. 文莱外交与贸易部网站，http://www.mofat.gov.bn/.

92. 新加坡外交部网站，http://www.mfa.gov.sg/.

93. 新西兰外交与贸易部网站，http://www.mfat.govt.nz/.

94. 熊李力，刘丹阳. TPP 机制与中美"新型大国关系"的兼容性分析 [J]. 国际政治经济学，2015(3).

95. 徐秀军. 美日经贸关系演变掣肘 TPP 谈判[J]. 世界知识，2014 (10).

96. 徐奕晗. TPP 的发展趋势与中国的战略选择[J]. 国际金融，2014 (12).

97. 杨勇. 亚太区域一体化新特征与中国的策略选择[J]. 亚太经济，2012(5).

98. 杨原. 大国无战争时代霸权国与崛起国权利竞争的主要机制[J]. 当代亚太，2011(6).

99. 殷勇. 日本参加 TPP 谈判前景探析[J]. 对外经贸，2014(12).

100. 约翰·米尔斯海墨著. 王义桅，唐小松译. 大国政治的悲剧[M]. 上海：上海人民出版社，2003.

101. 扎基·拉伊迪，罗伯特·佐利克. 强权另起炉灶，WTO 边缘化[N]. http://www.guancha.cn/ZhaJi·LaYiDi/2013_04_07_136831.shtml.

102. 詹德斌. 韩国国内在加入 TPP 问题上的争论及选择[J]. 当代亚太，2014(6).

103. 张伯伟，温祈平. TPP 的福利效应：基于 CGE 的模拟研究[A]// 孟夏. 亚太区域经济合作发展报告 2012[C]. 北京：高等教育出版社，2012.

104. 张晗. 泛太平洋伙伴关系协定（TPP）：回顾与展望[J]. 经济研究导刊，2014(6).

105. 张蕴岭. 美国主导太平洋伙伴关系协议对中国的影响[A]. 中国智库经济观察（2011～2012）[C]. 北京社会科学文献出版社，2012.

106. 张振江. 亚太自由贸易区：美国战略与中国应对[J]. 世界经济与政治，2009(4).

107. 兹比格纽·布热津斯基. 大棋局：美国的首要地位及地缘战略[M]. 上海：上海世纪出版集团，2012.

后　记

　　本书是教育部人文社会科学重点研究基地——南开大学 APEC 研究中心承担的重大课题"跨太平洋战略经济伙伴协定研究"（项目编号11JJD810025）的最终成果。该课题的主要参与者均是 APEC 问题的专职研究人员。立项以来，在对多年研究成果和大量相关资料进行分析研究的基础上，课题组成员一致认为，"跨太平洋伙伴关系协定"谈判深刻影响着亚太区域经济一体化的发展进程，在为亚太乃至全球提供"高标准"与"高质量"的"下一代贸易与投资协定标准"的同时，也对发展中经济体参与未来的自由贸易谈判形成严峻挑战。因此，对 TPP 谈判进展应予以密切跟踪研究，并全面分析其成员谈判立场背后的政治经济动因，这对于我国参与亚太区域经济一体化进程具有重要理论意义与现实意义。

　　在此基础上，研究工作进展顺利。宫占奎教授、张伯伟教授、孟夏教授、刘晨阳教授、李文韬副教授、于晓燕副教授、李文韬副教授分别承担了第一章至第七章的写作任务。博士生曾霞、古欣参加了第一章的写作，博士生宋丽丽参加了第三章的写作。

　　在项目的中期检查和结项过程中，南开大学 APEC 研究中心的吴弘宝副主任和张雪老师给予了大力的支持和帮助。在本书的出版发行中，南开大学出版社编辑胡晓清老师做了大量的工作，在此表示由衷的感谢。

2016 年 9 月

于南开园